평등의 역습

평등의 역습

좌파의 역주행, 뒤로 가는 대한민국

이동관·윤창현·김대호 외

기파랑

왜 '평등의 역습'인가

왜 '평등의 역습'인지부터 답해야겠다.

평등과 분배 중시의 좌파이념을 내세운 문재인정권이 정작 기득권 상층노동자의 이익은 지켜 주고 하층노동자와 영세자영업자의 일자리를 빼앗는 자기부정과 정책 역주행을 계속한 결과 불평등의 확산이라는 역설을 빚고 있기 때문이다.

우리가 이런 문제의식을 나누기 시작한 것은 2018년 연말 즈음이었다. 2004년 보수담론 확산의 기폭제가 됐던 뉴라이트운동의 주역들인 이재교 세종대 교수, 윤창현 서울시립대 교수, 최홍재 신문명연대 대표(전 고려대 총학생회장, 시대정신 편집인) 등은 다같이 문 정권의 평등 파괴 행보에 놀라고 있었다. 이 시점에는 이미 '듣보잡 경제이론'에 가까운 소득주도성장의 파탄이 객관적 통계로도 분명히 드러나고 있었다. 2년간 30퍼센트(주휴수당 포함하면 50% 선) 가까이 오른 최저임금의 영향으로 한계자영업자 및 소상공인들은 물론, 정권이 최우선적으로 보호하겠다고 공언한 저임금 비정규직 및 단기시급취업자 같은 취약계층의 비명소리가 높아 가고 있었다. 마치 헬기에서 돈을 뿌리듯 54조 원의 재정을 쏟아부었는데도, 이명박·박근혜 정부에서 연평균 30만~50만 명 가까이 늘어났던 취업자 수는 1년 동안 10만 명 늘어나는 데 그쳤다. 그나마 통계를 의식해 노인취로사업과 농촌 단기일자리, 긴급 단기일자리를 수십만 개 만들어 급조한 결과였다. 청년실업은 IMF외환위기사태 이후 역대 최악이었고 제조업 가동률을 비롯한 생산과 투자, 소비, 모든 지표는 2008년 금융위기 이후 최저로 곤두박질쳤다.

아직 퍼펙트 스톰perfect storm이 닥쳐오지도 않았는데 한국경제는 통계수치와 긴급재정지출의 양태로만 보면 위기의 한가운데서 있는 형국이다. 누비엘 루비니 뉴욕대 교수 같은 외국 전문가들이 경고하고 있는 금융위기의 태풍이 닥치면 이번에는 과연 한국경제가 버텨 낼 수 있을까? 이런 걱정이 날로 커지는데도 대통령은 "소득주도성장은 긍정적 효과가 90퍼센트", "물 들어올 때 노 저어야", "경제의 흐름은 견조하다"는 등 전혀 다른 세상에 살고 있다는 의심마저 들게 했다.

비전이 없으니 믿음도 없다

'평등, 공정, 정의'를 기치로 내건 현 정권 최악의 역설은 소득양극화의 심화다. 2018년 4/4분기 소득 하위 20퍼센트(1분위)의 가구당 소득은 전년보다 17.7퍼센트 줄어든 반면, 최상위 20퍼센트(5분위)의 소득은 10.4퍼센트 늘어나 그 격차가 사상 최대로 벌어졌다. 앞서 지적한 '일자리 참사'의 결과다. 사회안전망의 경계에 있는 서민들은 빈곤의 나락으로 떨어지고 있는데 거꾸로 공무원, 공기업, 민주노총 등 이미 선線 안에 들어와 있는 집단의 기득권은 한층 더 강화되고 있다. 미래세대에 대한 부담은 아랑곳없이 수백조가 들어갈 공무원 17만 명 증원과 81만 개 공공일자리 늘리기도 밀어붙이고 있다. '서민의 벗' 대신 '철밥통 강화'라는 자기모순의 역주행이 본격화되고 있다.

친문세력은 '무능한 좌파정권 10년'이라는 정치적 프레임을 매우 아파했고 한때 스스로 폐족선언까지 했던 집단인 만큼, 보수정권 9년 동안 자기성찰과 반성을 통해 제대로 된 집권 플랜을 준비했으리라는 막연한 기대가 보수진영 일각에서도 있었다. 우리 사회가 서구와 같이 좌·우가 번갈아 집권하는 패턴으로 가는 분위기라서, 어느 쪽이 집권하든 크게 실패하지 않는 것이 정파를 벗어난 국가공동체의 시야에서는 이익이 된다는 인식도 깔려 있었다. 무엇보다 나 자신 청와대에서 일했던 처지라, 청와대 민정수석과 비서실장을 거친 문 대통령만큼은 나라살림과 국정운영이 어떻게 돌아가는지, 권력의 생리는 무엇인지, 그리고 호랑이처럼 무서운 민심의 실체가 무엇인지를 체득했으리라 믿었다. 아니, 믿고 싶었다는 것이 솔직한 심정이었을 것이다.

이 모든 것이 허망한 기대였음이 백일하에 드러나고 국민적 실망과 분노가 결집되는 데는 2년이 채 걸리지 않았다. 촛불집회와 탄핵으로 정치적 경쟁세력이 치명적 타격을 받은 환경에서 집권한 정권이 이렇게 짧은 시간에 신뢰를 잃은 사례는 세계 정치사에서 들어 본 적이 없다.

文정권 오류의 실체를 밝힌다

문재인 대통령 스스로도 인정한 것처럼 대한민국은 국제사회가 감탄하는 기적의 성장을 이뤄 냈다. 1960~2017년 사이 세계 GDP가 7.5배 증가하는 동안 한국경제의 실질GDP는 41.1배 증가했고, 1950년 이후 변동이 거의 없는 세계 10대 수출국 명단에 일본(1960년), 중국(2000년)과 함께 한국(2009년)만 신규로 진입했다. 수출의 GDP 성장 기여도가 70퍼센트라는 수치가 말해 주듯, 한국의 기적적 성장의 견인차는 두말 할 나위 없이 수출이요, 대외지향과 개방의 DNA가 그 바탕이다.

이런 맥락에서 현 집권세력의 등뼈를 이루고 있는 '586 운동권'의 특질을 정확하게 이해하지 않고는 지금 대한민국에서 빚어지고 있는 역설적 상황을 설명할 길이 없다. 전대협을 중심으로 한 학생운동권의 핵심세력이 반미와 '위수김동(위대한 수령 김일성 동지)'을 외치던 1980년대 대한민국과 지구촌은 2019년 현재 전혀 다른 신세계로 바뀌었다. 공산권은 몰락했고, 미국은 정보화혁명으로 세계의 주도권을 되찾았고, 중국의 굴기와 북한의 핵무장은 현실이 됐다. 고용절벽을 예고하는 AI시대의 도래와 함께 올해부터 사망자가 출생인구보다 많은 인구감소가 예상보다 한 발짝 일찍 닥쳐옴으로써 국내적으로도 전대미문의 상황에 부딪치게 됐다. 나중에 '2019년 이전과 이후'라는 말이 나올지 모를 만큼 정치리더십의 창발적인 사고와 대응이 절실한 상황인 것이다.

그러나 불행하게도 문 정부는 그 방향의 옳고 그름을 떠나 미래세계에 대한 비전 자체가 보이지 않는다. 이들이 지난 야당 시절 사회 발전에 대한 관심과 탐구의 시간을 가지는 대신, 오로지 권력의 장악과 누리기라는 욕망만을 키웠다는 의심을 떨칠 수가 없다. 모든 사안을 정正과 사邪의 대립구도로 파악해 진영논리에 몰입하고, 미래가 아닌 과거와 씨름하는 '80년대 운동권세력의 화석화된 의식구조로는 시대 조류를 따라갈 수 없을 것이다. 문 정부의 과거 편향성은 각종 분쟁과 갈등의 종결 없는 무한지속으로 이어져 법치와 사회안정의 파괴를 낳고 있다.

이들은 일찍부터 정치인, 진보학자, 시민운동가로 변신하면서 땀 흘려 일한 경험 없이 손쉽게 기득권의 정점에 올라섰다. 특목고를 폐지하자면서 자신들의 자녀는 줄줄이 외고에 보내고, 부동산 투기를 뿌리 뽑겠다면서 정작 자신들은 아무런 죄의식 없이 투기에 나서는 '위선의 정치'의 뿌리가 여기에 있다. 적폐청산이란 이름 아래 이들이 진행하는 '주류主流 교체' 작업도 따지고 보면 운동권세력을 국가사회 각 부문의 중추에 포진시켜 신新 기득권의 참호와 진지를 구축하겠다는 의도라고 믿는다. 평등을 내걸지만 정작 서민들의 아우성에 귀를 닫는 것도 자신들의 주요한 정치적 기반이 된 노동귀족과 공공분야 종사자들의 기득권을 우선시하는 정치적 타산 때문일 것이다.

사실 2018년 말 처음 논의를 시작할 때 우리의 관심사는 제대로 된 보수의 가치담론을 재정립하자는 것이었다. 하지만 이내 현재진행형인 파탄적 국가사회 상황을 더 이상 '시대의 방관자'로서 지켜볼 수만 없다는 데 의견을 모았다. 시대적 역설과 모순을 구체적이고 실증적으로 밝혀 내는 것이 대책과 방향을 바로잡기 위한 선결과제란 뜻에서 책 제목부터 '평등의 역습'으로 정했다. 책을 쓰면서 제목부터 정하고 시작하는 경우는 흔치 않은 경우지만, 그만큼 우리의 문제의식은 절박했고, 그 점에서 이 책은 문재인 정권의 결정적 오류를 해부하고 질타하는 집결판이라고 해도 과언이 아니다.

이런 취지에 뜻을 함께해 한국사회 구조개혁의 핵심과제로 기득권 지대地代추구세력의 혁파를 주창해 온 김대호 사회디자인연구소장과, 탈脫원전 반대에 명쾌한 논리를 제공하면서 행동에 나서 온 주한규 서울대 원자력공학과 교수가 흔쾌히 동참했다. 또 '80년대 386 운동권의 핵심에 포진했던 민경우 수학연구소장은 자기고백 형식으로 운동권의 의식의 흐름을 명료하게 밝혀 주었고, 노동시장 개혁운동을 벌여 온 백경훈 청년이여는미래 대표도 필진에 합류해 공공분야 기득권의 실체와 청년실업문제의 해법을 제시해 주었다.

주제별 각론과 별도로 김대호 소장, 이재교·윤창현 교수와 좌담을 마련한 것은 지금의 역설적 상황과 국가사회적 과제를 좀 더 큰 틀에서 담론으로 정리해 보자는 뜻이었다. 10여 년의 『시대정신』 편집제작 경험을 살려 필진으로 직접 참여한 것은 물론 좌담의 사회와 정리 및 책 출판 전반을 총괄해 준 최홍재 대표의 노고에 특별한 고마움의 뜻을 표하고 싶다.

바라건대 이 책이 정권의 시대역행의 폭주를 널리 알리는 데 그치지 않고 새로운 국가사회적 담론의 출발점이 되기를 소박한 마음으로 기대한다.

2019년 5월
필자들을 대표하여,

이동관

이동관

윤창현

김대호

이재교

추락하는 대한민국, 미래를 묻다

일시: 2019년 3월 1일 오후 2시

장소: 서울가든호텔 회의실

이동관(디지털서울문화예술대 명예총장)

윤창현(서울시립대 교수, 경제학)

김대호(사회디자인연구소 소장)

이재교(세종대 교수, 법학)

최홍재(사회, 신문명연대 대표)

■**사　회**　귀한 시간 내 주셔서 깊은 감사를 드립니다. 지금 우리
사회는 깊은 늪으로 빠져드는 느낌입니다. 외환위기 이후 부의
양극화와 사회갈등이 점차 심해지고 있습니다. 역대 정부에서
나름대로 대응을 하기는 했지만 악화를 막지 못했습니다. 특히
이번 정부는 평등의 가치를 우선으로 하고 있어서 이 흐름에 제
동을 걸 수 있지 않을까 기대했지만 오히려 상황을 더욱 악화시
키고 있습니다. 이를 해결할 정치권은 오히려 퇴행에 퇴행을 거

듭하고 있습니다. 이와 같은 상황을 진단하고 그 대안을 모색해 보고자 합니다. 먼저 양극화 상황을 살펴보겠습니다. 이동관 총장님, 길을 열어 주시지요.

양극화 주범은 시장이 아니라 국가

■ **이동관** 2000년대 이후 불평등 담론의 확산은 세계적인 동조화 현상으로서의 성격이 강합니다. 1997년 IMF위기 극복 과정에서 신자유주의 정책의 후유증이 이어지다가 10년 만에 이명박 정부 출범 직후인 2008년 리먼브러더스사태 때문에 금융위기가 닥쳤죠. 이 두 가지 큰 국제경제적 변수가 국내적으로 불평등을 심화시켜 왔습니다. 리먼사태 때는 미국에서도 '월가를 점령하라'라는 구호와 함께 '1퍼센트 대 99퍼센트'의 대립 프레임이 나타났죠. 특히 IMF사태는 노동구조를 이원화시키는 결정적 계기가 됐습니다. 이 결과 박정희 시대 이후에 차근차근 구축돼 온 중산층이 급속히 붕괴됐습니다. 이른바 기득권의 선線 안에 들어가 있는 대기업, 공기업 근로자의 1차 노동시장과, 비정규직, 알바 같은 2차 노동시장 간의 격차가 2000년대 들어서 확 벌어졌죠. '90년대 초·중반 대기업 노동자 임금이 100이라면 중소기업은 70 정도 되었는데, IMF위기 이후 적정 일자리가 크

게 줄어들면서 그 비율이 50 언저리로 떨어졌습니다.

'평등의 역습'이 시작된 결정적 발화發火는 노무현정부에서 시작되었다고 봅니다. 분권화와 균형발전을 내걸고 100조가 넘는 돈이 토지보상금으로 전국에 풀리자 온 나라가 투기장화됐고, 뒤늦게 부동산을 잡겠다고 나섰지만 양극화를 심화시키는 역설이 빚어졌지요. 그런 와중에 2008년 금융위기가 터지자 새로운 국가성장동력을 찾기 위해 구조조정에 나서야 할 시점에 국가적 에너지와 자원이 사회적 안전망 구축에 우선 사용될 수밖에 없었고 구조의 왜곡을 심화시킨 측면이 컸습니다.

■ **이재교** 왜 양극화 갈등이 심하고 문제가 이렇게 커졌느냐는 것입니다. 저는 IMF위기가 분기점이었다고 봅니다. 그전까지는 고도성장을 하면서 고정자본의 수익률보다는 노동생산성의 증가가 경제성장에 훨씬 더 기여하면서 고르게 분배가 되었거든요. 그런데 1997년 외환위기로 IMF에 의하여 강제수술을 당하면서 과고용화에 의한 평등이 확 무너졌고 중산층이 붕괴하게된 겁니다. 이들이 안정된 직장에서 밀려나서 자영업자가 되었는데 대부분 망했죠. 그래서 빈곤층으로 추락하면서 중산층의 붕괴로 이어진 겁니다. 나름 중산층에서 빈곤층으로 떨어진 사람들이 많다 보니 사람들의 박탈감이 크고, 양극화 갈등이 심해진 것으로 봅니다. 그렇다면 대책은 중산층 붕괴를 막는 것으로

초점이 맞춰져야 하는데 역대 정부들이 그렇게 하지 않았지요. 이렇게 초점이 안 맞다 보니 양극화 갈등이 을과 을의 싸움, 을과 병의 싸움이라는 이런 양태로 나타났으니 갈등이 심할 수밖에 없습니다. 사실 우리나라 사람들이 평등지향성이 강하다고는 하지만, 의외로 과정이 공정하다면 불평등을 받아들이는 자세들은 되어 있습니다. 그런데 양극화의 과정이 공평하지 않고, 멀쩡하게 중산층에 있다가 외부적인 요인에 의해서 무너져 내리는 바람에 승복하기 어려운 것입니다.

■ **윤창현** 중국과 부동산이라는 요소도 중요합니다. 중국과 인도에서 2000년 이후 세계경제로 편입된 저숙련노동자가 10억 명 정도입니다. 국제분업체계, 공급체계에 완벽한 변화가 온 것이죠. 특히 우리나라의 저숙련 저부가가치 제조업은 중국에 의해 초토화되었습니다. 예를 들어 이쑤시개, 물수건 같은 제품을 떠올리면 됩니다. 이런 제조기업들이 망하거나 뒤로 처지고, 거기에 종사하던 분들의 소득이나 생활이 열악하게 되었습니다. 거꾸로, 중국에 의해 장악당하지 않은 반도체 같은 분야에 종사하는 분들은 대박이 터졌습니다. 글로벌시대에 기업들이 양극화되어 버린 거죠. 그것은 기업의 양극화에서 시작되어 거기에 속한 개인의 양극화로 연결된 면이 있습니다. 단순하게 국내문제로만 보는 것은 단편적인 인식이라고 보고, 복잡성을 좀 이해할

필요가 있다고 봅니다. IMF, 신자유주의 이런 것 몇 개 짚고 끝낼 문제가 아니라는 거죠.

그리고 두 번째는 부동산 문제입니다. 피케티가 유명하게 된 이유도 소득불평등의 뒤에는 'r은 g보다 크다'라는 명제입니다. "성장률(g)보다 자본가들에게 돌아가는 몫(r)이 컸다"는 주장을 한 것이든요. 전 세계적인 데이터베이스를 가지고 이를 논증했습니다. 책은 두꺼워도 논지는 굉장히 간단했고 그게 잘 받아들여졌습니다. 그런데 최근에 MIT 교수가 쓴 논문에 의하면 그 r 안에 주거용 부동산이 들어 있다는 거예요. 그 말은 적어도 소수 자본가만이 이득을 챙긴 것은 아니라는 거죠. 물론 여전히 주택소유자와 비소유자 간의 격차는 존재하지만, 주택소유자의 숫자가 꽤 많다는 것을 감안하면 극소수 재벌에게만 혜택이 돌아갔다는 것은 말이 안 되는 거죠. 사실 우리도 50퍼센트의 가계가 부동산을 보유하고 있거든요. 저는 중산층 의식이라는 개념에 대해서도 참 힘들다는 느낌입니다. 우리나라의 경우 거의 부유층에 가까운 층을 중산층으로 보고 있고, 그 수준이 안 되는 우리나라 국민들은 전부 중산층이 아니라고 생각을 하고 있는 거죠. 지니계수라든가 소득의 크기 등 객관적 지표의 중산층 수준과 느낌으로 가지는 중산층이 완전히 다릅니다. 객관적 소득불평등보다 소득불평등에 대한 주관적 느낌이 너무 안 좋습니다. 중산층 의식이 엄청나게 줄었다고 해요.

■ **김대호** 모든 문제를 바라볼 때는 항상 세계적 보편성과 한국적 특수성의 두 측면에서 봐야 합니다. 세계적 보편성에 해당하는 게 중국의 부상, ICT 기술의 발전, 세계화·자유화·민주화 등이 아닐까 합니다. 그런데 한국적 특수성은 뭐냐, 바로 지대입니다. 수요와 공급이 자유롭고 경쟁이 공정한 이상적인 시장에서 형성된 가격, 이윤, 임금과 현실의 그것과 차이가 지대 아닙니까? 그런데 공무원 임금, 연금, 권한, 책임 등은 애초부터 민주공화주의 원리에 따라 결정되죠. 그래서 이상적인 민주공화 원리에 의해 정해진 권한, 권리, 혜택과 현실의 그것과 차이도 지대라고 할 수 있습니다. 제가 볼 때는 한국은 지대 자체가 굉장히 과잉에다가 매우 부적절하게 관리, 통제되고 있는 것 같습니다. 제 값, 제 몫 개념이 없습니다. 그저 내가 많이 먹으면 좋다는 사실상의 약탈주의적 마인드가 넘쳐나는 것 같습니다. 불평등은 상당 정도 자유가 아니라 부자유에서 온 거라고 제가 말하는 이유입니다. 홍민기 박사 연구를 보면 한국의 소득분배구조가 급격히 나빠진 시기는 2000~2006년입니다. 그 이전 20년간 상위 10퍼센트의 소득점유율은 대략 35퍼센트에서 오락가락했는데, 2000년 36퍼센트대에서 2006년 46퍼센트대로 급상승합니다. 이 시기에 누구의 소득이 왜 올랐는지를 살펴보면 한국특유의 불평등, 양극화 문제의 본질과 구조가 보이지 않을까 합니다.

아마 소득분배구조 악화의 주범으로 세계 보편적인 흐름에 올라탄 글로벌 기업들의 높은 생산성과 현대기아차 노조와 공기업 노조로 대표되는 귀족노조의 강력한 교섭력을 빼놓을 수 없을 겁니다. 그런데 상위 10퍼센트의 소득점유율은 미국과 한국이 양적으로는 비슷해 보이지만, 질적으로는 큰 차이가 있습니다. 미국은 상위 1퍼센트의 소득과점(19.34%)이 소득불평등의 핵심 원흉이지만, 한국의 1퍼센트는 12.23퍼센트, 그 아래 9퍼센트가 32.64퍼센트로 독보적으로 높습니다. 더 심각한 것은 미국의 상위 10퍼센트는 전체 소득의 48~49퍼센트 정도인데 실제 생산성이 높은 존재들이 많지만, 한국의 상위 10퍼센트는 전체 소득의 44~45퍼센트로 세금(공무원), 국가독점(공공기관), 국가규제, 민간독과점, 부동산과 연공임금체계와 단체교섭에 의해 임금이 끊임없이 상승하는 존재들이 많습니다. 이들은 우월적 지위로 주주 몫, 협력업체 몫, 소비자 몫을 약탈할 수 있죠. 그러니까 격차의 질이 안 좋다는 겁니다.

한국의 격차, 불평등, 양극화 문제를 볼 때는 생산성과 지대라는 프레임도 작동시켜야 합니다. 사실 세계적 보편성은 생산성과 연결되고, 한국적 특수성은 지대와 연결됩니다. 생산성은 시장이 검증했거나 고객으로부터 인정을 받은 거잖아요? 그런데 지대는 그게 아닙니다. 국가의 규제나 일방적으로 정한 표준에 의해 생긴 겁니다. 한국의 불평등, 양극화의 주범은 시장이 아

니라 국가입니다. 국가가 불합리한 규제로 자유롭고 공정한 시
장원리와 다수가 동의하는 민주공화 원리를 왜곡하기 때문입
니다. 지대라는 말은 원래 수요는 늘어도 공급이 고정되어 있는
부동산사용료(임차료)가 원형이죠. 이건 인간이 아니라 자연이 만
든 거잖아요. 그런데 제가 한국의 핵심 문제라고 규정한 지대는
기본적으로 인간, 즉 국가규제가 만든 거지요.

■ **이재교**　그건 우리나라만의 문제가 아니잖습니까? 그 부동산 지
대라는 게. 공공부문도 그렇고.

■ **김대호**　예, 맞습니다. 부동산 문제는 사실은 세계적인 문제죠.
파리나 런던의 부동산 임차료 문제도 심각한데, 공공부문의 임
금, 연금, 복지와 고용안정성이 그 나라의 평균 또는 중위 국민
소득보다 월등한 나라는 제가 알기로는 한국 외에는 없습니다.
민주적 통제가 안 된다는 얘기죠.
그다음으로 규제산업이 있습니다. 굉장히 규제가 강하죠. 그리
고 우리처럼 이렇게 비대한 공기업을 갖고 있는 나라가 없습니
다. 프랑스도 공기업 많이 있어요. 그런데 프랑스 공기업은 유
럽이라는 거대한 시장에서 움직여요. 르노가 공기업이지만, 국
내적으로 독점이익을 누리지 못합니다. 완전히 시장원리에 따
라서 움직입니다.

한국 노동조합의 기형성도 여간 심각하지 않습니다. 원래 노동조합은 노동시장의 공정가격을 추구합니다. 이걸 전제로 노동3권을 부여했는데, 한국 노동조합의 유전자는 이게 아닙니다. 한국 노동조합은 이 전제를 알지도 못하고, 알아도 외면할 겁니다. 귤이 회수를 건너면 탱자가 된다고, 한국에서는 노동조합도 공공부문도 불평등 양극화를 완화하는 것이 아니라 촉진하는 쪽으로 움직입니다.

아 참, 갑질이라는 것도 있네요. 힘센 기업의 힘 약한 기업에 대한 부당한 착취와 억압. 물론 억압과 착취의 핵심 목적은 지대, 즉 초과이득이죠. 그런데 이 정부와 자칭 진보세력들은 불평등 양극화는 외환위기와 신자유주의 때문에 생겼다고 하더군요.

■ **이동관** 외환위기와 신자유주의에 모든 책임을 돌리는 것은 원인을 천착해 규명하기보다 피상적인 '남 탓' 하는 거죠. 단순화의 오류일 뿐 아니라 정치적 프레임입니다.

양극화 갈등 핵심은 '과정의 불공정'

■ **김대호** 맞습니다. 1, 2차 노동시장의 격차를 살펴보면, 중국 특수에 힘입어 삼성전자, 현대기아차 등 살아남은 기업들은 원래

생산성이 높았으니까 이윤과 임금이 당연히 증가했겠죠. 그런데 이걸 탓할 수는 없잖아요? 정당한 거잖아요? 그런데 국내에서 독과점 이익을 누리는 공공부문과 규제산업의 이윤과 임금은 삼성전자, 현대자동차와 같이 볼 수는 없죠. 저는 한국정치의 결정적인 오류는 바로 규제산업과 공공부문과 부동산을 제대로 관리하지 못한 게 아닐까 합니다.

■ **이재교**　관리를 못했다는 부분의 핵심이, 저는 공정의 문제라고 보거든요. 외환위기가 와서 구조조정을 할 때 결국 약한 사람이 잘렸지 생산성이 낮은 놈이 잘린 게 아니란 말이죠. 공정하지 않지요. 갑질 문제도 사실은 불공정의 문제거든요. 다른 나라들, 우리처럼 그렇게 불공정한 소위 갑질행위는 잘 안 합니다. 그런데 우리는 왜 그런가? 근대 사법제도에서 기본원칙은 공정이고 정의거든요. 우리 사회에 이런 원칙이 정착되지 않은 상태에서 힘과 힘으로 부딪치니까 흔히 갑질이라는 불공정한 거래가 빈번하게 됩니다. 우리나라에서 몇 년 전『정의란 무엇인가』라는 상당히 어려운 책이 100만 부 넘게 팔렸습니다. 우리나라 사람들이 그만큼 공정과 정의에 대한 갈증이 심하다는 말이지요. 결과가 빈부격차든 양극화든, 격차가 나더라도 과정이 공정했다면 그렇게 갈등이 심하지는 않을 겁니다.

■ **이동관** 소득의 양극화와 함께 사회적 계층이동의 사다리가 무너졌다는 정서적인 피해의식이 매우 날카로워졌죠. 최근 통계청 사회조사에서도 계층 상승 가능성에 대해 IMF사태 직전 1997년에는 65퍼센트가 '가능하다'고 답했는데 20년 뒤인 2017년에는 그 비율이 31퍼센트로 떨어졌어요. 여기에다 취업 시장에서조차 고용세습이니 취업 청탁이니 하는 갑질문화가 횡행하니까 불공정에 대한 사회적 분노가 증폭되고 있는 것이죠. 문재인정권은 "기회는 평등하고 과정은 공정하며 결과는 정의로울 것이다"라고 공언하고 있지만 실제로는 평등, 공정, 정의 이 세 개념을 등치로 놓고 혼란을 조성하고 있다고 생각해요. 참, 이 구호는 김 소장이 문재인 대통령 후보 시절 만나서 얘기해 준 아이디어라면서요?

■ **김대호** 저는 '공평'이라고 했습니다.

■ **이동관** 변화에 적응해서 혁신과 기술력으로 돈을 벌어서 격차가 생겼다면 이것은 사실은 매우 공정한 결과지요. 그런 점에서 '공정한 불평등'이 바로 자유시장경제체제의 본 모습이라는 것을 정확히 알려줄 필요가 있습니다.

■ **윤창현** 전 중소기업중앙회장이 그런 얘기를 하더라고요. "우리

도 많이 주고 있고 노력을 하고 있습니다. 그런데 대기업이 너무 많이 지급합니다. 그래서 우리는 근로자를 수탈하는 사람처럼 느껴지게 되고, 너무 많이 주는 대기업은 정상인 것으로 여겨진다"고요. 노동연구원 자료를 보면 한 3년여 전 '대기업, 유노조, 정규직'은 월 평균급여 약 400만 원인 데 비해 '중소기업, 무노조, 비정규직' 층은 월 130만 원 정도였습니다. 약 3배 차이가 나더군요. 그럴 때 대기업 유노조 정규직이 너무 높을 수도 있는데, 우리는 그게 정상이에요. 벤치마크가 대기업 유노조 정규직에 있는 거죠. 그런데 전 중소기업중앙회장의 메시지는 그게 비정상이라는 거예요. 기준이 아니라는 거죠. 그걸 기준으로 하면 중소기업은 다 나쁜 기업들이고 제대로 주지 않고 있는 거죠. 홍장표 전 수석이 이야기하고 굉장히 욕을 먹었던 게 대기업 임금 좀 줄여야 한다는 거였습니다. 지금 소득주도성장위원회 위원장이죠. 저는 홍장표 전 수석이 왜 그런 소리를 했는지 금방 느낌이 옵니다. 이 발언의 후폭풍이 거셌습니다.

■**사 회** 지금까지 양극화의 현황과 원인에 대해 이야기했습니다. 이제 이에 대한 지난 두 보수정부의 대응에 대해 평가해 보겠습니다.

지난 이명박정부 초기에 리먼사태가 터졌고, 위기가 닥쳤습니다. 당시 어떤 문제의식으로 어떤 조치들을 취했고 그에 대한 평가는 어떤지, 먼저 이동관 총장님 말씀해 주시지요.

MB, 금융위기 선방… 구조개혁엔 취약

■ **이동관**　이명박 대통령 임기 초반에는 '비즈니스 프렌들리'라는 구호를 내걸고 법인세를 낮추는 등 나름 친시장적인 정책방향으로 갔지만, 금융위기가 닥치면서 한계상황의 서민들이 절대빈곤층으로 전락하는 것을 막기 위한 사회적 안전망 구축이 큰 과제로 부상했습니다. 상황 자체가 급박하니까 문 정권이 지금하고 있는 것처럼 공공지출을 늘리고 단기 일자리를 만들어 내는 응급책을 쓸 수밖에 없었죠. 4대강사업에는 이런 긴급상황에 대응하려는 고려도 깔려 있었습니다.

당시는 세계 각국이 금융위기 극복을 위해 미국이 GDP의 5퍼센트, 독일은 2퍼센트, 일본 3퍼센트 등 대규모 예산을 편성해 공공지출 확대에 나서는 상황이었어요. 금융위기를 성공적으로 극복하기는 했지만 양극화가 심각한 상황이어서 2009년부터는 '친서민 중도실용'을 내걸고 보금자리주택, 미소금융, 든든학자금대출 등 사회보장적 성격의 대책을 잇달아 내놓고 대기업, 중소기업 간의 하청관계도 바로잡아야 한다는 생각에 동반성장정책도 추진했습니다. 불평등 해소라는 정책과제를 내걸 수밖에 없었던 현실적 상황이 있었습니다.

■ **김대호** 대부분의 정부들은 다 나름대로 나라를 위해 열심히 했을 것입니다. 문제는 환자에 대한 진단인데, 환자가 수술이 필요한 중병을 앓고 있는데 수술은 뒷전에 두고 빨간약이나 바르면 되겠습니까? 정권 평가할 때 대개 한 일을 가지고 시시비비를 하는데, 할 수 있었으나 안 한 것을 가지고도 평가해야 합니다. 역대 정부들이 꼭 해야 하지만 안 한 게 많습니다. 대표적인 것이 과도한 지대에 대한 처방이죠. 생산성이 낮은 놈은 끌어올려 주고 높은 놈은 격려해야 하는 거 아닙니까? 예를 들면 중소기업을 어떻게 70억 인류가 있는 세계시장과 연결할 거냐죠. 중소기업은 언어도 달려, 정보도 달려, 인맥도 달려, 자본도 달려… 그러면 이들을 지원하기 위한 민간종합상사 같은 것을 생각할 수 있는 겁니다. 그런데 문재인정부는 정의와 공정의 기치 하에, 국가규제와 형벌로써 강한 자를 어떻게 바르게 만들까 하는 고민을 많이 한 것 같습니다. 물론 가장 강한 자인 정부를 어떻게 바르게 할 것인지는 거의 고민 안 하니 국가권력이 점점 더 세지는 것 같습니다.

그다음 문제는 노동시장의 경직성과 노조의 기형화인데, 그 뒤에는 노동권 보호에 치중한 노동관계법이 있고요. 기형적 노동조합에 대해서 항상 자제와 양보를 호소합니다. 노동조합이 이렇게 괴물이 된 것은, 파업 시 노조는 공장 점거가 가능하지만 사용자는 대체인력 투입도 못 하게 해 놨어요. 그러니까 서울대에서는 40명이 기계실을 점거해서 한겨울 도서관을 냉골로 만들어 놨습니다. 학생들에게 핫팩을 나누어줬다는군요. 그런데 한국을 제외한 대부분의 나라에서는 파업을 공장 안에서 못 해요. 밖으로 걸어 나가야 돼요. 그러면 대체인력 투입도 용이할 겁니다. 그런데 우리 대기업이나 공기업에서는 노동조합이 압도적으로 힘의 우위에 있습니다. 이러니 공공의 양반화, 정규직의 계급화, 노조는 조폭화되는 것 아니겠습니까? 그런데 역대 정부들이 거의 손을 대지 않았습니다. MB는 기업인의 특성이 굉장히 강했다고 보는데요, 기업인들은 큰 제도를 건드리는 사람이 아니에요. 기업인에게 법과 제도는 무조건 수용, 적응해야 할 환경입니다. 그래서 MB는 예산, 공기업으로 일을 하려고 한 것 같습니다. 어쨌든 2008년 금융위기가 오자, 공기업 지출을 폭발적으로 늘려 급격한 경기침체를 막았습니다.

■ **윤창현** 지표로 보면 선방한 거니까요.

■ **김대호** 저는 당시 몰랐지만 다른 나라와 비교해 보니, MB정부가 2008년 금융위기를 굉장히 선방한 것 같습니다. MB의 특장점이 발휘된 것 같아요. 그러면 약점은 뭐냐? 구조적 모순, 부조

리에 대해서는 거의 손을 대지 않은 거죠.

■ **이재교** 국민들에게 다가왔던 '전봇대 뽑기', 어젠다로서는 좋
았는데, 문제는 얼마나 의지가 있었고 실천했느냐는 것인데, 안
타깝게도 광우병사태로 기가 확 꺾여 이 어젠다를 밀어붙이지
못했어요. 그 구조개혁 손 못 댄 게, MB 스타일의 영향도 있었
다고 봅니다. MB는 내심 '정치는 형님한테, 나는 국가운영' 식
의 역할분담을 한 것 같은데, 세상에 대통령의 국가운영이 정치
인데 그걸 분리하겠다는, 그게 기업인의 마인드인데, 그게 잘못
되었다는 것이죠. 야당 만나고 반대파 만나고, 밥 먹고 설득하
고 이게 본인이 해야 할 일인데, 그걸 형님에게 맡기니까 될 일
도 안 되는 거죠. 광우병 괴담집에 나오는 '수돗물값 10배 오른
다', '맹장수술 1천만 원' 등 수도와 의료민영화 반대가 나오자
마자 그냥 접어 버렸어요. 기가 꺾이고 방향감각이 약하니까 태
클에 걸려 넘어진 건데 국가적으로는 참 불행한 일이었습니다.

■ **윤창현** 어젠다들이 좀 안 어울려요, 심하게 얘기하면. 지도자
의 이미지, 삶의 궤적, 철학 들이 다 녹여지고 그걸 융합한 것이
목표와 비전인데, 그게 기능적인 접근으로만 되어 있었던 느낌
입니다. 좋은 것들이 나열되어 있는데도 그런 어젠다들이 체화
되지 못한 느낌, 이런 것들이 아쉬운 것 중의 하나입니다.

■ **이동관** 금융위기 극복에 선방하고 담론의 제시는 유효했는데 구조개혁으로 연결되지 못한 측면이 크다는 지적은 뼈아프게 인정합니다. 사실은 530만 표 차이로 대선에서 승리했다는 착시효과가 매우 컸었지요. MB정권의 이념적 철학적 기초가 된 것은 고 박세일 교수의 선진화 담론과 뉴라이트운동이었는데, 이 개혁적 보수세력이 권력의 중심에 포진하지 못하고 담론의 영역에만 머무르는 바람에 정책을 뒷받침할 전위대, 전사 들이 부재한 상태에서 여러 어려움들을 헤쳐가지 못했죠.

■ **사 회** 자, 이제 박근혜정부로 넘어가 보겠습니다. 박 정부에서도 4대개혁을 추진했죠. 노동시장 개혁이나 금융, 공공부문 개혁도 하려 했는데 그 시도와 과정, 결과에 대해 평가를 해 보겠습니다. 윤 교수님이 시작해 주시겠습니까?

박근혜 규제개혁, 방향 옳으나 리더십 부족

■ **윤창현** 성과급 체계와 직무급 개념의 도입이 중요했습니다. 직무급이라는 게 결국은 성과와 호봉의 중간 정도 되는 거지요. 한마디로 일한 만큼 받는 면이 있는 건데요, 성과급적 관점이 저성장기에는 중요합니다. 고성장기에는 경제가 계속 좋아지니

급여가 매년 일정비율로 올라도 큰 문제가 없지만, 저성장기가 되면 도저히 감당이 안 됩니다. 그러니 성과급제 도입을 추진한 거죠. 그다음에 임금피크제도 도입했어요. 기본적으로 근로시간은 일종의 투입이고, 그리고 그 시간을 통해 나온 결과물은 산출입니다. 투입과 산출을 다 고려한 보상체계가 중요합니다. 그런 개혁의 시도는 지금도 유효합니다.

두 번째는 금융개혁도 다양하게 시도했다고 봅니다. 인터넷전문은행도 그때 시작했지요. 몇 가지 보완을 해서 K뱅크와 카카오뱅크가 출범을 했습니다. 물론 적폐정치 이런 것들에 대해서는 일단 당연히 비판받을 것은 받아야 되지만, 4대개혁의 시도조차 폄훼하는 것은 문제가 있다고 봅니다. 그런 개혁은 지금 정부도 시도해야 할 가치가 있다는 생각이 듭니다.

■ **김대호** '기업, 금융, 공공, 노동'의 DJ 때 4대개혁을 박 대통령 때 기업 대신 교육을 넣어 '교육, 금융, 공공, 노동'이 4대개혁으로 되었죠. 2014년 3월 10일 청와대 수석비서관회의에서 규제개혁을 선포하고, 요란한 이벤트를 하지 않았습니까? 그래서 박근혜정부의 핵심 개혁은 '4대개혁+규제개혁'이라고 봐야 할 것 같습니다. 물론 가장 중점을 기울인 것은 규제개혁 같은데, 유감스럽게도 우리나라 규제의 강고하고 깊은 뿌리를 제대로 못 본 것 같습니다. 규제를 길 한가운데 있는 돌멩이 정도로 생각

하고 삽이나 호미로 파내려고 했는데, 파 보니 아예 산봉우리가 삐쭉 나온 거라고나 할까요?

MB 때는 과도한 대학진학률이라는 본질적인 문제를 건드렸지만, 박근혜정부의 교육개혁은 입시제도 간소화라는 곁가지로 내달리다가, 2015년 가을부터는 국정역사교과서로 내달렸죠, 아마? 이건 갑오개혁 때 단발령이라는 문화적 상징을 건드린 것과 비견되는 현명치 못한 처사였다고 생각합니다. 정치적 소득은 없는데, 반발은 극심하니….

공공부문도 이렇게 건드리기 힘든 복마전이 되어 버린 것은 정보공개가 제대로 안 돼서라고 봅니다. 이들의 운영 행태를 투명하게 들여다볼 수 있게만 하면 수백만 명이 스마트폰을 들고 봉기를 할 것 같아요. 그런데 이런 것 없이 성과연봉제를 시행하려 하니, 민주당과 연대한 공공부문 노조를 이길 수가 없었죠. 그런 점에서 진보는 국가를 완전히 시대착오적으로 끌고 나간다면, 보수는 도대체 대한민국을 어떻게 경영할지, 그 비전과 전략 자체가 너무 얕거나 부실한 것 같아요.

■ **이동관**　박근혜정부에서 평가할 만한 것은 공무원연금개혁을 시도했던 대목입니다. 다만, 노동개혁과 관련해서는 박근혜정부에서 이뤄진 게 없어요. MB 때 과거 숙원과제였던 복수노조를 허용하고 노조전임자 임금지급을 금지하는 개혁법안을 통과

시킨 것은 '절반의 성공'이었다고 봅니다.

박근혜정권의 실책 중의 하나는 부동산 대책이었다고 생각합니다. 부동산 불길이 타오를 시점에 기름을 부은 셈이라고 할까요. 당시 최경환 경제부총리가 '초이노믹스'라는 이름을 내걸고 부동산 규제를 한꺼번에 풀고 건설경기를 부양해서 국내경기를 끌어올리겠다는 정책을 추진할 때, 부동산 대란 오겠다는 예감이 들더군요. 거꾸로 문재인정권은 부동산의 거품이 빠져 가고 있는데 과도한 규제로 부동산 거래절벽을 초래하고 있습니다.

■ **이재교** 박근혜 대통령이 '손톱 밑 가시'를 뽑겠다고 했는데, 규제가 꼭 필요한 분야도 있거든요. 꼭 필요한 규제와 불필요하고 기득권을 옹호하기 위한 규제, 이 두 유형의 규제를 분리하여 필요한 규제는 오히려 강화해야죠. 문제는 불필요한 규제인데, 이는 당연히 제거해야 하고. 이 불필요한 규제를 '손톱 밑 가시'니 '전봇대'니 부른 것이지요. 이 규제 혁파는 방향 자체는 옳았는데 이를 추진할 세력이 없고, 정치력도 없었습니다. 이를 추진하는 것이 리더십인데, 대통령이 앉아서 종이에 쓴 보고서만 보고, 밥을 혼자 먹고, 이러니 규제 혁파를 할 리더십이 생길 수가 없죠.

규제 혁파, 말은 쉽지만 이를 실행하는 것은 얼마나 어려운 일입니까? 규제는 기득권 제거의 문제거든요. 규제를 없애면 그걸로 이익을 보는 사람들이 큰 손해를 보게 되는데 그 대부분이 공무원이고 이들은 규제에 생사가 걸려 있고, 나머지 국민들은 규제 제거로 돌아오는 이익이 조금밖에 없어요. 이래서 어려운 문제인데 청와대에서 TV 이벤트만 했으니 성과를 낼 수 없었지요.

■ **이동관** 당시 제1야당하고 노조, 공무원 등 지대추구 집단하고 결합을 해 버리니까 이게 엄청 무소불위의 힘으로 작용한 거죠. 조선시대 대동법 실시에 사대부들이 한 덩어리가 돼 반대한 것하고 똑같아요. 기득권자들이 죽기 살기로 반대하잖아요, 백성이야 어떻게 되건 말건.

■ **사 회** 이제 본격적으로 현 정부에 대한 논의로 넘어가겠습니다. 양극화가 심화되고 있는 상황에서 오히려 기득권을 강화하는 방향으로 현 정부의 재정지출이 되고 있다는 지적이 있습니다. 이에 대한 구체적인 사례가 있습니까?

文정부, '평등의 역습'으로 사다리 걷어차

■ **김대호** 큰 틀로 OECD 통계를 보면, 한국의 2016년 GDP 대비 정부수입이 34.64퍼센트인데 국민부담률은 26.3퍼센트, 조

세부담률은 20퍼센트, 복지지출은 10.4퍼센트입니다. 그러면서 대한민국은 저부담 저복지 국가니, 증세 없는 복지는 허구다, 뭐 이런 얘기를 합니다. 그런데 스위스는 GDP 대비 정부수입은 한국과 거의 같은 34.66퍼센트에, 국민부담률 27.8퍼센트에 복지지출은 19.7퍼센트입니다. 일본은 정부수입은 35.67퍼센트로 한국보다 1퍼센트포인트 많은데, 국민부담률은 30.7퍼센트(2015), 복지지출은 23.1퍼센트(2013)입니다. 미국은 정부수입 32.88퍼센트에 국민부담률 26.0퍼센트이지만, 복지지출은 19.3퍼센트입니다. 이 통계로 보면 한국은 저부담 저복지 국가가 아니라 중부담 저복지 국가입니다. 미국, 일본, 스위스 등은 GDP 33~36퍼센트를 정부가 걷어 가지고 복지로 20퍼센트 내외를 쓰는데 우리는 10퍼센트 내외를 쓴다는 것입니다. 엄청난 차이잖아요? 도대체 이 차이가 어떻게 생겼느냐, 국방비로는 설명이 안 됩니다. 일본은 1퍼센트대인데 우리는 2퍼센트 남짓 쓰니 1퍼센트포인트 정도만 설명할 수 있습니다.

제가 파악한 바로는 공무원 인건비 비중이 가장 결정적인 차이로 보입니다. 2016년 기준 일본 국가공무원은 한국 공무원에 비해 평균 근속연수는 6년이 길고 연령은 1살이 많지만 평균연봉은 5,130만원인데 우리는 복지포인트 포함하면 6천만 원쯤 되고, 연금도 일본은 160~170만 원이면 우리는 300만 원이 넘죠. 하지만 국민소득은 일본이 우리보다 대략 30퍼센트 높습니다.

아 참, GDP 대비 복지비 10.4퍼센트에는 공무원연금 관련 예산이 포함되어 있습니다. 국민연금 자체가 사회보험료로 되어 있기 때문에 안 내면 혜택을 못 받지 않습니까. 그런데 가장 열악한 사람은 못 내거나 안 내고 있고 그런대로 살 만한 사람들이 내고 있는데, 문제는 이게 수익비가 1.5~2 정도 되잖습니까? 물론 저소득계층의 수익비는 3 정도 됩니다만.

■ **윤창현** 평균보다 낮은 소득을 받는 분들은 연금수익률이 훨씬 유리합니다. 이전소득과 분배 개념을 연금에 넣었어요. 평균소득보다 높은 분들에게 조금 덜 드리면서 평균소득보다 낮은 분들에게 더 드리는 거지요.

■ **김대호** 예, 가입한 분들에게는 그런 측면도 있지요. 문제는 그조차 가입 못 한 사람들입니다.

그다음에 국가의 출산 보육 지원인데, 진짜 먹고살기 힘든 사람은 결혼 자체를 못 하잖아요! 결혼 관문을 통과한 사람들은 그나마 좀 나은 편인데 이쪽에다가 지원을 집중적으로 하잖습니까? 한국은 복지지출이 저소득층이 아니라 고소득층으로 많이 흘러가지 않는가 합니다. 노후소득의 핵심인 연금이 그렇게 설계되어 있으니…. 문 정부의 고용노동정책도 철저히 현재 취업자들의 고용을 안정화시켜 주는 것 아닙니까? 저성과자에 대한 일반

해고와 취업규칙 변경요건 완화를 골자로 하는 박근혜정부의 노동개혁 2대지침 폐기와 비정규직의 정규직 전환이 대표적이죠.

■ **윤창현** 그렇지요. 가장 대표적인 게 공기업에서 비정규직의 정규직 전환인데요, 비정규직으로 들어가 있는 사람들을 정규직으로 시켜 주면서도 하는 일은 똑같습니다. 그러면 인건비가 늘어나게 되고 추가로 인력을 충원하기가 힘들어집니다. 결국 공기업에 들어가려고 줄 서 있는 사람에게 기회가 안 오거나 줄어드는 거죠. 현재 일자리를 가지고 있는 사람들은 좋아집니다만 일자리 얻으려고 줄 서 있는 사람들에게는 거꾸로 혜택이 줄어들거나 없어집니다. 특히 청년들에게는 재앙이죠. 가진 것이 있는 사람들에게만 유리한 정책을 집행하는 것은 문제가 많다고 봅니다.

■ **김대호** 그게 정년연장법 아닙니까? 원래 임금피크제와 정년연장법이 하나의 패키지였는데 정년연장은 강제로 해 놓고 임금피크제는 노사 자율합의에 맡기니, 얻을 건 다 얻은 노조가 동의해 줄 리가 만무하죠. 청년들의 기회를 무식하게 틀어막아 버린 거죠.
최저임금도 마찬가집니다. 최저임금이란 본디 영업과 폐업, 취업과 실업을 가르는 선이고 한계기업의 구조조정 수단이에요.

한계선에 있는 이들은 최저임금 인상에 따라 임금이 올라갈 수도 있고, 노동시간이 줄거나, 실업자가 되거나, 비경제활동인구가 될 수도 있습니다. 그런데 우리는 근속연수에 따라 임금이 가파르게 올라가는 연공임금 체계니까 최저임금 인상으로 임금을 올려야 하는 근로자의 비율, 즉 영향률이 최소 50퍼센트는 될 것 같습니다. 우리가 연공임금 체계를 갖고 있는 조건에서 아래를 확 끌어올리게 되면 위가 자동으로 올라가게 되어 있어요. 그래서 연봉 5천, 6천 받는 노동자들의 임금도 오르게 되지요.

■ **윤창현** 주휴수당을 합치니까 최저임금 수준이 중위소득의 60퍼센트 가까이 됩니다.

■ **이재교** 얼마 전 TV의 2019 신년대토론회에서 유시민 전 장관이 최저임금 때문에 30년 된 직원을 내보냈다는 조선일보 기사에 대해 "30년 된 직원에게 최저임금 줬다고요?" 하고 반문했습니다. 기사 내용을 이해 못 하는 거죠. 최저임금 인상으로 아래 신입사원의 임금을 올리면 위의 고참사원의 임금도 함께 올려야 한다는 걸 이해 못 한 거예요. 그래서 30년 된 직원에게 최저임금 못 줘서 내보낸 걸로, 그렇게 이해를 한 거죠. 자기 돈으로 월급 줘 본 적이 있다면 이를 이해하지 못할 리 없습니다. 그래도 유시민 씨는 나이도 있고 경험도 다양하지만, 지금 청와대

에서 정책 결정하는 사람들은 대부분 유시민 장관보다 경력이 훨씬 적은데, 이런 사람들이 정책을 결정하니까 하나만 알고 둘은 모르는 거죠. '최저임금 올려서 소득을 올려 주면 경제가 성장한다', 이런 단순논리만 알고, 최저임금을 올리면 한계선상에 있는 사람들이 일자리를 잃는 현상, 자영업자가 몰락하는 상황을 전혀 이해하지 못하니 일이 이렇게 되는 거고요. 취업을 못하는 사람, 장가가기도 어려운 바닥에 있는 사람, 이런 사람들을 끌어올리는 쪽으로 모든 정책의 초점이 맞춰져야 하는데, 이미 가지고 있는 사람들을 강화하고 더 주는 이런 쪽으로 초점을 맞추니까 '평등의 역습'이 발생하는 거죠.

■ **이동관**   사다리 걷어차기로군요. 금 안에 들어와 있는 사람은 좋은데 한계상황에 몰려 있는 사람들은 더 열악해지는 역습 말이죠. 원래 공공부문 일자리는 고용이 유연하고 필요가 없으면 없애야 하는 게 정석이거든요. 전문가들이 '일자리 저수지론'이라고 하지요. 그러니까 저수지에 물을 담았다가 필요하면 문을 열어야 하는데, 우리는 거꾸로 철밥통을 강화해 주고 있죠. 공무원 17만 명을 늘리고 공공부문에서 81만 개 일자리를 늘리겠다는 발상은 완전히 시대역행입니다. OECD 포용성장보고서에도 "최저임금을 과도하게 올리면 일자리를 없애는 역효과가 있으니 조심해야 한다"는 그런 내용이 있거든요.

문제는 표만 의식하는 '표票퓰리즘'이에요. 최저임금 관련해서 가장 모순된 것은, 2018년까지 17만 명이 최저임금 인상으로 일자리를 잃었는데 그걸로 이득을 본 사람은 170만 정도로 추산된다는 거 아니에요? 한계상황에 있는 계층이 극한상황에 내몰리건 말건 밀어붙이는 충분한 정치적 논리가 성립되는 거죠. 그래서 지금 이 정부를 떠받치고 있는 40대 화이트칼라 지지율이 모든 직역 중에서 지지율이 가장 높은 겁니다. 이념적 성향도 성향이지만 현 정부 정책에서 가장 큰 혜택을 받고 있는 계층이거든요.

■ **사 회** 예, 지금까지 살펴보았듯이 양극화는 20년 가까운 동안 심화되어 왔습니다. 이에 대해 이명박, 박근혜 정부도 대응을 해 왔고요. 현 정부 들어 양극화 심화 정도는 어떻습니까?

취약계층 벼랑 내몰고 통계는 장밋빛만

■ **윤창현** 예, 통계청에서 발표하는 가계동향조사를 보면, 2018년 4분기입니다, 5단계 중 1분위가 가장 어려운 분들, 그리고 5분위는 가장 잘사는 분들인데, 1, 2, 3분위의 소득은 다 줄었어요. 4, 5분위는 늘고. 그러니까 지니계수 따로 계산 안 해도 될 정도

죠. 아래쪽은 줄고 위쪽은 늘었으니 분배는 악화됐어요. 특히 1분위의 경우 한 가구당 일하는 사람이 0.4명에서 0.3명으로 줄었습니다. 그러니까 100가구 기준으로 일하는 사람이 40명에서 30명이 되었다는 얘기죠. 5분위는 가구당 일하는 근로자 수가 2.0 근처에서 조금 늘었어요. 그러니까 가계에서 일하는 사람이 많을수록 소득이 높은 건데, 최저임금의 역효과가 1분위 일자리를 강타하고 있습니다. 그리고 이 통계에서는 1인가구 560만 명이 제외되어 있습니다. 혼자 일하다 그만두면 바로 실업자가 되는 이 사람들이 통계에서 제외되어 있고, 2인 이상 가구만 대상으로 통계가 작성된 겁니다. 그러나 이제 1인가구가 560만이나 됩니다. 이들까지 합치면 지금 소득불평등은 대단히 심화되고 있는 거죠. 최저임금인상정책이 자영업을 이렇게 힘들게 하고 저소득층을 더 어렵게 만들 줄 몰랐던 것 같아요.

■ 김대호   최근에 나온 가계동향조사에서 불평등 양극화가 심화된 것으로 나오자, 고령화 효과다 어쩌고 하면서 변명을 합니다. 물론 고령화 효과도 있겠지요. 하지만 그 효과가 1 정도라면 소득 문제는 10은 되지 않을까 싶습니다. 김낙년 교수가 만든 20세 이상 인구 기준 분위별 소득점유율 통계도, 원래 나빴는데 아마 더 나쁘게 나올 겁니다. 하지만 임금근로자만 가지고 따져보면 그 격차가 완화된 걸로 나올 겁니다. 그럴 수밖에 없잖아

요? 최저임금 대폭 상승으로 저임금 근로자들을 근로자 아닌 것으로 만들어 버리고, 살아남은 근로자의 임금을 올렸으니! 고용의 질이 좋아졌다고 하는데, 이건 계약기간이 1년 이상인 상용근로자가 늘어났고, 4대보험 가입 근로자가 늘어났다는 얘깁니다. 상용근로자야 문 정부가 강제하기도 했고, 공공부문의 시간제, 기간제 등을 상용직으로 만들었으니 늘겠지요. 4대보험은 일자리안정자금 효과가 아닐까 합니다. 전체적으로 내용을 뜯어보면 가장 열악한 사람들을 벼랑에서 밀어 투명인간으로 만들어 버리고, 일자리 유지한 사람만 가지고 따진 거예요. 이건 뭐냐면, 국가와 정치의 존재이유를 완전 망각한 소치죠.

■ **이재교**　이 현상이 무서운 게, 배제된 사람들이 절대빈곤으로 내몰린다는 겁니다. 일단 절대빈곤을 줄인 다음에 상대빈곤의 문제를 해결하려고 해야지요. 절대빈곤문제 대책으로 기초노령연금 정도를 들 수 있는데, 이게 용돈 정도 수준이라 효과는 적은 편입니다. 나락으로 떨어진 사람들은 배제하고 안정된 사람들만 보호하면서 이들을 중심으로 통계 내고 개선되었다고 하는데, 국가가 이러면 안 됩니다.

■ **이동관**　그러니 포퓰리즘이 아니고 '표'퓰리즘이죠. 착각도 아니고 위선이고요. 거대한 사기극에 국민들이 그만 빠져서 허우

적거리고 있는 거죠.

■ **윤창현** 얼마 전에 오랜만에 식당에 갔는데, 종업원 5명 중 3명
이 줄었어요. 남은 2명의 월급은 올랐고요. 2명은 요리사 자격
증이 있는 분이었고, 그만둔 3명은 오래된 손맛으로 승부하던
나이드신 분들이었죠. 2명은 더 받고 3명은 일자리를 잃었는데,
일자리 유지하면서 월급이 오른 2명만 보면서 "야, 급여 올랐
다"고만 하면 그게 말이 되는지 모르겠네요.

■ **김대호** 최저임금 인상은 산업구조조정을 동반해야 의미가 있
습니다. 한계산업이나 기업에서 잘린 3명이 생산성 높은 부문으
로 이동한다, 위로 가든지 수평이동한다는 전제가 있는데, 그것
도 안 되면 사회안전망으로 커버해야 하는데, 이 개념이 완전히
실종된 거예요. 지금 잘린 사람들은 실감을 하거든요. 일자리가
구하기가 너무너무 힘들어요. 위로 올라가는 것은 고사하고 수
평이동도 안 돼요. 사회안전망이라도 두텁냐면 그것도 아니에
요. 이건 5·18보다 훨씬 잔악하고 대규모적인 학살이라고 봐요.

■ **이동관** 1980년 미국 대통령선거 때 공화당 로널드 레이건과 민
주당 지미 카터 후보 간의 후보토론에서도 최저임금 문제가 중
요 쟁점이었어요. 최저임금 자율화가 유색인종 등 취약계층에

유리하다는 레이건의 논지가 완승했죠. 지금 미국은 각 주마다 최저임금이 모두 다르고 어떤 주는 아예 최저임금에 대한 규정도 없습니다. 그렇게 보면 지금 우리가 벌이고 있는 이 논쟁은 이미 40년 전에 결론이 난 거였어요. 대한민국에서는 국민을 상대로 때늦은 경제실험을 하고 있는 셈이지요.

■ **이재교** 최저임금 인상으로 일자리를 잃는 사람들이 다수가 아니라 소수라도 그래서는 안 됩니다. 국가가 우선 챙겨야 할 사람은 한계선상에 있는 사람들이거든요.

■ **윤창현** 2019년 2월 경제학 통합학술대회가 열렸는데 거기서 두 번의 전체 세션, 즉 참가자가 모두 다같이 모여 발표와 토론을 하는 세션이 있었습니다. 거기서 발표된 논문들이 주목을 받았지요. 하나는 서강대 최인 교수의 논문인데 소득주도성장에 사실상 F학점을 주었습니다. 전 언론에 다 실렸지요. 두 번째 날은 안충영 교수 논문이었는데 비슷한 주장이었습니다. 분과 세션에서 발표된 서울대 김대일 교수의 논문엔 "일자리 감소분의 27퍼센트가 최저임금 인상의 영향이다"라는 주장이 들어 있었습니다. 경제학 학술대회에서 발표된 논문이 전 언론에 실리는 것은 거의 처음 있는 일이에요. 그 세션에 기자들이 학자들만큼이나 많이 참석했어요. 검증 안 된 이론을 적용부터 하고 그 효과

를 뒤늦게 분석하다니 정말 아이러니하죠. 대한민국 경제를 가지고 실험부터 하는 느낌입니다. 학자들도 참 힘들어 합니다. 와중에 '촛불명령' 운운하면서 이론을 변호하는 교수도 있기는 합니다만.

■ **이재교** 최저임금 올리면 한계선상에 있는 사람들 일자리 잃는다는 것은 상식이거든요. 그럼, 왜 알면서도 밀어붙였느냐? 저는 이 사람들이 스무 살 때의 이념, 즉 노동자와 농민을 위한다는 그 이념에 아직도 매몰돼서 그렇다고 봅니다. 현 정부의 정책결정자들이 20대 학생 시절의 생각으로 정책을 밀어붙이는 거지요.

■ **이동관** 2018년 여름부터 증권시장의 폭락 가능성이 있으니 대책을 마련해야 한다는 얘기가 금융권에서 많이 나왔어요. 실제로 청와대에 금융권 고위인사가 건의했더니 "증권투자 하는 사람들은 우리 편 아니잖아요"라는 반응이 돌아와 황당했다고 하더군요. 이게 지금 벌어지고 있는 사태의 본질을 말해 주고 있는 거라는 생각이 듭니다. 현 집권세력이 노무현 시대의 반성을 한다면서 갖고 있는 기본 인식은 '우리의 핵심 지지기반은 끝까지 껴안고 간다', 그리고 거꾸로 당동벌이黨同伐異, '우리의 적은 철저히 궤멸시킨다'는 거예요. 지역적으로는 호남, 여기에 전교조, 전공노, 금융노련, 금속노련, 민언련 등 강성 노조를 핵심 기

반으로 안고 가면 절대 흔들리지 않는다는 것이죠. 현 집권세력은 이 대목에서 노무현이 실패했다고 보고 있는 거예요. 어찌 보면 그래서 노무현이 돋보여요. 그래도 노무현은 국가를 위해서 무엇이 옳은가를 고민하는 진정성이 있었구나 하는 생각이 드는데 지금 집권세력은 정파적 이익만 붙들고 정권 계속 끌고 갈 생각만 하고 있는 거죠. 이번에 24조 예비타당성조사(예타) 면제한 것도 똑같은 맥락이죠. 심지어 앞서 두 정권서 결론 난 동남권 신공항까지 다시 끌고 들어와, 총선에서 표를 얻기 위해서라면 무슨 무리수라도 불사하겠다는 태도를 보이고 있어요.

■ **사 회** 문 정부의 정치리더십 이야기로 자연스럽게 왔습니다. 이 문제를 좀 더 집중적으로 이야기해 보겠습니다.

'중심' 잡는 대통령 리더십 실종

■ **이동관** 예, 이 사람들은 좌파 중에서도 아주 질이 안 좋은 베네수엘라의 우고 차베스 수준이 아닐까 걱정됩니다. 차베스는 집권하자마자 국민투표를 해서 제헌의회를 새로 만든 다음에 제일 먼저 190명 판사를 적폐라는 이름으로 자릅니다. 과거에 사법농단이 됐건 적폐청산이 됐건 이런 명분을 앞세워 히틀러나

전제적 포퓰리스트들이 썼던 가장 주요한 수단이 사법부가 알아서 기도록 만든 거란 말이에요. 지금 김경수 재판 이후에 사법부에서 벌어지고 있는 상황이 데칼코마니처럼 똑같아요. 이미 사법권력 장악했잖아요? 헌재와 대법원 3분의 2 장악했고, 이제 인사권까지 장악해서 마음대로 할 텐데⋯. 이 사람들은 이른바 주류 교체를 차근차근 실행해 가고 있는 거예요. 우리 사회의 모든 기득권세력을 다 교체하겠다는 목표 아래 그리 가고 있어요. 전 정권에 감정 있는 인사들을 검찰 핵심부에 집어넣어요. 김명수 대법원장은 법원 내에서 불리는 별명이 '어대'예요. '어쩌다 대법원장'이라는 말인데, 그런 분을 대법원에 넣고. 뉴스타파 만들던 사람을 방송사 사장으로 갖다놓았죠. 결국 자기들이 직접 안 하는 척하면서 칼질 할 사람을 갖다놓은 거죠. 국가의 주요 자리에는 분노감이 있는 사람을 보내면 안 돼요. 우리 당쟁사에도 그렇듯이 완장 차면 자기 원한을 가지고 칼질 하고 다닌다니까요. 그런데 진짜 재미있는 것이, 문재인 후보 시절부터 내세웠던 구호가 '사람이 먼저다'잖아요? 이거 차베스가 하던 말이에요.

■ **이재교** 3·1운동 100주년 앞두고 2월에 문재인 대통령이 '칼 찬 순사' 얘기를 했지요? 저는 그 말을 듣고 귀를 의심했습니다. 지금 때가 어느 때인데, 언젯적 이야기를 하고 있는 건지⋯. 학생

운동 했던 사람들은 역사를 자주 얘기했습니다. 우리 사회는 친일 자본가와 친일 경찰로 상징되는 권력이 결탁하여 말아먹은, 그러니까 노 대통령이 이야기했던 것처럼 '기회주의가 득세하고 정의가 패배한 역사'라는 말을 자주 합니다. 문 대통령의 연설에서 저는 20대 운동권의 사고가 하나도 바뀐 게 없지 않은가 생각이 들었습니다. 그렇지 않고서야 21세기에 칼 찬 순사 이야기가 나올 리 없다는 말이지요. 아직도 친일파가 대한민국의 주류라고 인식하고 있는 것이 아닌가 하는, 참 섬뜩한 느낌이 들었어요.

■ **김대호**   제가 저분들하고 접촉이 많았잖아요? 2006년에 사회디자인연구소를 만들어 한국판 '제3의 길'을 정립해서 민주당을 바꾸려 했기 때문에 많은 대화와 토론을 나눌 수밖에 없었으니까요. 그래서 저들의 사고방식을 비교적 잘 안다고 할 수 있죠. 저분들은 잘못된 유인보상체계 문제나 생산성 격차나, 불합리한 제도, 문화, 경로의존성 문제 등이 복합되어 나타난다는 것이 상식인데, 문제를 아주 힘세고 사악한 어떤 존재에서 찾으니 처방도 엉터리가 될 수밖에 없어요. 고용, 노동의 문제는 자본의 탐욕 때문이라 생각합니다. 자본의 탐욕을 확 풀어 준 것은 신자유주의라 생각하고, 체현자는 재벌이라고 생각하죠. 결국 신자유주의 규제 완화를 틈탄 자본과 재벌이 많이 '처드셔서'

불평등 양극화가 생겨났다고 생각하죠. 문제와 원인을 이렇게 규정하면 답은 국가규제와 형벌입니다. 국가규제로 자본과 재벌의 곳간에 쌓여 있는 돈을 뜯어 오고, 자본과 재벌이라는 부잣집에 식구를 더 많이 밀어넣는 겁니다. 정치적으로는 만악의 근원이 친일, 독재, 수구, 기득권, 냉전, 반통일 세력입니다. '친미'는 넣었다 뺐다 하죠. 친일독재는 때론 조선 노론까지 연결합니다. 진보와 보수, 혹은 좌파와 우파를 가르는 기준은 국가와 시장에 대한 태도 아닙니까? 이게 세계 보편이죠. 그런데 저분들은 진보와 보수, 좌파와 우파의 관계를 아예 '선과 악', '정正과 사邪', '민주와 독재', '애국과 매국', '개혁과 수구'의 대립 개념으로 보고 자기들은 선, 정의, 민주, 애국, 개혁의 체현자라고 생각을 하는 거예요. 보수는 '악, 사파, 적폐'로 생각하죠. 그러다 보니까 대한민국은 온통 적폐나 보수 천지라 생각을 해요. 경찰, 국정원, 국회, 사법부, 경제계, 언론계 등을 전부 보수, 적폐라 생각합니다. 그래서 이들이 먼저 국정원 때리고 기무사를 때리지 않았습니까? 방송권력과 문화권력은 진작 잡지 않았습니까? 공무원도 잡는다, 그다음에 지방선거에 이어 2020년 총선 때는 국회권력을 교체한다, 그러다 보니 대한민국의 거의 모든 질서를 싸그리 다 엎어 버려야 하죠. 그래서 사람들이 저분들은 사회주의나 고려연방제를 추구하느냐 의심하는데, 그것도 아닙니다. 한마디로 철부지 망나니 사고방식입니다. 자기가 하는 짓이 뭔지 모릅니다. 다만, 지향은 있어요. 무지하게 나쁜 놈들인 자본이 많이 처먹었으니까 자본에 칼과 족쇄를 들이대야 한다는.

■ **이동관** 그게 '망치이론' 아니에요? 어린애에게 망치 주면 아무거나 다 때려부순다는. 노무현 전 대통령은 주류 교체를 내세웠지만 현실적인 힘은 부족했어요. 강력한 야당이 있었고, 386세력도 막 정치권에 진입했거나 청와대 행정관 수준이었어요. 여기에다 노무현 자신도 본래 상인적 감각이 있는 사람이에요. 원래 운동권 출신도 아니고. 변호사로서는 처음 법무사 일을 겸하면서 등기업무를 했는데, 그런 발상이 쉽지 않은 거지요. 돈이 뭔지를 아는 사람이었고, 방향이 맞다고 확신하면 FTA뿐 아니라 제주 강정해군기지나 이라크 파병도 추진했죠. 그 결과 임기말에 '짝퉁진보'라는 비판을 받으면서 지지율이 급락했어요.

■ **김대호** 노무현은 대한민국의 천박한 문화에 대한 반감이 굉장히 강했습니다. 노무현이 쓴 『성공과 좌절』이라는 책을 보면 6·25 때 보도연맹사건으로 집단학살된 사람들의 무덤을 4·19 후에 만들었는데, 5·16이 나자 누군가 이 무덤을 파헤친 것을 보고 피가 거꾸로 솟구쳤다는 대목이 나옵니다. 대한민국 주류 보수에 대해서 반감이 강했다는 얘깁니다. 그런데 "내가 북한에 있었으면 수용소 갔을 것 같다"는 얘기도 합니다. 이 얘긴, 그래

도 대한민국이 월등히 나은 나라라는 고백입니다. 시장으로 권력이 넘어갔다는 얘기는 시장은 함부로 손대는 것이 아니라는 얘기잖아요. 국정원 보고는 안 받았는데, 그건 너희들은 국내정치에는 개입하지 말라는 메시지였죠.

■ **이동관** 검찰권력하고 국정원 권력을 놓은 건 사실이에요.

■ **김대호** 노무현은 반칙과 특권을 일삼는 대한민국 보수 내지 천박한 문화적 흐름을 잘라야 한다고 생각했던 것 같습니다. 하지만 시장이나 한미동맹이나 개방은 긍정했고, 안보를 위한 기무사나 국정원의 역할도 다 긍정했죠. 다만, 지역의 발전 격차가 심각하니 균형발전 등을 위하여 수도 이전을 생각한 거죠. 결국 노무현은 대한민국이 크게 뒤떨어져 있다고 생각했던 몇몇 부분을 고치려고 했던 거라고 봐야죠. 그런데 문재인과 철부지들은 모든 것이 총체적으로 잘못됐다고 생각하는 것 같아요.

■ **이동관** 나도 노무현정권의 주도세력과 지금과는 다르다는 얘기를 하는 겁니다. 노무현 때까지만 해도 약간의 이념형 대립이랄까, 그런 요소가 있었다고 봐요. 그런데 현 정권은 구호는 '사람이 먼저다'를 내걸고 있지만 겨냥하고 지향하고 있는 것은 인사부터 시작해 훨씬 적나라하고 탐욕스러운 기득권 장악이에요.

■ **이재교**   김 소장님은 노무현 대통령 개인에게 초점을 맞췄는데, 당시 집권세력에 초점을 맞춰 보면 그때는 386세력이 약해서 힘이 달렸다, 그러나 이제는 힘이 충분하다, 이런 거라고 봐요.

■ **김대호**   386의 사상이념적 향도 역할을 하던 서울대 김영환과 고대 조혁 등은 깊은 성찰과 반성을 거쳐 사상이념적으로 환골탈태를 했지요. 안희정도 조혁의 지도를 받지 않았습니까? 그런 점에서 지금 청와대와 민주당 386들은 지진아 그룹이라고 봐야죠. 그런데 이들이 정권을 잡아 버린 거에요. '80년대의 화석, 좀비지요.

■ **이동관**   그래도 노무현정권 때는 386그룹이 전면에 나서서 국정을 좌지우지한 것은 아니에요. 실제 기용한 면면을 봐도 고건 총리, 이헌재 경제부총리, 연세대 총장 출신인 김우식 비서실장 등 보수 쪽 인물들을 많이 썼습니다. 그런데 이번 정권에서는 임종석 전 비서실장을 위시해 586세대의 전대협 출신 80여 명이 대거 청와대의 핵심 포스트를 차지해 사실상 정권을 쥐락펴락합니다. 이 사람들은 인사, 정무, 민정, 홍보를 장악해 사실상 무소불위의 연대를 만들어 낸 셈이고, 그 추동력으로 인적 청산부터 남북화해까지 모든 걸 밀어붙인 겁니다. 보수세력은 탄핵으로 지리멸렬했고, 이번에야말로 제대로 주류 교체를 하겠다

고 검찰, 국정원, 사법부, 공기업, 심지어 대기업까지도 밀고 들어가는 거지요. '20년 집권론'도 한 꺼풀 벗겨 놓고 보면 과거 기득권세력이 장악하고 있던 진지를 파괴하고 거기에 다시는 무너지지 않을 자신들의 참호를 파겠다는 겁니다.

■ **이재교** 현 정부의 정책이 빠르고 무식하게 나오는 게, 노무현 정부의 트라우마가 있어서 그런 것 같습니다. 자기 나름의 경험을 살린 거에요. 그때 교훈이, 정책을 할 때는 찔끔찔끔이 아니라 확실하게 왕창 쏟아부어야 한다는 것이 아닌가 싶어요. 그것 때문에 실패한 것이 아닌데 그렇게 생각하니 문제지요.

■ **김대호** 이 선수들, 참여정부에 대한 성찰 반성의 핵심 내용이, 진보적 정책을 과감히 실행 못 해서, 정체성을 제대로 발휘하지 않아서, 기어오르는 보수들을 너무 봐줘서 실패했다는 생각을 하는 것 같더군요. 전반적으로 참여정부에 대한 성찰 반성 수준이 너무 저열하다고 생각합니다. 저는 청와대 정책실장을 역임한 김병준 교수와 잘 통했어요. 그래서 제가 '육'고초려를 해서 사회디자인연구소 이사장으로 모셨고요.

■ **이재교** 매우 중요한 지적이에요. 그, 한미FTA 때 노무현 대통령의 청와대를 뛰쳐나간 정태인 비서관, 그 전형적인 모습들이죠.

■ **김대호** 맞아요, 정태인. 참여정부에서 일한 자칭 진보 인사들 중에 민주노동당의 이념적 포로들이 정말 많았어요. 2002~2006년 청와대 왔다갔다한 사람들 중에, 무슨 자문회의 같은 데 갔다 와서는 가슴을 쳤다는 사람 여럿 봤어요. 물론 노무현이 균형을 딱 잡고 있었죠. 그러니까 이헌재도 쓰고 김병준도 쓰고 하지 않았습니까? 그런데 그 밑에는 민주노동당의 이념적 포로들이 드글드글했거든요. 이번에 그 사람들이 딱 올라와 정권을 장악해 버렸다고 봐야죠.

■ **이동관** 그때는 행정관이었는데 지금은 비서관, 수석 이렇게 올라온 거죠. 청와대 안에 뜻 맞는 사람 열 명만 있으면 인사나 정책을 좌지우지하는 것은 일도 아닙니다. 내가 누구를 차관으로 보내야 되는데 이미 어떤 사람이 내정되어 있으면, 임명 2~3일 전에 민정에서 대통령에게 보고를 올립니다. "이 사람 이런저런 문제가 있고 옛날에 어땠다"고 하면 대통령이 "이 사람 뭐에요? 검증 안 했어요? 장관에게 다시 검토해 보라고 해야겠군" 이러면 날아가는 거에요.

■ **김대호** 원래는 대통령이 중심을 잡으면 되는데, 저분이 지금 정신이 없는 거예요. 제가 볼 때는 정책적 치매 같습니다.

■ **이동관** 그 양반이 민정수석도 해 보고 비서실장도 했기 때문에 안정적인 국정운영을 할 거라는 기대가 보수 쪽에서도 있었어요. 노무현의 뇌물사건에 대해서도 적당한 거리를 두고 비판적인 이야기를 많이 했지요. 그런데 완전히 야누스처럼 얼굴 바꾸는 것을 보면서, 본모습을 잘못 알고 있었던 것 아닌가 싶은 거죠. 이분은 도구가 된 것 같아요. 이광재가 노무현 전 대통령에게 "우리의 도구가 되어 주세요"라고 했다는데, 그걸 진짜 실천하고 있는 것 아닌가 싶어요.

■ **이재교** 노무현 대통령도 정도전이 이성계를 옹립한 것처럼 운동권이 옹립한 그런 면이 있죠. 노 대통령은 운동권 참모들에게 끌려가지 않았는데 지금은 끌려가고 있는 것 아닌가 걱정입니다.

■ **윤창현** 2017년 2월 경제학 학술대회에 갔을 때, 장하성 교수와 유시민 전 장관이 왔어요. 그때 장 교수는 우리나라의 불평등구조를 비판했는데, 유 전 장관은 그러더군요 "지금 이 자리에 있는 경제학자들이 대부분 자본의 편에 서 있지 않느냐?" 경제현상을 연구하고 우리나라 경제를 분석하는 사람들이 자본의 편이라고 언급하는 걸 보면서 충격을 받았습니다. 어떻게 저런 말을 할 수 있는가. 경제학을 하는 사람들의 입장이 다양한데 자

본 편이라고 일방적으로 단정을 하더군요. 소득주도성장도 이런 태도와 연결되어 있는 것 같아요. 그러나 이런 식이면 의사결정의 기본 틀 자체가 왜곡돼 버리죠. 경제가 잘되려면 자본과 노동이 잘 결합해야 가능한 거거든요. 둘이 잘 결합될수록 더 많은 부가가치가 탄생하는 것인데, 그 둘을 자꾸 싸움 붙이는 쪽으로 갑니다. 그리고 가계소득의 몫이 기업소득보다 줄어들고 있다는 주장을 합니다. 그러니 기업들 것 빼앗아서 가계에 줘야 된다는 거죠. 더 많은 파이를 키워서 나눌 생각은 안 하고, 자꾸 한쪽 것 뺏어서 다른 쪽에 주는 얘기를 하는 거죠. 주 52시간 근무제도 그래요. 벤처기업인들하고 문재인 대통령이 만나 이야기하는 중에 한 기업인이, "현장에서 보면 52시간 규제만큼 큰 규제가 없다"고 하더군요. 그리고 보면 한쪽으로는 규제 완화를 부르짖으면서 다른 한쪽으로는 어마어마한 규제를 도입한 셈입니다. 사실 창업 단계에서는 밤새워 일하고 나중에 쉬는 것이 필요할 수도 있습니다. 그런 걸 하는 것이 벤처기업인데, 그걸 못 하게 한 건 어마어마한 규제다 이거죠. 경제에 있어서 자본과 노동의 상생을 통한 국가경쟁력 제고라는 개념이 없어진 듯한 느낌입니다.

■ **사　회**　그래도 법절차는 준수하며 자신들의 이념을 관철시키고 있지 않을까요?

법 위에 정권… 견제장치가 없다

■ **이재교** 법절차 문제는 아닌 것 같습니다. 사실 우리 사회는 매우 저신뢰사회거든요. 그 중심에 법의 문제가 있는데, 법도 하나의 사회적 인프라죠. 이게 제대로 갖춰지지 않으면 갈등을 풀기가 어렵습니다. 이 갈등을 최종적으로 풀어 주는 게 법인데 말입니다. 물론 법 이전에 정치가 풀어 줘야 하는데, 정치가 기능을 못 하니까 다 법원으로 몰려옵니다. 수도 이전, 대통령 탄핵, 간통죄 등 크고 작은 갈등이 다 법원으로 왔어요. 정치가 해결해야 할 것을 다 법원으로 끌고 오니 결국 법원이 정치의 한가운데 설 수밖에 없게 된 거에요. 가뜩이나 신뢰가 부족한 사회에서 법이 갈등의 중심에 서서 해결하다 보니 어려움이 많죠. 그나마 이번의 사법농단사태로 인해 조금 있던 신뢰마저도 사라져서 법의 사회적 인프라가 완전히 붕괴되었습니다. 물론 양승태 대법원장이 잘못한 거 있습니다. 그러나 빈대 잡으려고 초가삼간 태워서 이거 어떻게 수습하려고 하는 건지, 참 답답합니다. 이렇게 사법 인프라를 붕괴시켜 버린 대가는 두고두고 엄청나게 치를 겁니다.

■ **이동관** 적폐청산이라는 구호는 다른 나라에서도 사실상 좌우를 막론하고 포퓰리스트들이 너 나 할 것 없이 외치는 공통적

구호예요. 미국도 2016년 대선 때 트럼프가 '드레인 더 스웜프 Drain the swamp'를 주장해 호응을 얻었는데, 창궐하는 모기떼(적폐)를 없애려면 그 온상인 늪의 물을 빼야 한다는 의미로 의역하면 '적폐청산'인 거죠. 유럽 정치에서도 이 표현이 심심하면 나오지만, 문제는 우리처럼 사법부를 적폐청산 대상으로 공격한 사례는 없다는 겁니다. 아까 김 소장이 '정과 사' 개념을 이야기했는데, 사법 기득권 이것은 악이고 사다, 그리고 새로 구축되는 질서가 정의로운 것이다, 그래서 법원뿐 아니고 국정원, 기무사 다 손댄 겁니다.

그런데 시작부터 심각한 문제가 있었습니다. 적폐청산 한다면서 국가기밀창고인 국정원 서버와 기무사 서버를 뒤지고 법원 행정처의 컴퓨터를 뒤졌는데, 이것은 중대범죄로 처벌받을 수도 있는 일입니다. 국회에서 특별법을 만든 것도 아닌데 대통령도 마음대로 들여다볼 수 없는 국가기밀창고를 임시비밀취급인가증 만들어, 그나마 문제가 될 것 같으니까 한 달 뒤 뒤늦게 발급받아 멋대로 들여다본 것은 정상적 법치국가에서는 있을 수 없는 일입니다. 야당이나 언론에서 이에 대한 문제 제기를 제대로 못 한 것도 안타까운 일입니다.

■ **김대호**　헌법 제7조 1항에 명기된 '국민 전체에 대한 봉사자' 조항도 엄격하게 해석하면 다 걸 수 있습니다. 예타면제 등은 박

근혜 탄핵 사유의 하나로 제시된 KD코퍼레이션 건보다 더 심각한 겁니다. 직권남용과 직무유기도 웬만한 공직자는 다 걸 수 있을 겁니다. 이런 '애매모호한 조항과 엄격한 적용'은 엄청난 부메랑을 부르게 되어 있습니다. 문제는, 대한민국 정치가 이런 식이면 정권만 바뀌면 피의 복수전을 주고받게 되어 있어요. 저는 이게 기가 막히거든요. 지금 우리가 이런 것 가지고 싸울 때가 아닌데….

제가 알기론 국가시스템은 공공성과 전문성을 가진 사람이나 거버넌스가 독자적 판단을 하는 것으로 되어 있어요. 예컨대 탈원전도 한수원 이사회가 결정한 것입니다. 그러나 한수원 이사회는 정권이 좌지우지하게 되어 있습니다. 공공부문 비정규직의 정규직화도 그래요. 고용형태나 외주화 전략은 공기업의 자율결정 사항이잖아요? 근데 여기에 대해서 대통령이 지침을 때렸지요. 이 역시 경영간섭으로 걸려면 얼마든지 걸 수 있습니다. 머리끝부터 발끝까지 위선적인 시스템입니다. 이게 다 겉 다르고 속 다른 위선적인 행위를 밥먹듯이 할 수 있도록 만들어 놓은 시스템 때문입니다. 전제적 권력을 견제, 감시하는 장치의 부실을 너무나 오랫동안 방치해 왔습니다. 노무현, 이명박, 박근혜 때 뭐 했나 하는 생각이 많이 듭니다. 이 정부는 이런 고민 자체가 없는 저열한 정부니까 논외로 하고요.

■ **이재교** 그게 사실은, 법적 장치는 거의 다 돼 있어요. 문제는 만들어 놓은 법을 안 지켜서 그렇지요. 우리나라는 법이 없어서가 아니라 안 지켜서 문제인 것이에요.

■ **사 회** 법치가 뿌리내리지 못한 원인이 제도적 문제에서 기인하는가 아니면 낮은 수준의 문화가 그 원인인가에 대한 말씀이네요. 좀 더 규명을 해 보았으면 합니다.

■ **이재교** 물론 견제 없는 권력행사 때문이에요. KBS 이사 강규형 교수 쫓아내는 것을 보면 알 수 있지요. 법이 부족해서 그렇게 쫓아내는 게 가능했던 것이 아니거든요. 먼지 날 때까지 털고, 그래도 먼지가 안 나오면 가족과 친족의 직장까지 쫓아가서 꽹과리 치면서 물러나라고 소리치는 일, 이런 폭력을 법이 허용하기 때문이 아니지요. 불법인데도 응징하지 않기 때문에 빚어지는 일이지요.

■ **김대호** 저는 표적수사, 감사, 조사에 대한 제동을 거는 시스템이 너무 부실하다는 얘깁니다.

■ **이재교** 어디에도 완벽한 법을 가진 나라 없어요. 문제는 법과 법정신을 지키느냐에 있는 겁니다. 우리는 법을 안 지키는 게

유리하면 안 지킵니다. 법치주의 얘기들을 흔히 하는데, 가장 큰 문제는 위에서 법을 안 지킨다는 겁니다. 대통령부터 법을 잘 안 지킵니다. 대통령 사면권을 제약하기 위해서 사면법에 사면심사위원회를 설치했지만 역대 대통령들이 언제 그 위원회 결정에 따랐나요? 오히려 청와대에서 그 위원회의 결정을 조종해서 대통령의 사면권을 포장하는 기능으로 전락시켰지요. 이런 풍토에서는 어떤 법도 백약이 무효입니다. 사실, 동양에서는 전통적으로 왕이나 사대부는 법을 안 지키도록 되어 있었습니다. 서양은 황제도 교황도 법 아래 있는데 우리는 그렇지 않은 거죠. 부족국가와 고대국가의 차이점이 율령에 있다고 하잖아요? 율律은 형법이고 영令은 행정법인데, 율은 왕은 물론 사대부에게도 적용되지 않습니다. 반역죄만 적용이 됩니다. 이런 전통이 아직도 남아서 우리는 위로부터 법을 안 지키는 게 습성화되어 있어서, 이것부터 뜯어고쳐야 해요.

■ **이동관** 사실 법치의 무시는 제도라기보다 문화의 문제예요. 교토대 오구라 기조 교수가 『한국은 하나의 철학이다』에서 지적했듯이 조선시대부터 도道와 리理를 장악한 세력이 권력을 잡는 문화 속에서 '내가 하는 것이 정正'이라는 인식이 횡행해 온 거죠. 현 정권이 모든 것에 '촛불혁명'의 정신을 가져다 붙이는 것도 같은 맥락이에요. 더구나 민주화투쟁 과정에서 심어진 '법

좀 무시하면 어떠냐'는 왜곡된 법의식이 사회 기저에 깔려 있습니다. 기자 시절이던 1987년 민주화항쟁 직후 술취한 사람들이 파출소에 와서 방뇨하고 기물을 부수며 "너희는 독재권력의 주구인데 내가 술 좀 먹고 방뇨한 게 무슨 문제가 되냐?"고 행패를 부리는데, 경찰관들이 속수무책으로 당하던 상황이 생생해요. 지금도 이런 문화가 남아 있는 셈입니다.

■ **이재교**   칼 찬 순사인데요?

■ **이동관**   칼 찬 순사를 보는 의식구조가 그대로 투영되어 있는 거예요. '일제 잔재인 칼 찬 순사 이 녀석, 내가 민주시민인데' 이런 생각이란 말이에요. 한국사회에 부족한 게 정치학에서 이야기하는 역할인식role perception이예요. 나는 뭐 하는 자리에 있는 사람인가가 아니라 내가 힘이 있나 없나, 내가 정의의 편인가 아닌가로 판단하는 거죠. 대통령은 뭐 하는 사람인 건지, 국무회의는 왜 있어야 하고 청와대는 뭐 하는 곳인지 하는 개념이 이 정권 들어서서 다 헝클어져 버렸어요. 나는 정의로운 권력이고 촛불혁명의 신탁을 받았으니까 아무 일이나 할 수 있다는 의식은 위험천만한 일입니다.

■ **이재교**   동감합니다. 이 사태는 좌와 우, 진보와 보수의 문제가

아닙니다. 권력 운영의 민주와 비민주의 문제입니다. 대통령의 전제적 권력을 이야기하셨는데, 사실 미국 장관들보다 우리 장관들의 권한이 훨씬 큽니다. 실제 링컨은 장관들과의 회의에서 자신만 찬성한 안건에 대해 "찬성 1, 반대 16으로 가결되었습니다" 하고 외친 유명한 이야기가 있거든요. 그들은 secretary, 즉 비서죠. 그러나 우리 국무회의는 의결 권한이 있습니다. 차원이 다르죠. 물론 의회 권력은 우리가 미국보다 작습니다. 인사청문회, 법률제정권 등에서 미국 의회보다 권한이 더 작기는 합니다. 우리나라 권력이 제왕적으로 운용되는 것은 제도의 문제도 있겠지만 본질적인 것은 문화라고 봅니다. 장관과 총리가, 그리고 국회의원과 국회의장이 자신에게 주어진 역할, 권한을 제대로 하면 견제가 되는데, 행사하지 않기 때문에 청와대의 독주가 가능한 것이라고 봅니다. 과거 이회창 총리가 헌법상의 권한을 행사하겠다고 나섰다가 김영삼 대통령의 '진노'를 사고 경질된 사례가 이를 잘 보여 줍니다.

■ **김대호** 우리의 사고방식과 문화에는 '군군, 신신, 부부, 자자君君臣臣父父子子'라는 생각이 깊게 뿌리내리고 있죠. 공직자가 직업윤리에 충실해야 한다고 이 교수님이 말씀하셨는데, 국가권력의 핵심은 처벌권입니다. 규제권, 예산권, 공직인사권은 그다음입니다. 우리는 처벌권에 대한 적절한 견제, 감시 장치가 너무

부실합니다. 그러니 표적수사가 가능하잖습니까? 이런 처벌권을 행사하는 검찰, 국세청, 공정위, 금융위 등의 직업관료들은 승진과 좋은 보직이나 임지에 목숨을 겁니다. 검사가 말을 잘 안 들으면 산골에 발령 내서 퇴직 후까지 불이익을 줄 수 있습니다. 미운 놈은 표적감사해서 얼마든지 쫓아낼 수 있고요. 반면에 공무원이 무능해도 얼마든지 높은 자리에 올려 줄 수 있습니다. 이러니 출세하고 싶은 사람은 인사권자에게 무한충성하게 되어 있습니다. 이런 구조를 고치지 않으면 백 명, 천 명에 한 명 있을까 말까 한 높은 소명의식과 용기가 있는 사람만이 항명을 하면서 소신을 지킬 수 있을 겁니다. 이렇게 되어서는 안 됩니다. 제도라는 것은 보통사람이라 할지라도 윤리에 어긋나지 않게 행동하도록 만드는 것 아닌가요?

미국 대통령이 상원의 인준을 얻어서 임명해야 하는 자리는 2012년 기준 1,217개라는데, 한국은 국회 인준, 그러니까 임명 동의를 받아야 하는 자리는 63개에 불과합니다. 지금 남북협력기금이 1조 원 넘게 있는데요, 이 기금 몇천억을 국회 동의 없이 맘대로 쓸 수 있습니다. 그래서 자유한국당에서 합쳐서 500억 원 이상 되는 사업은 국회 동의를 받게 하려고 법안을 냈는데, 여당과 관련부처가 반발한다고 들었습니다. 기가 막힌 일입니다. 국회가 만들어진 이유가 뭐에요? 마그나카르타부터 해서 왕 맘대로 하지 말고 세금과 예산은 국민의 대표인 국회의 동의를 받아라 이거 아닙니까? 지금 대한민국은 권력 행사에 관한 한 완전히 노마크입니다. 1999년 DJ 때 국가공무원총정원령을 만들어서 국가공무원 숫자를 27만 3,982명으로 고정시켰고, 이걸 노무현과 이명박까지 한 명도 늘리지 않았습니다. 박근혜 때 무슨 이유로 2만 명 늘려 29만 3,982명이 되었고요, 이게 문재인 정부 들어와서 30만을 넘었고, 얼마든지 늘리려고 합니다. 공무원은 9급으로 시작해도 근속연수가 올라가면 임금이 가파르게 올라갑니다. 공무원 임용되면 30년 근무, 30년 연금, 본인 죽으면 배우자가 대충 10년을 더 탄다고 본다면, 국민이 공무원 한 명을 70년간 책임져야 합니다. 소요되는 예산이 어마어마하겠죠. 그런데 이게 국회의 심의나 승인도 없이 대통령이 마구 늘릴 수 있습니다.

대한민국 권력은 자리에서 내려오면 직권남용, 직무유기, 배임, 정치중립 위반 등 걸면 다 걸리게 되어 있습니다. 아랫사람들을 장악할 때도 쓸 수 있고, 권력이 바뀌면 전 권력을 잡아넣을 때도 쓸 수 있습니다. 이런 제도와 문화에서는 민주주의가 될 수 없습니다. 총칼만 안 든 전쟁이 계속되게 되어 있습니다.

■ **이재교**　현상에 대해서는 동의합니다. 아까 표적수사 이야기하셨는데, 그거 원래는 법적으로 안 되는 겁니다. 표적수사에 의한 수사결과를 법원이 무죄선고 해서 못 하도록 해야 합니다.

미국에서는 경찰이 임의로 차량을 세우고 음주측정기를 불도록 하지 못합니다. 이렇게 해서 수집한 증거는 효력을 인정하지 않아서 법원에서 무죄가 나옵니다. 교통법규를 위반한 경우와 같이 차량을 정지시킬 사유가 있을 때 한하여 차를 정지시킬 수 있고, 비로소 음주측정을 할 수 있는 것이지요. 그런데 우리는 경찰관이 아무 차나 세울 수 있습니다. 그러니 경찰관이 미워하는 사람 길목이나 집 앞에서 대기하고 있다가 음주측정 할 수 있단 말이지요. 이런 경우 음주운전이 맞지만 법원이 무죄를 선고해야 하는 겁니다. 위법하게 수집한 증거거든요.

■ **이동관** 우리는 자신의 역할을 '자리'가 아닌 '관계' 속에서 규정해 왔어요. 그런데 서양은 '이 직책은 어떤 역할을 하는 자리인가'라는 문제의식에서 출발한다는 점에서 조금 차이가 있죠. 미국 리처드 닉슨 대통령이 법무장관에게, 불리한 자료 제출을 요구하는 아처볼드 콕스 특별검사를 해임하라고 하니까 "난 당신의 부하가 아니다"라면서 사표를 내 버렸잖아요? 이런 게 한국에서 가능한가요?

■ **이재교** 한 가지만 보충하겠습니다. 보통사람도 지킬 수 있는 제도가 우리 같은 문화풍토에서는 매우 어렵습니다. 청와대 비서관이 이런저런 주문을 하면 독립적인 기관인 사면심사위원

회 위원들이 "아, 이러시면 안 됩니다" 하면서 거부해야 하는데 오히려 그 주문을 듣는다는 말이에요. 이걸 어떻게 할 거냔 말이죠. 이런 거부는 신재민처럼 양심선언 하는 큰 용기가 필요한 일이 아닙니다. 국회도 그래요. 정부 예산심의를 제대로 해야 하는데, 여당은 정부의 요청에 거수기 역할 하는 것이 정부를 제대로 돕는 것처럼 인식하고 있으니 국회의 행정부 견제가 안 됩니다. 여당이 국회의 일원이라는 자각은커녕 정부의 국회파견대처럼 행동하기 때문인 것입니다. 법원도 그래요. 정확하게 해서 정부와 국회, 검찰 등의 권한남용을 막아야 하는데 그렇지 못하고, 또 검찰의 공소권 남용에 대하여 공소기각 하는 일이 거의 없습니다. 법원이 제 역할을 못하고 있다는 증거죠. 제도를 운영하는 것이 사람인데 그 사람을 뒤에서 조종해 버리면 그 제도는 유명무실해지는 거죠. 결국 사람의 인식과 각성이 중요하다는 겁니다. 물론 오래 걸리지요. 하지만 이런 각성과 노력을 하면 머지않아 가시적 성과를 기대할 수 있습니다. 그런데 이번 사법농단사태로 대법원마저 대통령과 행정부의 그늘 속에 들어간 게 아닌가 참으로 걱정입니다.

■ **이동관** 우리나라도 조선시대부터 견제제도가 잘 되어 있었어요. 상피제도, 과거제도, 다 합리적 절차를 거쳐서 인사권을 행사하도록 되어 있었어요. 지금은 헌법적 권한을 뛰어넘어 권력

을 행사하면 안 되도록 견제하기 위해 탄핵제도가 있는 겁니다. 탄핵을 겪으면서도 시스템을 어떻게 운영할 것인가에 대한 반성과 성찰 없이 오히려 퇴행적인 국정운영을 하고 있는 것이 정말 근본적인 문제라는 것이죠.

■ **사　회**　법을 경시하는 문화적 요소가 법을 훼손시켜 왔다는 건가요? 이런 것이 문화적이라면, 기존에도 그러지 않았을까요? 그 차이는 뭘까요?

■ **이동관**　요새 이런 말이 있더라고요. '보수권력은 눈치 보며 해먹고, 진보좌파 권력은 막무가내로 해먹는다'는 말입니다. 과거에는 이렇게 하면 뭐가 문제가 될지 생각하고 조심했던 측면도 있었어요. 그런데 지금은 언론과 야당이 제대로 대응 못 하는 것도 원인이지만, 지금 청와대와 이 사람들은 촛불의 신탁을 받았다는 사고가 작동하고 있으니까 폭주를 거듭하고 있는 거죠.

■ **윤창현**　노조가 법을 대하는 태도는 상상을 초월합니다. 예전에 한 연구원장의 경우, 원장에 대한 불만이 생기니까 원장이 거주하는 아파트에 진입해서 꽹과리를 치면서 주민들에게 피해를 주었다는 얘기도 들었습니다. 그런데도 노조가 그런다고 하면 그냥 넘어가는 거예요. 그런 노조가 이번 정권에서 아주 핵심적

인 역할을 하고 '촛불청구서'를 이야기합니다. 현 정권 들어 백남기 씨 사망에 대해 경찰이 사과하고, 용산사태, 쌍용차사태 과정에서 피해배상이나 구상권행사 소송을 취하한 것은 물론 폭력시위 관련자들을 대거 사면했지요. 이러니 노조가 이제 거리낄 게 뭐가 있겠어요. 전체 노동자의 10퍼센트 정도 되는 노조의 행태가 이 정권의 DNA를 정확히 보여 주는 거지요. 이러니 일반인이 노조를 불법으로 고소를 한다든다 싸우겠다든가 하는 생각을 하기가 힘들지요.

■ **이재교** 독일 같은 경우는 노조원의 75퍼센트가 동의해야 파업을 지속하는데, 우리는 절반이 동의하면 할 수 있게 되어 있죠. 전 세계 어느 자동차공장도 생산라인을 증설하고 바꾸는 데 노조 동의를 얻는 나라는 없어요. 요즘 현대의 신차인 대형SUV 팰리세이드의 인기가 높아지자 회사 측에서 라인을 조정해 생산을 좀 늘리자고 제안했더니, 노조 측이 근로자들이 혹사당한다면서 반대했다고 합니다. 이러고도 현대자동차가 살아남아 있는 거 보면 희한합니다.

우리나라가 전통적으로 법을 경시하는 문화에는 운동권 사고도 빠질 수 없는데요. 이들은 법은 지배층의 기득권을 보호하는 수단에 불과하다는 것이 기본 인식이고, '목적은 수단을 정당화한다'는 인식이 문제입니다. 이러니 법을 지킬 리 없지요. 아, 이 사람들이 법을 존중할 때도 있어요. 법이 상대방을 옭죌 무기가 될 때는 법을 동원하고자 존중합니다. 박근혜정부도 분명 잘못했는데 현 정부 역시 법에 관한 이런 DNA를 가지고 있는 한 큰 문제가 될 겁니다.

■ **이동관** '정쟁의 사법화'에 대해서 말씀하셨는데, 저도 한말씀만 보태고 싶습니다. 법원은 강제징용 개인 재판권이 살아 있다고 판결할 수 있어요. 그러나 최종적으로 그 문제의 해결은 국가의 외교권과 행정권에 귀속되는 거예요. 판결을 받아서 대통령과 정부가 일본과 재협상을 하거나 외교적인 해법을 만들어서 타결을 해야 하는 거지요. 그걸 신일철주금을 상대로 압류소송을 내겠다는 것은 법치의 기준으로 보면 그 수준이 아주 낮은 개념입니다. 실제로 2005년 노무현정권 때 TF팀을 구성해 논의한 결과 징용문제 배상은 한일청구권협정으로 일단락됐다며 정부가 피해배상까지 우리 돈으로 했죠.

■ **이재교** 한일협정에 보면 '최종적'이라는 표현이 있어요. 일본에 대한 권리행사에 문제가 되면 한국정부가 책임져야 하는 거죠. 우리가 다 넘겨받은 겁니다. 이를 해결하기 위한 돈까지 받았거든요. 따라서 피해자 보호에 구멍이 있다면 한국정부가 책임지면 되는 거예요. 사실 법원 판결은 대법원장도 대통령도 어

찌할 수 없습니다. 확정판결을 번복할 방법은 없습니다. 그러나 이를 집행하도록 방치하는 것은 또 다른 문제거든요. 판결에 명한 손해배상책임을 한국정부가 대신 해 주는 것이 한일협정에 충실한 것이고, 국익에도 맞는 겁니다. 그런데 반일감정에 매몰되어 결정하니 딱한 일입니다. 만약 상대방이 중국이었더라도 현 정부가 지금과 같은 자세를 취했을까요?

■ **김대호** 반일장사를 하려는 거예요. 실제로 정부 차원에서 밀지도 않거든요. 지금 우리가 진정한 극일을 하려면 삼성전자 같은 기업을 몇 개 더 만드는 것 아닌가요? 경제적으로 부강한 나라 만들면 되는 거고. 그렇다고 독도를 양보하면 되는 거냐? 아니지요. 그럼에도 불구하고 일본과는 북핵이나 대중국 관계에서 연대할 게 많이 있잖습니까? 그런데 방향감각을 완전히 잃고 일본에 욕만 하고, 일본 국민들의 혐한 감정을 자극하고….

■ **이동관** 위안부 문제의 경우는 일본의 법학자들도 인정을 해요. 왜냐하면 한일청구권협상 당시에는 알려지지 않았고 반인류적 전쟁범죄거든요. 그러나 징용배상 문제는 이미 한일협정으로 매듭지어졌다는 공감대가 어느 정도 있었는데 갑자기 대법원판결을 미뤘다는 이유로 인적 청산작업을 벌이니까 일본 쪽에서도 반일장사 하려는 것이라는 의구심을 갖고 있고, 실제 자신들

도 반한장사의 소재로 쓰고 있지요.

■ **사　회**　지금까지 리더십을 살폈습니다. 이제 본격적으로 소득주도성장, 혁신성장에 대해 진단해 보겠습니다. 윤창현 교수님이 시작해 주시지요.

모든 지표 위기인데 '소주성' 단꿈만

■ **윤창현**　2013년 국제노동기구ILO에서 주장한 임금주도성장론을 홍장표 전 수석이 우리나라에 소개하면서 임금을 '소득'이라는 말로 바꿔 '소득주도성장'이라고 개념화했습니다. 사실 소득은 임금 외에 지대, 이자, 이윤이 모두 소득이기 때문에 소득주도 성장과 임금주도성장은 같은 것으로 볼 수 없는 거지요. 그러니 이름은 소득주도성장인데, 실제 내용은 임금을 올려 주면 성장도 되고 분배도 된다는 유토피아적 발상입니다. 검증도 없이 툭 던진 얘기가 5천만 명이 사는 대한민국 경제정책의 1번 어젠다가 되었습니다. '소주성'이라는 아이디어가 최저임금과 맞물리면서 아주 고약한 모습이 나타났습니다. 장사가 안 되는데 월급 올려 주라는 규제인데요, 불경기에 너무한 거죠. 혁신성장을 위해 규제 완화를 하겠다면서 수소차 충전소 만드는 수준의 규제

완화를 하면서, 주 52시간만 근무하라는 노동시간 규제를 하고, 최저임금을 2년에 걸쳐 30퍼센트나 올리라는 규제를 하면 어떻게 합니까? 메가톤급 규제를 추가하면서 1킬로짜리 규제를 완화해 주는 거지요. 무게가 너무 달라요.

또 하나는 소득주도성장, 즉 임금주도성장은 폐쇄경제에나 어울린다는 점입니다. 문제는, 지금 경제는 글로벌하게 개방이 되어 있어서 우리나라 기업들만 임금을 올려 주는 경우 가계소득이 증가하지만 가계가 그 돈으로 외국 물건도 매입한다는 겁니다. 해외직구가 그 사례지요. 그럼 우리나라 기업이 더 준 돈이 밖으로 나가 버리는 거예요. 그러면 우리 기업으로 들어오는 돈이 줄어듭니다. 나중에는 더 높은 임금을 줄 수가 없는 거죠. 처음에는 올려 줄 수 있지만 나중에는 불가능하죠. 그리고 임금을 올려 주고는 이를 물건값 올려서 보충한다고 할 때, 우리 소비자들도 매입하지 않고 외국 소비자들도 우리나라 기업 물건을 안 산다 이거죠. 비싸지니까요. 그러니까 수출과 수입으로 완전히 열려 있는 경제하에서 기업에게 무조건 임금 올려라 하는 것은 앞뒤가 안 맞는 얘기입니다. 기업들의 경쟁력에 문제가 생깁니다. 그런데 이런 이론이 우리나라 경제정책의 근간이 된 것은 참 한심하다고밖에는 얘기할 수 없죠. 글로벌 개방경제에 안 맞는 이론입니다. 그래서 이걸 초기에 주장한 학자들도 전 세계 국가들이 한꺼번에 이런 조치를 해야 좋다고 주장한 겁니다. 모든 국가가 한꺼번에 임금을 올려야 된다는 건데, 이게 가능하지가 않지요.

■ **김대호**   만국의 노동자가 단결해서 다 임금투쟁 하면 되겠군요.

■ **윤창현**   어쨌든 우리나라만 하는 것은 자살행위죠. 지금 고비용 저효율 구조로 가고 있어요. 인건비 오르지, 탈원전 관련 전기 값 오르지, 그다음에 또 세금 오르지, R&D 세액공제 축소시키지…. 그렇게 하나하나 진행되는 조각그림들을 다 모아 보니까 기업들의 생산비가 증가하는 고비용 구조가 나타납니다. 경제정책의 빅픽처가 없이 조각그림들이 각각 따로 그려지니까 다 모아 놓으면 기업들을 둘러싼 환경은 악화되고 국가경쟁력이라는 단어는 실종되고 있어요.

두 번째는 2017년 중반이 우리나라 경기순환의 정점이라고 지금 평가를 내리고 있다는 겁니다. 경기 상승, 하락의 정점과 저점, 이것은 나중에 정리됩니다. 어쩔 수 없지만 한참 지나야 보이는 거죠. 이게 맞다면 이 정부가 들어선 시점이 경기의 정점이었고 경기의 내리막이 시작된 셈이죠. 상황을 잘 파악했다면 그때 경기부양책부터 썼어야 하는 거죠. 그러나 반대로 갔습니다. 임금 올리고 법인세 올리고 금리도 좀 올랐고, 부양책이 아니라 긴축정책을 써 버린 거지요. 이제 전체적으로 경기가 하락하고 있는데, 최저임금 인상으로 인해 짜장면값 포함 외식값도 조금씩 오르고 있습니다. 인건비가 올라서요. 경기가 하강하고 있는데 물가는 오르고 있어요. 택시요금도 오르고. 이게 스태그 플레이션을 자꾸 연상시켜요. 혹시 이러다가 스태그플레이션 오는 것 아니냐 하는 걱정마저 듭니다.

■ **김대호** 2017년 『신동아』에 장하성 비판 글을 길게 썼습니다. 2018년 11월에는 장하성이 소득주도성장론의 배경과 근거로 사용한 많은 통계에 대한 해석의 오류 등을 짚었습니다. 그 요 지는 이렇습니다. 소득주도성장정책의 핵심 원리는 노조 편향 의 국가규제, 단속 처벌, 빠리바게뜨 5,378명 직고용 명령, 노조 결성과 활동 지원(삼성전자서비스 전 사장 구속, 공공부문 노조 2대지침 철폐) 등 국가 공권력으로 기업소득을 가계소득으로 이전시킨다는 것 입니다. 조세와 재정이라는 2차 분배구조 개선 수단이 아니라 1차 분배구조를 개선한다는 거죠. 이렇게 늘린 가계소득이 국 내 소비를 늘리고, 늘어난 소비가 국내 투자와 고용을 촉진하게 한다는 것이 소주성의 골자 아니겠습니까? 그런데 한국은 기업 도 가계도 양극화가 심한 편입니다. 영업이익으로 이자도 못 내 는 기업도 무려 40퍼센트 내외입니다. 이런 상황에서 국가가 들 이대는 칼은 가난한 한계기업과 가계로 향합니다. 뿐만 아니라 국가가 더 강하게 보호하고 힘을 실어 주려는 대상은 공공부문

과 대기업의 근로자 가구죠. 한국은 근속연수에 따라 가파르게 올라가는 임금체계를 가지고 있어서 최저임금을 끌어올리면 고임금 근로자의 임금도 덩달아 오를 수 있습니다. 노조 처지에서는 최저임금을 끌어올리면 기업 차원에서 임금인상투쟁을 하지 않아도 임금을 올릴 수 있으니 손 안 대고 코 푸는 격이죠. 시장 지배력이 있는 기업들은 최저임금과 노동시간 급상승으로 인한 생산원가 상승분을 가격에 전가할 수 있습니다. 이러니 4~5분위 가구는 과거 해 오던 대로 부동산 투자를 하거나 해외 소비를 늘리지만, 1~3분위 가구는 일할 기회도 줄고 소득 자체가 줄어드니, 의도와 정반대의 결과가 나오는 것입니다. 2018년 가계동향조사 통계가 그것을 입증했습니다. 게다가 중소·영세기업 근로자들이 기존 일자리에서 내몰리고, 새로운 일자리 찾는 데 어려움을 겪으면, 미래에 대한 불안감 때문에 중·저소득가구의 소비는 더욱 움츠러들게 돼 있습니다.

또 하나, 한국에서는 최저임금 급상승의 최대 수혜자가 국내 소비에 극도로 인색한 외국인 근로자인데, 허술한 외국인 근로자 정책으로 인해 이들이 1년 새 무려 41퍼센트 급증하면서 국내 소비를 더욱 위축시킵니다. 2019년 1월 말 한국은행이 발표한 2018년 경제통계를 보니 민간소비증가율이 2.8퍼센트고, 민간소비의 GDP기여율이 51.9퍼센트로 올랐다면서 고무된 사람들이 좀 있더군요. 그런데 4~5분위의 해외 소비도 내수 소비로 잡힙니다. 그리고 부문별 GDP기여율을 보면 투자가 많이 줄었어요. 건설투자, 설비투자가 다 주니 소비 쪽의 기여율이 올라간 것처럼 보이는 거예요. 소득주도성장론은 그 논리 마디마디가 다 끊어져 있고 허구로 판명된 것 같아요.

■ **윤창현** 하나 추가한다면, 120만 명의 공무원과 직업군인들에게 지급해야 할 연금액의 현재 할인가치 총액이 약 750조 원입니다. 어마어마하죠. 공무원을 17만 명 늘린다는 것은 단순계산으로 연금부담액만 거의 100조 이상 늘어나는 겁니다. 1인당 1억 잡으면 총 170억인데 현재의 할인가로 100조 정도 되는 거죠.

■ **이재교** 결국 세금으로 월급도 주고 연금도 주는 거 아니에요? 세금을 안 걷으면 그것이 민간에서 돌고 돌아서 민간 일자리가 만들어질 텐데요. 공무원 1명 늘리면 민간 일자리 1.45명이 없어진다고 하니 공무원 일자리 17만 명 늘리면 민간 일자리 24만 명이 없어진다는 건데, 이건 결국 일자리를 줄이는 거죠. 세금으로 시장에서 낙오된 사람들을 도와줘야 하는데 거꾸로 철밥통을 보호하니 난센스죠.

■ **이동관** 공공일자리를 만드는 건 금융위기가 닥쳐 도저히 민간 역량으로 일자리를 만들 수 없을 때 극약처방으로 하는 거란 말

이에요. 사실 지금 이 정부가 쓰는 정책을 보면 우리나라가 이미 금융위기의 한가운데 있는 것 같아요. 세계금융위기 때 이명박정부에서 쓰던 정책을 답습하고 있거든요. 4대강사업 그렇게 비난하더니 24조 규모의 예타면제사업 벌이고, 이미 객관적으로 결정이 난 동남권 가덕도신공항 재추진해 지역갈등 부추기고, 금융위기 때 벼랑으로 떨어지는 사람들을 막기 위해 썼던 긴급대책들을 쏟아내고 있어요. 또 예산도 상반기 60퍼센트를 조기집행하기로 했죠. 지난 2년 동안 1만 9천 개 일자리 늘리려고 54조 원을 퍼부은 것은 금융위기 때도 없던 일입니다. 부동산 대책도 그래요. 최악의 악몽의 시나리오는 자산디플레 현상이에요. 이게 나타나면 우리 경제가 견딜 수가 없습니다. 우리 경제의 펀더멘탈을 굉장히 과신하고 있는 것 같은데, 재정건전성 문제도 심각해요. 2008년에는 재정건전성이 유지됐고 미국과 통화스와프 하고 그걸 마중물로 해서 중국과 일본과 통화스와프협정을 체결해서 큰 위기에서 벗어날 수 있었지만, 지금은 중국하고만 통화스와프가 되어 있잖아요?

■ **윤창현** 캐나다와 스위스하고도 되어 있기는 합니다.

■ **이동관** 지금 외환보유고가 충분하다고 하는데, 금융위기 닥치면 사실 1천억 달러 정도는 순식간에 빠져나갈 수 있습니다. 정

부 부채는 어느 정도 관리 가능하다고 치더라도, 가계부채는 전세금까지 포함해 2천조 수준에 달해 위험수위입니다. 2년 이내에 금융위기가 온다는 예측을 하는 학자가 누비엘 루비니 교수 말고도 많이 늘어났더라고요.

■ **윤창현** 소로스 같은 사람도 그런 쪽으로 얘기를 하고 있죠.

■ **사 회** 소득주도성장론은 산업정책과 어떻게 연결되나요?

■ **이동관** 지금 이 정권은 수소차 이야기하는 것 말고는 제대로 된 산업정책도 없어요.

■ **김대호** 문 정부의 산업정책이자 혁신은 '스마트'자 붙은 산업이나 기업이나 기술에 예산 많이 투입하는 거예요. 문 정부는 혁신이 뭔지 도통 모르는 것 같아요. 공공부문 일자리 늘리고, 구조조정 어렵게 만들고, '스마트'자 붙은 데다 돈 많이 집어넣고 R&D 예산 늘리는 것을 혁신으로 생각하니… 대통령만 무지몽매한 것이 아니고 참모그룹도 역사상 최악인 것 같아요.

■ **윤창현** 저는 부동산 문제를 언급하고자 합니다. 부동산은 대표적인 비非교역재, 그러니까 수입을 할 수 없는 재화이기 때문에

특수합니다. 2007년 말 우리나라 총통화가 1,250조 원 정도였는데 지금 대략 2,700조 원 근처입니다. 10년 사이에 두 배가 되었죠. 금융위기 극복하려고 저금리로 갔기 때문에 당연히 돈이 늘어납니다. 전 세계적으로도 비슷합니다. 위기 극복을 위해 돈을 풀었더니 늘어난 돈이 나중에 상당부분 부동산으로 갔어요. 미국, 중국도 부동산 가격이 어마어마하게 올랐습니다. 우리나라 부동산이 오른 이유도 비슷한 거지요. 강남 투기꾼 때문이라는 식의 언급은 너무 초보적 해석이죠. 어마어마한 돈이 갈 데가 마땅치 않다가 최근 몇 년 사이에 서울 아파트 쪽으로 몰린 거죠.

지금처럼 보유세를 올려서 부동산 가격을 잡았을 때 거꾸로 돈이 안 돌 수도 있는 것이죠. 또 부동산이 대출 담보로 잡혀 있기 때문에 부동산 가격이 너무 떨어지면 담보가치가 하락해서 문제가 커질 수도 있습니다. 부동산이 대출에 대한 담보 역할을 하기 때문에, 가격이 너무 올라도 안 되지만 너무 떨어져도 문제가 있습니다. 부동산 하락이 어디까지 갈지 걱정입니다. 잠실의 헬리오시티 입주와 함께 시작된 전세가격 하락이 집값 하락으로 연결되면서 깡통전세가 발생하고 있습니다. 집값이 전세금 이하로 가면 집주인이 전세금을 내줄 수가 없는 상황이 되기 때문에 부동산 위기로 연결될 가능성이 있는 거죠. 상당히 조심해야 합니다. 지금은 정부가 부동산 잡았다고 좋아하고 있는데,

계속 좋아할 수 있을지 저는 조금 걱정이 됩니다.

■ **이동관** MB정권 때 경험에 비춰 보면, 2008년 금융위기가 닥쳤을 때 그런 예상을 못하고 하필 보금자리주택이란 공급정책을 썼단 말이에요. 그 두 개가 맞물려 부동산 거래절벽이 생기면서 노무현정부 말기에 강화한 DTI, LTV 규제 때문에 진짜 하우스푸어가 현실적인 문제가 되었습니다. 집 한 채 가지고 있는데 팔리지는 않고 팔 수도 없고, 세금은 오르고…. 지금도 똑같은 악순환 상황이 올 수도 있습니다. 결국 8차례 걸쳐 찔끔찔끔 부동산 규제 완화를 했는데 안 먹히더라고요. 지금 부동산 규제가 강화돼 LTV가 40퍼센트 선인데, 이는 또 월급쟁이를 포함한 실수요자가 집을 살 수 없게 만드는 셈입니다. 정책을 쓸 때 정책의 풍선효과를 고려해야지, 뜨거운 물 틀었다가 찬물 트는 '바보샤워'의 행태를 반복해선 안 됩니다.

일본의 부동산 버블이 꺼질 때 가계발(發) 금융대란은 상대적으로 적었어요. 가계저축액 1,400조 엔의 뒷받침이 있어 버틸 체력이 있었죠. 기업들이 대규모 부동산투자를 했다가 자산 디플레이션이 발생해 금융부실자산이 쌓이게 되며 은행이 쓰러지는 상황이었어요. 그런데 우리는 거꾸로, 기업들은 700조 유보자금 갖고 있는데 개인 부채는 전세금 포함 2천조에 달해 문제가 심각합니다.

■ **사　회**　이제 기존 좌·우 패러다임의 한계를 넘어선 대안에 대
해 이야기를 해 보았으면 합니다.

위기 극복은 결국 기업 역량 제고에

■ **이동관**　보수도 노무현세력의 폐족선언에 버금가는 성찰과 반
성이 있어야 한다고 생각해요. MB정부 시절에 가장 반성해야
할 점은 정치세력의 중요성에 대한 인식이 매우 부족했던 것이
라고 생각해요. 집권세력의 연대를 만들어 내는 데 실패한 것이
죠. 동서고금의 어떤 정권도 DNA를 복제, 전파하는 후계세력
없이 어떤 평가를 받거나 지속적인 개혁을 이룬 일은 없어요.
그래서 금융위기 선방하는 등 나름 일 열심히 했지만 정치세력
을 육성하지 못했다는 것이 최대 비극이었죠. 그런데 박근혜는
매우 퇴행적인 정치세력을 구축했지요. 그 때문에 탄핵을 당하
면서도 제대로 대응도 못 했어요.

■ **김대호**　안희정이 '참여정부평가포럼' 만들어 각종 통계 들이밀
면서 "우리 잘했다"고 전국을 돌아다니다가 대선, 총선 끝나고
폐족선언을 했지요, 아마? 솔직히 참여정부에 대한 성찰의 깊이
가 얕았습니다. 참여정부 시절부터 대한민국의 불평등 양극화

문제가 급부상하고 있었죠. MB정부 들어서는 복지국가 바람이 거세게 불었죠? 진보 동네는 무상급식, 무상의료, 무상보육과 반값등록금이라는 '3무 1반' 같은 황당한 정책을 외쳤는데, 이쪽은 거기에 대해 사회주의라고 맞대응했을 뿐, 대안이나 비전이 없었잖아요? 사람들은 갑갑하니까 '3무 1반' 같은 데 현혹이 되잖습니까? 모든 힘센 집단의 지대추구집단화, 연금문제 등도 심각하지만, 제대로 인지도 못 했고 대응도 못 했죠. MB는 금융위기 수습 때문이었다 치고, 박근혜는 했냐? 안 했습니다. 교육, 공공, 금융, 노동의 4대개혁과 규제개혁을 외쳤는데 사실 생색내기만 한 것 아닌가요?

■ **윤창현** 경제 쪽은 재벌 대기업을 어떻게 이용하고 컨트롤할 것이냐가 중요합니다. 규제도 하고 유도도 해야지요. 기업이라는 게 국가역량과 직결되어 있어요. 그리스는 기업 역량이 별로 없어요. 올리브는 세계 최고를 수출하는데 올리브유는 이탈리아에서 수입합니다. 제조업이 없으니까. 위기를 당하고 나서 부채를 갚는 과정에서 해외자본에게 항만운영권 넘기고, 섬 팔고, 공항 팔고 이럽니다. 우리나라는 IMF위기를 당하기는 했지만 '98년부터 계속 경상수지 흑자가 났어요. 3년 동안 흑자를 700억 달러 내면서 이 돈으로 2001년도에 부채와 이자를 다 갚았어요.

위기를 당했더라도 극복하는 역량이 결국은 그 국가 내에 얼마나 좋은 기업들이 있느냐는 것에 달려 있습니다. 해외에 제품을 팔아서 달러를 벌어들일 수 있는 능력, 이게 매우 중요하거든요. 이 능력이 있는 나라는 혹시 위기를 당하더라도 극복하는 거고, 이런 기업들이 별로 없으면 10년, 20년 고생하는 거예요. 기업의 조직과 역량이 글로벌 환경에서 중요한 역할을 하는데, 우리 국민들은 이 역량 있는 조직에 대해 매우 부정적입니다. 갑질, 부정, 지배구조 문제 등등이 이유이기는 하지만, 기가 막히는 것은 부정적인 것도 있지만 긍정적인 것도 있으니 실리와 명분의 동시적 고려가 아쉬운 거죠. 정부는 키움과 나눔을 둘 다 추진해야합니다. 키워야 나눌 거 아닙니까. 지금의 모습을 보면 이 정부의 경제정책 관련 성과가 너무 부족합니다. 정부는 기업과 국민들을 화해시켜야 합니다. 지금 정부가 가장 잘못하는 것은 둘 간에 자꾸 전쟁을 시킨다는 겁니다. 국민들의 마음을 가장 역량 있는 조직에서 자꾸 떠나게 만들고 역량 있는 조직들을 때리도록 유도합니다. 이들에 대한 비판만 하다 보니 장점마저 없어질 가능성이 존재합니다.

■ **김대호** 보수는 그래도 철학 하나는 바른 것 같아요. 인간, 기업, 시장, 권력, 규제에 대한 이해도 깊고, 자유와 개방 등에 대해서도 전향적이니까요. 문제는, 실제 문제를 풀려면 대한민국의 독

특한 경로의존성에 뿌리박은 강고한 기득권 구조를 꿰뚫고 있어야 하는데, 이걸 갖추는 것이 간단치 않은 것 같아요. 힘이 없을수록 문제의 구조와 급소를 알아야 되는 거 아닙니까? 예컨대 공무원급여법을 왜 안 만들었을까? 공무원총정원령은 왜 '법'이 아니고 '령'이지? 방통위가 방송사의 생사여탈권을 쥔 구조를 어떻게 고치지? 권력의 전횡을 뒷받침하는, 표적수사 가능 구조를 어떻게 고치지? 검찰, 국세청, 방통위, 공정위 인사를 할 때 권력 눈치를 덜 보게 하는 방법은 없나? 이런 고민을 해야 합니다. 민주공화국 신념이 확고한 집단이 전제적 권력을 잡아, 권력을 분산·분권화하고 그 권력들이 견제와 균형 원리 하에서 작동할 수 있도록 만들어야 합니다.

■ **이동관** 하나하나의 개혁이라는 것이 YS 때부터 쭉 보면 참으로 지난한 일들이거든요. 그러니까 이념, 철학, 로드맵을 공유하는 확실한 집권세력을 준비해야 합니다. 노동법 개정 하나만 놓고 보자고요. YS가 그걸로 무너진 거잖아요. 그래서 오죽하면 "개혁이 혁명보다 어렵다"고 했겠어요? 그 하나하나가 실타래처럼 얽혀 있으니까 깨고 자르고, 필요하다면 자기의 제왕적 권력을 내려놓는, 모든 작업들 하나하나가 탄탄한 정치세력의 백업이 없으면 거의 불가능하더라는 거예요. 그런데 이게 불가능한 요인 중 하나가, 정치가 너무 파편화되었다는 거예요. 지금 정

치를 교육하는 제도나 문화가 안 되어 있잖아요? 세력을 구축해서 개혁하고 대한민국의 미래를 담보하는 측면에서, 보수는 투철함과 실천이 부족하고 디테일이 없다면, 문 정권은 아예 방향 자체가 잘못되었단 말이에요.

■ **이재교**   앞서 방향 말씀들에 동의합니다. 당대표 시절부터 '선거의 여왕'으로 승승장구한 박 전 대통령이 저렇게 지리멸렬할 것은 생각조차 못 했는데, 이분이 청와대에서 비극적으로 아버지와 어머니를 잃고 다시 들어가겠다는 필생의 원을 세우고 최순실이 그 과정에 정서적으로 함께했고, 그래서 들어간 순간 "다 이뤘다" 이러면서 다 놔 버린 것 아닌가. 국가시스템으로 국정이 굴러가기는 했지만 그것도 한계가 있으니 결국 저렇게 처참하게 무너진 게 아닌가 합니다.

■ **이동관**   지금 제가 느끼는 것이 뭐냐면, 저류의 심각한 변화에요. 2012년 총선 직전에 내부적으로 마케팅 기법으로 유권자 의식을 조사했는데, 보수 대 진보의 지형이 대략 54 대 46으로 나왔습니다. 보수 안에도 종류가 있죠? 과거부터 1번만 찍었던 정통 보수라고 하는 사람들, 그리고 "나는 박근혜 무조건 찍을 거야"라는 사람들, 그다음에 자영업자와 주부들로 구성된 '생활보수'라는 그룹이 있습니다. 그런데 작년 말에 조사를 해 보니 범

汎 진보와 범 보수의 비율이 47 대 37로 역전됐고, 특히 과거에 개혁적 보수의 성향을 보였던 계층 가운데 10~12퍼센트 정도가 이른바 '강남좌파'로 바뀐 거예요. 화이트칼라 40대가 이 정부의 강고한 지지층인 것과 같은 맥락이죠. 합리적, 개혁적 보수들이 탄핵을 거치면서 보수의 파탄을 보고 "보수는 이제 꼴 보기 싫다" 이렇게 돌아선 거예요.

문제는 정치적 이념지형의 변화가 진동추랑 같아서, 좌로 갔다가 우로 올 때는 반드시 가운데를 통과하게 되어 있다는 겁니다. '지체현상'이죠. 문재인정권의 파탄으로 보수 쪽의 겉공기가 조금 유리한 것처럼 바뀔지 모르지만, 이런 '저류의 변화'에 제대로 대응하지 못하면 정권교체는 만만치 않습니다. 현 여권이 '20년 집권론'을 거침없이 말하는 배경에 이런 계산도 깔려 있는 셈이지요. 무엇보다 세대교체를 통한 매력적인 새 인물의 발굴, 그다음에 새로운 리더십을 통해 보수의 매력자산을 찾아내는 것이 급선무입니다. 여기에다 국가개조에 준하는 담론을 보수가 내놓아야 해요. 그렇지 않으면 적어도 다음 대선까지는 이 물길이 쉽게 바뀌지 않을 가능성이 큽니다. 생각보다 굉장히 지난한 과업이 야당의 앞길에 놓여 있죠.

■ **이재교** 　두 보수정권에서 맹목적으로 충성만 하는 사람들을 끌어모았지요. 특히 박근혜정부는 친박이니 진박이니 하는 사람

들을 모아 놨으니 대통령 탄핵이라는 엄청난 일을 당하면서도 저런 꼴밖에 못 보여 주었습니다. 과거 양김은 헤게모니를 쥐고 인재를 고를 수 있었고, 노무현 등등 다 그때 수혈된 사람들이거든요. 그 뒤에는 친이, 친박 이런 싸움이나 하면서 인재 영입을 할 생각조차 못 하고 이류, 삼류를 주로 끌어다 놓았으니 이 모양 이 꼴이 되고 말았습니다.

또 하나가 이 바른미래당인데, 저는 탈당해서는 안 된다고 봤습니다. 시끄럽게 인적 청산과 노선투쟁을 벌여야 뭐가 돼도 되는데, 나와 버리니 자유한국당은 구태의연하고, 바른미래당은 힘을 못 쓰는 상황이 되고 말았습니다. 그러다 보니까 성찰이 안 되고, TK 몇십 자리로 주저앉는 형국이어서 현 정부가 지리멸렬해도 정권은 안 바뀔 거라고 봅니다.

진보, 보수 분석을 하셨는데, 우리나라에서 이 분류가 조금 문제가 있다고 봐요. 시장관觀도 약간의 차이가 있기는 합니다만, 대북정책, 대미·대일관, 민족주의에 대한 태도의 차이가 양 진영을 가르는 기준이라고 봅니다. 아까 화이트칼라 그 문제도 이게 정책의 문제라면 쉽게 안 바뀌는데 그게 아니거든요. 특히 우리나라는 '정'과 '사'로, 도덕원리주의로 판단하는 경향이 강하기 때문에 소위 보수라는 세력이 도덕적으로 파탄 나니까 지지하기가 어렵죠. 이게 단순한 정책의 문제라면 바른미래로 지지가 옮겨갈 수 있는데 그런 게 아니니 그렇지도 않고. 아, 여기는 '사'라고 탄핵으로 증명이 되니까 현 집권세력에 대한 지지를 철회하더라도 반대쪽으로 지지가 옮겨지지 않는 거지요. 이런 현상을 개선하려면 보수가 환골탈태하는 모습을 보여 주어야 하는데….

■ **김대호** 지금 우리가 "안철수 왜 저래?" "유승민 왜 저래?" 박근혜나 손학규에 대해서도 이러고 있는 거 아닙니까? 그런데 이제는 우리 스스로 왜 새로운 희망과 대안이 되려고 하지 않는지도 질문해 봐야 할 것 같습니다. 우리가 50이 다 넘었으면, 유력 정치인에게서 희망을 찾지 못하면, 생각을 같이하는 사람들이 결사結社하고 운동을 해서 스스로 희망과 대안이 되어야 하는 거 아닌가요? 현재 자유한국당의 상황이 박근혜 때문만은 아니잖아요? 배지가 몇 갠데요. 국민들에게 희망이 될 수 있는 대안, 비전 세력을 키우는 것과 박근혜가 해원과 화해를 시키는 역할을 수행하는 것이 동시에 되어야 하죠.

■ **이동관** 최악의 경우에는 자유한국당은 친박-TK당으로 쪼그라들고 4·19 이후에 민주당 신파, 구파 갈리듯이 민주당과 중도개혁세력이 정치권을 양분하는 상황도 올 수 있다는 것을 염두에 두어야 한다고 봅니다. 자기들은 언제든지 보수의 지분이 있는 것처럼 생각하면 큰 착각이라고 봐요. 미국의 휘그당, 영국의

자유당, 광해군을 옹립했던 대북大北처럼 역사의 무대에서 사라져 간 정파의 예는 한둘이 아닙니다.

■ **김대호**　국회의원선거제도가 적대적 상호의존을 구조화하니 그걸 믿고 버티겠다는 거겠죠. 그러니까 성찰이고 혁신이고 비전이고 나발이고 없어도 다음 총선에서 살아남을 수 있겠다는 느낌을 받지 않을까요?

■ **이동관**　당내 강경세력이 전체를 흔드는, '꼬리가 몸통을 흔드는' 상황이 온존될 수 있는 적대적 공생구조, 이건 바꿔야 돼요.

■ **사　회**　자, 이제 구체적인 대안으로, 탄핵의 강을 어떻게 건널 것인가? 국가개조에 준하는 담대한 비전을 어떻게 만들 것인가? 또 그런 것들을 만들어 갈 정치세력화를 어떻게 도모할 것인가? 이 세 가지 주제로 이야기를 하겠습니다. 먼저 탄핵의 강, 어떻게 건널 수 있을까요?

박근혜 "나를 밟고 가라" 결단 아쉬워

■ **이동관**　탄핵은 헌법재판소에서 8명 전원일치 결정이 난 만큼,

탄핵소추부터 헌재 파면결정까지의 과정이 무리였고 대통령이 무죄라고 하여 헌재결정까지 부인하는 것은 법치의 근본을 부정하는 태도라는 점에서 곤란합니다. 자유한국당 스스로 정치적 프레임에 얽혀드는 결과가 될 수도 있어요. 황교안 대표가 법무장관 당시 통진당 해산심판의 정부대리인으로 나섰죠? 대한민국의 기본질서를 부정하는 이석기 측에서 해산을 인정 못하겠다고 나서는 데 빌미를 제공할 수도 있습니다. 정서적으로 광주문제를 매듭지은 것은 DJ였어요. "전두환을 용서한다"고 DJ가 정서적 사면을 했던 것처럼, 당사자인 박근혜 전 대통령이 옥중에서든 나와서든 매듭지어야 합니다. 국회 의결과 헌법재판소의 결정을 받아들이겠다는 정도의 정리가 되어야 합니다. 해석과 비판은 역사에 맡겨야 되지만, 판결 자체로 논란을 벌이는 것은 현명하지 않습니다.

■ **이재교** 법적으로 정리를 해 보죠. 모든 재판에 사소한 문제들이 있을 수 있습니다. 그렇다고 재판이 무효가 되지는 않습니다. 탄핵심판은 재심 제도도 없습니다. 무효화시킬 만한 사유가 있는가? 없습니다. 가장 많은 비판이 국회에서 별다른 증거도 없이 탄핵소추 의결을 했다는 건데, 우리나라는 다른 나라의 탄핵제도와 다른 점을 염두에 두어야 합니다. 우리 헌법의 탄핵은 1차로 국회의 정치적 결정, 2차로 헌재의 사법적 결정의 두 단

계를 거치도록 규정되어 있습니다. 미국은 의회의 1단계 결정으로 끝납니다. 그러니까 미국은 의회에서 당연히 정치적, 사법적 결정을 동시에 해야 하죠. 우리 국회는 증거조사를 철저하게 하지 않아도 치명적인 하자는 아니므로 정치적 결정만으로도 의결할 수 있습니다. 증거에 의한 철저한 사실조사는 헌재 심판에서 하는 것이고, 실제로 헌재에서 수십 명의 증인을 신문하고, 물증도 모두 조사했지요. 따라서 국회의 탄핵소추 의결에 법적인 하자는 없습니다. 과연 탄핵할 정도로 박근혜의 잘못이 큰가 하는 의문은 제기할 수 있지만, 유·무효의 문제는 아닙니다. 최종결정권자인 헌재가 탄핵 사유가 있다고 결정했기 때문입니다. 따라서 이 결과를 받아들일 수 없다는 것은 예컨대 선거 결과를 승복하지 않겠다는 것과 다름없는 비민주적 태도입니다. 즉, 정치적으로는 '탄핵할 만한 사유인가?'라고 주장은 할 수 있지만, 사법적으로 효력이 없다고 이야기하는 것은 맞지 않는다는 겁니다. 이러면 대화 자체가 안 되는 거죠. 5·18도 마찬가지입니다. 거기에 고정간첩이 개입했다고 의심할 수는 있겠죠. 그러나 북한 정규군 600명이 투입되었다는 것은 전혀 다른 이야기가 되어 버립니다. 이런 것은 상대방에 대한 전면부정이 됩니다. 탄핵 그 자체를 부정할 방법은 없습니다.

■ **김대호** 박근혜 전 대통령이 결자해지하면 좋죠. 한 명이니까

편하고 빠르죠. 하지만 수백만 명의 국민들도 결자해지해야 합니다. 방금 말씀들을 수용해야 한다는 겁니다. 저는 용어도 중요하다고 보는데, 유·무죄 이런 이야기도 했지만 정확하게는 '헌재 결정'이잖아요? 대통령 역할을 할 수 없다는 파면결정이었죠. 죄가 있다고 한 것은 아니죠. 지금 탄핵을 반대하는 사람들은 "박근혜의 입증된 죄가 뭐 있냐? 억울하다" 그러는데, 당시 내린 판단은 죄의 유무가 아니라 공직자로서 일하는 것이 적절하지 않다는 판단이었잖아요?

■ **이재교** 맞아요. 법적으로 '파면 사유가 있는지 없는지'를 헌재가 결정한 것입니다. 헌재는 파면 사유가 있다고 보았고, 그래서 파면으로 결정한 것이죠.

■ **윤창현** 당시 새누리당 의원들은 탄핵을 찬성하는 측과 반대하는 측으로 나뉘었는데요, 나중에 보니 탄핵을 찬성한 쪽은 배신자가 되고 탄핵을 반대한 측은 부패세력이 되어 버렸어요. 이래도 잘못한 거고 저래도 잘못한 것이 된 거지요. 괴물 같은 최순실을 끌어들인 것은 정말 잘못했죠. 반성해야죠. 그렇지만 대통령은 한 푼도 챙기지 않았는데 이 정도 비난과 벌을 받는 것이 과연 정당한가라는 문제 제기를 마이클 브린이라는 외신기자가 했어요. 이걸 보면 한국당 지지자들에게 존재하는 복잡한 심경

이 이해가 갑니다. 잘못은 100인데 벌은 200이 되었다는 억울함 같은 느낌 말이죠.

■ **이동관** 문재인 대통령이 탄핵 때 "이게 나라냐?"라고 했는데, 현 정권의 폭주를 보면서 "그럼 이건 나라냐?"는 얘기가 나오고 있죠. 그럼에도 보수의 집권 플랜을 제대로 가동하기 위해서도 이건 넘어서야 하는 강이에요. 국민들이 위임해 준 대통령직 presidency을 사적인 이익을 위해 썼다는 것이 확실했고, 그래서 직을 유지하는 것이 적절하지 못했다는 판단을 다수 국민들이 했잖아요. 탄핵에 찬성했던 80퍼센트 국민은, 태극기세력 등 일부가 계속 탄핵을 부정하는 것에 대해서는 본능적으로 거부감을 가질 수밖에 없어요. 한국당이 계속 어정쩡한 태도를 취하면 중원의 확보가 불가능해집니다. 논리적으로나 전략적으로 옳지 않아요. 개혁적, 합리적 중도를 다시 지지층으로 불러오려면 탄핵 문제를 정리할 필요가 있습니다.

그리고 촛불시위가 그 자체로 문재인 지지는 아니었어요. 당선 시 득표율이 41퍼센트 가량이었고, 본질적으로 촛불시위는 소통, 협치, 숙의를 하는 민주주의로 돌아가라는 의미였잖아요? 그런데 탄핵 이후 현 집권세력은 전제적 권력을 더 강화하고 있어요. 스스로 자기들이 정의를 독점하고 있다는 오만까지 갖고 있기 때문이죠. 좌파의 독선이 훨씬 더 파괴적인 결과를 가져올

수 있다는 사실을 여실히 보여 주고 있죠.

■ **이재교** 지금 더 큰 문제는 보수의 패배주의라고 생각해요. 새로운 담론, 담대한 희망의 제시, 이게 중요합니다. 그런 점에서 아직도 박근혜의 역할이 크다고 생각합니다. "다 용서한다, 우리가 나라를 위해서 하나가 되자, 나는 이제 정치 관여 안 한다" 이런 메시지를 내놓으면 새로운 시작이 가능하다고 봅니다. 여기에다 국가개조에 준하는 담대한 담론을 위해 지금이야말로 제2의 뉴라이트운동이 필요한 때라고 생각해요. 이제 한국에서 더 이상 안보보수나 시장보수만으로 집권하기는 어려워요. 성장과 복지국가의 문제, 이런 것들을 다시 돌아보고 바구니에 잘 추려서 담는 종합적인 담론구조를 새로 한번 만들어 보아야 할 것 같습니다.

■ **이동관** 그 전제는 제대로 된 성찰이고 이를 바탕으로 한 수습인데요, 말씀대로 박근혜는 할 수 있지요. 탄핵에 찬성한 사람들조차도 용서하겠다, 이제 나를 넘어가라, 대한민국의 미래를 위해서 나를 밟고 넘어가라, 이런 말이 박근혜에게서 나와야죠.

■ **사 회** 그럴 수만 있다면 참으로 중대한 분기점이 될 수 있겠습니다. 자, 이제 국가개혁 과제에 대해 이야기를 해 보겠습니다.

신귀족들, 특권 내려놓을 준비 됐나

■ **윤창현** 미국 유학 당시 미국 학생들과 이야기를 많이 나누어 봤는데요, 모두 사기업에 취업하려고 준비하는 거예요. 그래서 "너희는 공무원 되고 싶지 않냐?" 그랬더니 반응이 나빠요. 우선 보상과 급여가 낮다는 거지요. 갈 데 없으면 공공부문으로 가고 사명감으로 가는 학생들도 있긴 하지만요. 미국의 한 선물거래소에서 금융선물을 처음 도입했을 당시 규제기관이 농림부였습니다. 그렇게 처음엔 농산물 관련 선물만 거래하던 기관이 외환선물, 즉 금융선물을 도입한 거예요. 거래소에서 먼저 치고 나간 거죠. 농림부에서 "이거 뭐냐?"고 문의하고 금융 관련 선물이라는 것을 알게 되자 "그러면 우리가 규제하기 힘들다"고 해서 결국 지금의 규제기관인 선물감독원^{CFTC}이 만들어졌지요. 민간이 먼저 치고 나가고 정부가 나중에 움직이고…. 우리나라에서는 어림도 없는 일이죠. 그렇게 중요한 일을 민간에서 먼저 조치하고 나서 사후에 규제기관을 만드는 경우까지 있는 것을 보면 뭔가 다르다는 것이 느껴집니다.

우리는 민주주의, 개인의 자유에 대한 인식이 있기는 하지만 우리나라 전통에 섞여 버렸어요. 국가만능주의, 개입주의가 우리의 DNA에 각인되어 있는 느낌입니다. 여기에 독일과 일본의 포지티브식(=열거주의식) 성문법 시스템과 결합되어 버리니 공공만능주의가 작동하고 힘을 휘두르고 싶은 마음마저 생깁니다. 그리고 조급함까지 겹쳐지면서 부작용도 상당합니다. 다행인 것은 지금 20대가 개인의 자유에 대해 눈을 뜨는 것 같습니다. 국가권력에 대해 할 말은 하는 거죠. "야동 볼 권리를 네가 왜 간섭하냐"며 이런 것까지 간섭하는 국가에 저항하는 문화 흐름은 인상적입니다. 잘하는 행동은 아닐 수 있지만, '네가 간섭할 일은 아니다'라는 이 흐름이 커질수록 달라질 것이라고 느낍니다.

■ **김대호** 지금 대한민국의 시스템이 곳곳에서 작동하지 않고 후진적인 습속, 문화 들이 부활하는 조짐들이 있는데요, 이걸 해결할 수 있는 방략이 국가개조전략이고 국가비전이죠. 비전과 철학에 기초하여 정확한 현실 분석에 근거한 정책기조가 도출되면, 볼링의 5번 핀 같은 급소를 찾아야죠. 현실 규정, 정책기조, 문제 해결의 급소, 이 3박자를 갖춰야 제대로 된 국가비전 내지 정책 매니페스토라고 할 수 있습니다. 그런데 지금은 이 3요소가 다 부실해요. 특히 가장 부실한 것이 정확한 현실 진단입니다. 너무 단순 무식해서 생사람이나 잡는 진단이 종북 좌파니, 친일 독재니, 적폐세력이니, 기득권이니 하는 것입니다. 정확한 현실 진단 문제를 오랫동안 고민해 왔는데, 어떤 방법론과 프레임이 필요한 것 같더군요. 예컨대 문제의 세계적 보편성과 한국적 특수성, 사람의 문제와 제도의 문제 등이 그런 것들입니

다. 격차 문제는 자산, 소득, 지역, 교육, 숙련, 산업업종, 근속연수, 기업 규모, 고용형태 등을 기준으로 생산성과 지대라는 프레임을 통해 봐야 합니다. 그래야 문제의 본질이 선명하게 보이니까요.

■ **사 회** 효율적인 내용 전달을 위해 윤창현 교수님과 김대호 소장님이 각각 경제개혁과 노동개혁을 정리해 주시고, 이재교 교수님이 논평을 해 주시면, 정치개혁 주제는 이동관 총장님의 총론적인 언급 후에 토론을 해 보겠습니다.

■ **윤창현** 저성장 인구감소의 시대가 오고 있습니다. 2021년부터 절대인구가 감소합니다. 이미 15~65세 생산인구는 감소하기 시작했습니다. 이러면 토지, 경제, 사람, 복지, 이민, 모든 것이 바뀌는 거예요. 복지를 봐도 그래요. 세금 낼 사람이 줄어들면 지속가능성이 줄어들죠. 게다가 AI시대라는 거대한 변화가 함께 오고 있어요. 정신 바짝 차리지 않으면 그야말로 한순간에 퇴보의 대열로 밀리게 될지도 모릅니다.

저는 경제를 활성화시킬 개혁과제를 말씀드리고자 합니다.

무엇보다 우리 사회에 기업을 존중하는 문화가 필요합니다. 지금 우리 주력산업이 대부분 중국에 추월당했고, 반도체도 이대로 가다가는 결코 낙관하기 어렵습니다. 대만 보세요. 완전히 중국경제로 편입되어 버렸습니다. 이대로 가면 우리도 시간문제입니다. 유니콘 기업이라는 것도 중국에서는 우후죽순 일어나는데 우리는 있는 기업마저 때리고 있는 실정입니다. 손발 다묶어 놓고 세계 기업과 경쟁하라고 하면 말이 안 되죠. 예를 들어 중국 전자상거래기업 알리바바는 결제를 해 주면서 은행업면허를 통해 자금이 부족한 사람에게 결제자금을 대출해 주고, 여유자금이 있는 고객에게는 자산운용업 면허를 통해 고금리로 운용해서 불려 줍니다. 전자상거래, 실물, 은행업, 자산운용업이 다 패키지화되어 있어요. 융합의 시대죠. 우리나라는 수십년째 은산분리, 금산분리를 외치면서 재벌의 금융업 진출을 통제하고 막고 있습니다. 새로운 시대에 규제의 목표 자체가 완전히 변했는데도 규제를 바꾸고 없앨 줄을 모릅니다. 해외 기업과경쟁하기 힘들게 해 놓고는 나 몰라라 식입니다. 핵심은 기업입니다. 기업이 맘껏 세계와 경쟁하고 이곳에서 부를 만들도록 해야 합니다. 그래야 국가재정이 튼튼해지고 어려운 국민들을 살필 수 있죠. 특히 AI시대가 오면 올수록 국가재정의 수요가 많아질 텐데 튼튼한 기업들이 없으면 어떻게 되겠어요? 그리스 꼴나는 것은 한순간입니다.

기업이 뛰게 해야 합니다. 그러기 위해서는 당연히 족쇄를 풀어줘야 해요. 규제방식을 네거티브로 바꾸어야 합니다. 최소한 지금 당장은 규제 샌드박스를 확대하고, 가장 거대한 규제인 주

52시간 근무제 같은 근로시간 제한과 최저임금제에 손을 대야 하죠. 이 규제로 지금 스타트업들이 고통스럽습니다. 다른 조치들 아무리 해 봐야, 큰 고통에 비하면 수술할 자리에 빨간약 바르는 정도예요. 규제 해소로 대기업들이 세계 유수의 기업들과 경쟁하도록 풀어 주고, 중소기업들이 세계를 무대로 뛰어다닐 수 있는 인프라를 제공하면 좋을 것입니다. 상속세가 기업 활성화에 걸림돌이 있다면 이 부분도 세밀하게 검토해서 현실에 맞게 조정해야 할 것으로 봅니다. 50퍼센트 상속세 내는 중견기업의 경우 기업을 사모펀드에 많이 넘기는데, 이 펀드들은 거의 중국 자본이라고 보시면 됩니다.

둘째, 국민연금을 수단으로 기업을 통제하겠다는 발상은 접어야 합니다. 국민연금은 그야말로 국민들의 돈을 불리겠다는 사명감을 가지고 해야 되는데, 국가가 기업에 개입하는 루트로 이용하겠다는 것은 결국 정부가 기업을 좌지우지하겠다는 것으로 해석됩니다.

셋째, 기득권 내려놓기를 동시에 해야 합니다. 우리나라 근로자들 중 근로소득세를 내는 사람은 절반입니다. 나머지 절반은 근로소득세를 안 냅니다. 절반이 면세점 이하라는 건데, 문제가 많습니다. 국민개세주의가 무색할 지경입니다. 상위 10퍼센트의 기득권 내려놓기와 국민 다수의 책임성을 높이는 방향에서 개혁들이 진행되어야 할 것입니다.

■ **이재교** 보충하자면 은산분리, 금산분리는 자금이 부족해 대출 자체가 특혜이던 시절에 취했던 조치였어요. 대기업이 금융기관을 사금고화하는 것을 막으려는 것이 목적이었는데, 지금은 기업이 은행보다 돈이 더 많다고 할 정도고, 기업이 주식이나 회사채 발행으로 자금을 조달하기도 용이해서 지금은 은산분리를 고집할 이유가 사라졌습니다. 그런데도 '70~80년대 사고에 갇혀 요지부동인데, 운동권 의식이 신앙화되고 화석화되어 있기 때문이라고 봅니다. 재벌체제는 우리에게 상수지 변수가 아닙니다. 그렇다면 그 단점을 줄이고, 장점을 살려야 합니다.

■ **김대호** 지금까지 우리가 확인한 것처럼 한국은 신계급사회가 형성되어 있고 날로 공고해지고 있습니다. 조선시대를 방불케 할 정도입니다. 이걸 바로잡지 않고서는 민주주의라는 헌법정신도 무색하고, 다가오는 미래의 대격변은 생각조차 하기 어렵습니다. 그래서 모든 힘을 집중해서 두 가지 개혁을 이뤄 내야 합니다.

먼저 귀족노조의 기득권을 약화시키고 정상화해야 합니다. '사업장 점거 금지와 대체인력 투입 허용'을 골자로 노동관계법을 개정해야 합니다. 이 제도는 선진국에서 상식적인 거예요. 이 제도를 정착시키면 우리 노조도 지대추구자로서 양극화의 주범이 아니라 양극화 완화의 기여자가 될 수 있습니다. 노조에게도 좋은 일이고 좌파적 가치에도 맞는 일입니다. 다시 말하면 진짜 진보로 거듭나게 되는 거죠. 기득권 정상화의 조치로 고용유연성을 확립하는 것도 매우 필요합니다. 모든 사람을 정규직으로 하는 마술은 없습니다. 오직 고용유연성을 높여 가는 것만이 기회의 평등으로 사회의 위화감을 없앨 수 있고 경제에 활력을 줄 수 있어요. 경제에 생산성이 있어야 사회적 안전망을 짤 수 있죠. 노조의 선택은 둘 중의 하나입니다. 스스로 이 대의에 기여할 것인가, 저항하다 사회도 힘들게 하고 스스로 역사의 반동이 되어 사멸해 갈 것인가?

둘째, 공공부문을 개혁해야 합니다. 공공부문은 신의 직장입니다. 어려운 국민의 주머니를 털어 부양할 신들을 늘려 나간다는 것은 무슨 그리스, 로마 신화시대도 아니고, 이게 정상적인 정부가 할 짓이 아니에요. 지금은 공공부문을 늘려 갈 때가 아니라, 어려워진 국민들을 위해 공공이 스스로 기득권을 내려놓아야 할 때인 겁니다. 지금 이 정부가 몰라서 그러는지 아니면 탐욕스런 집단으로 타락해서 그러는지는 몰라도, 이들의 폭주를 막고 개혁을 이뤄 가려면 공무원총정원법과 공무원급여법을 제정해야 합니다. 공무원을 늘릴 때 그 필요성과 소요 예산을 충분히 검토하고 국민의 동의 하에 될 수 있도록 해야죠. 우리 국민들이 공무원을 '수고한다, 고맙다' 이렇게 인식해야지, '조선시대 말 탐관오리 같다' 그렇게 생각하면 나라가 되겠습니까?

앞으로 실업의 지속적인 증가로 국가재정으로 해야 할 일이 기하급수로 늘어나게 됩니다. 공공부문 정상화에 깊은 경각심을 가져야 해요.

■ **이재교** 귀족노조의 '떼법'이라 불리는 법치주의 무시가 심각한데, 악법보다 훨씬 나쁜 것은 법을 무원칙하게 집행하는 겁니다. 법을 특정인에게는 적용하지 않는다든가 어느 시기에는 적용하지 않는 등, 왔다갔다하는 것이 최악이지요. 악법이라도 일관성 있게 집행하면 그에 맞추어 대책이라도 세울 수 있는데, 왔다갔다하면 대책도 세울 수 없지요. 우리나라에서 수시로 안 지키는 것이 훨씬 심각한 문제예요. 흔히 말하는 고무줄법, 떼법이 바로 그런 예지요.

■ **윤창현** 잘 아는 분이 과거에 현대자동차 공장을 방문했는데, 점심식사 시간에 근로자들이 족구를 하고 있더랍니다. 왜 식사하지 않고 족구를 하냐고 물으니, 정규직들 식사 다 끝나야 비정규직인 자기들이 식사를 할 수 있는데 기다리기 지루해서 족구를 한다고 말하더라는 겁니다. '아, 이렇구나!' 싶더군요. 같은 근로자들인데 차별하고 있어요. 노조가 평등을 외치면서 이런 차별을 하면 되겠습니까? 부패와 착취의 가능성이 보이는 거죠.

■ **사 회** 결국 모든 문제는 정치로 귀결되는데, 국정운영 경험을 가진 이동관 총장님이 먼저 정리를 해 주신 후에 토론을 해 보겠습니다.

다양한 이해 조화시킬 정치개혁을

■ **이동관** 지금 대한민국은 총체적인 위기상황에 접어들고 있습니다. 경제는 암담한데 양극화는 질적인 측면에서 세계 최악으로 가고 있고, 무엇보다 국민 갈등의 수위가 임계점을 넘어서 사실상 심리적 내란상태라고 봐도 무방합니다. 그런데 어느 것보다 심각한 것은 정치예요. 국민들의 마음을 모아 상황을 타개하고 미래로 나가야 하는데 정치가 오히려 상황을 악화시키고 있어요. 개혁은 시대의 절박한 명령이 아닌가 합니다. 일단 저는 시스템 측면에서 크게 세 가지를 제기하고 싶습니다.

첫째, 국회 기능의 정상화입니다. 이를 위해 선거제도를 개편하고, 인사청문회를 확대하며, 감사원을 국회로 이관해야 한다고 봅니다. 1천억 이상의 정부예산 집행시 국회 심의도 필요하고요. 현재의 승자독식 선거제도는 선악과 정사, 극단적 대결구도로 우리 정치지형을 퇴행시키고 악화시켜 왔습니다. 지역패권주의로 귀결되어 줄서기와 지역주의의 질곡에서 벗어날 수 없고, 국민의 이해는 다양해졌는데 이 다양성을 국회가 수렴을 할 수 없는 구조가 됐습니다. 연동형 비례대표제든 그 무엇이든 선거제도 개편이 절실합니다. 필요하다면 국회의원 수를 늘려도 됩니다. 지역구에 매몰되지 않는 자유로운 사람들이 있어야 행정부 견제, 감시도 생산적으로 할 수 있고요. 다음은 인사청문회를 강화해야 합니다. 지금 같은 신상털기식 청문회는 문제가 많아요. 사안에 따라 비공개로 할 것은 비공개로 해야 됩니다. 핵심은 행정의 전문성을 제대로 검증하는 인사청문회를 국회에서 하는 겁니다. 감사원의 국회 이관도 국회 기능 정상화에 중요하리라고 봅니다. 국회가 뭐 하는 곳입니까? 행정부 견제, 감시하는 곳이잖아요? 감사원이 국회에 소속되어 있으면 제왕적 대통령제도 시정하고 국회 기능도 정상화하고, 일거양득입니다. 마지막으로 정부 예산 심의. 예산에 대한 감시, 결정은 역사적으로 봐도 국회의 존립 이유입니다. 마그나카르타도 거기서 나온 거잖아요? 지금 수십조 원이 소요되는 사업이 예타면제라고 추진되고, 한 명당 수십억이 소요되는 공무원 채용도 그냥 청와대의 일방통행으로 진행되고 있습니다. 이래서는 국민 세금을 제대로 감시할 수 없습니다.

둘째, 대통령과 행정부 기능의 정상화입니다. 그 시작은 제대로 된 대통령제의 정립입니다. 이원집정부제 같은 분권형 대통령제는 혼란만 초래할 것입니다. 내각제적 요소도 정리해야 합니다. 국무총리제는 제헌국회에서 정치협상으로 만들어진 기형적 구조입니다. 내각제를 주창하는 국회와 대통령제를 관철하려는 이승만 전 대통령이 타협한 결과물이지요. 권한과 기능이 너무도 모호하고 옥상옥입니다. 이 국무총리제를 폐지하고 정·부통령제로 가야 합니다. 대통령이 직접 내각을 책임지고 이끌도록 해야 하죠. 그리고 또 다른 내각제 요소인 의원의 입각 제도도 정말 실익은 거의 없고 국회를 파행시킵니다. 박정희 전 대통령이 여당 의원들을 회유하기 위해 도입한 제도로, 여당 의원들을 거수기로 만드는 결정적 역할을 하고 있습니다. 대통령에게 잘 보여 입각하려다 보니 대통령 눈치 보기가 구조화되고 한국정치를 퇴행시키는 데 한몫 하는 제도로 전락했습니다. 마지막으로, 이건 대통령이 결단만 하면 되는 건데요, 청와대 내 인사수석실을 해체하는 겁니다. 그게 청와대에 있을 필요가 없어요. 청와대 내 인사는 총무비서관실에서 합니다. 그럼 인사수석실은 뭐 하겠습니까? 정부부처 인사권까지 다 틀어쥐고 쥐락펴락하게 되어 있어요. 각 공공기관에 보은인사로 공신들을 뿌려대는 역할도 거기 일입니다. 인사권이 취약한 장관들은 무력해지고 공무원들은 청와대만 바라봅니다. 각 부처가 모두 청와대만 쳐다보는 '청와대 정부'의 근본 원인도 여기에 있습니다.

셋째, 행정구역 개편도 지속적으로 완성해 가야 합니다. 이건 YS 때부터 추진되었던 일인데 거의 진척이 없어요. 대체로 인구

100만 단위로 50~60개의 광역행정단위를 구성하려던 계획이었습니다. 현재 우리의 행정질서는 중복과 낭비가 심하고 효율이 극히 떨어집니다. 조선시대와 일제강점기의 행정구역의 골격이 유지되고 있는데, 우리 국민들의 생활권은 그때와 완전히 달라져 있습니다. 이에 걸맞게 행정구역이 재편되어야 하죠. 현재 중앙정부-광역자치단체-기초자치단체로 3단계화되어 있는 것을 '중앙정부와 지방정부'로 이원화하면 훨씬 신속하고 예산의 낭비도 없으며 효율적으로 운영할 수 있습니다. 지금 우리 국민들이 '도대체 광역의회와 기초의회가 왜 따로 있는지 모르겠다, 그냥 국민 세금만 축내고 있는 것 같다'고 느끼는 것도 다 이와 같은 이유가 있기 때문입니다. 이렇게 제도를 정비하고 주민자치를 확대해 간다면 21세기형 대한민국의 행정질서를 창출할 수 있을 거예요.

■ **사 회** 정당 개혁과 정치리더십 문제를 좀더 보충해 주시면 좋겠습니다.

■ **이동관** 과거에 3김은 집권을 위해 경쟁적으로 인재들을 발탁했는데요, 그런데 지금은 정당 리더의 공천권이 자신들의 연고 네트워크에 있는 사람들에게 좋은 일자리를 나누어주는 수단으로 전락해 버렸습니다. 승자독식 소선거구제는 지역연고에서 벗어

날 수 없으니 지역패권주의로 연결되고, 결국 모든 정치가 토호화, 퇴행화되는 겁니다. 자신의 정치적 이해에 직결되는 사안에만 매달리도록 하는 그런 구조를 만드는 거예요. 그래서 차제에 제왕적 대통령제, 그리고 승자독식형 선거제도와 정당 구조를 혁명적으로 바꿔야 합니다. 청와대와 여당이 '촛불정신'을 계승한다면서 '20년 집권론', '100년 집권론'이나 떠들면서 자신의 이해를 우선시하니 개혁이 이루어질 수 없는 구조가 되어 버렸어요. 저는 과거 의원내각제나 다당제에 대해 회의적이었는데, 지금의 권력구조와 정당질서는 더 이상 방치하면 안 되는 상황까지 퇴행해 버렸어요. 정권과 권력이 바뀌면 이전 권력의 장점은 발전시키고 단점은 극복하는 것이 아니고 과거의 기득권을 새로운 기득권으로 대체하는 조선시대 당쟁의 나쁜 구조로 치환되어 버린 듯해요. 거기에 여의도 기득권에 대한 진입장벽이 날로 높아지고 있고 물갈이 기능도 없어졌어요. 임계점에 온 거죠.

■ **이재교** 지금 여와 야 정치권을 보면 좌와 우, 진보와 보수의 프레임으로 설명이 안 돼요. 예를 들어 문 정부가 탈원전 하는 것은 좌파이기 때문이 아니거든요. 그 집권세력과 대통령이 전 정권이 한 것을 다 지우겠다고 그걸 선택한 거죠. 좌우라고 하니까 정파주의적으로 흐르는데, 우리라도 국가공동체, 옳고 그름, 국가이익 이런 것을 중심에 놓고 논의하는 프레임으로 바꾸는

것이 좋을 것이라 봅니다. 여러 정당으로 분산되어 절대다수당이 없으면 여당은 다른 당과 협력을 할 수밖에 없고, 그러면 다양한 민의가 수렴될 것이니 현재의 양당제 승자독식 선거제도는 바꿀 필요가 있어 보입니다. 여소야대에서 오히려 정국이 안정되고 국정도 무리 없었던 것은 국회가 대통령의 독주를 견제하였기 때문입니다.

■ **김대호** 인간의 결정 패턴은 '올릴래 내릴래? 바꿀래 말래?' 이런 식이어서 양당, 양강 구도가 이와 부합하는 측면이 있습니다. 그래서 빠른 결정과 빠른 변화를 이뤄 낼 수도 있어요. 문제는 한국인데, 한국에서는 권력이 워낙 전제적이어서, 사생결단의 전쟁을 하게 되어 있으니, 정치적 대립구도가 쉽게 선악 구도나 정사 구도로 바뀌죠. 이것이 '친일독재 대 친북좌익'의 대립구도로 나타납니다. 제가 자유한국당 사람들에게 선거제도 바꿔야 되는 거 아니냐, 이렇게 하면 그 사람들이 하는 말이 "저쪽은 다섯 개나 되지만, 우리는 자유한국당 하나밖에 없다. 그러니 선거제도를 바꾸면 친북좌익이 다수가 되고, 대한민국이 끝장난다" 이렇게 이야기합니다. 민주당 사람들에게 선거제도 바꿔야 하는 것 아니냐 하면, "적폐를 척결하는 민주진보진영이 분열된다"고 합니다. 이렇듯 자신들을 선이라고 생각하니, 이게 쪼개지면 안 되니까 반대할 수밖에요. 대한민국의 정치발전이

없는 이유가 바로 이 정사 프레임입니다. 양쪽 다 극단적인 세력의 레버리지가 크게 되어 있잖아요? 온건다당제가 되면 보편지성과 양심의 세력의 힘이 매우 커지게 되어 있어요. 양극단의 인질 상황을 깨고 캐스팅 보트를 쥐고 절실히 필요로 하는 개혁들을 할 수 있지 않을까 합니다.

■ **이동관** 1988년 1노3김의 4당 체제를 두고 황금분할이라고 했는데요, 뭘 결정하기 위해서는 소통하고 대화하지 않을 수 없는 구조였다는 점에서 정말 그랬죠. 우리 당쟁사에 면면히 흐른 것이 정과 사의 대립구도잖아요? 그런 DNA가 내재해 있는 데다 승자독식 구도가 정착되면서 그 안에 있는 기득권자들은 지내기가 굉장히 편해졌죠. 난 정의로운 편이라고 주장하기만 하면 되니까요. 지금 우리는 하나의 이슈를 놓고도 양극단에서부터 매우 다양한 스펙트럼이 있죠. 젠더 이슈, 경제문제, 심지어 남북관계 문제도 그렇고요. 지난 동계올림픽 때 아이스하키 남북 단일팀 만들자는 것에 대해 20대 청년들이 반발했잖아요? "그럼 열심히 땀 흘려 준비한 사람들은 뭐냐?" 이만큼 시대가 바뀌었단 말이에요. 이런 다양성을 수용할 수 있게 구조를 바꾸면 충분히 거기서 협치와 소통이 이루어질 것이라고 봅니다.

■ **이재교** 말씀하신 반대로, 양당구도 때문에 정사구도가 유지된

다고도 말할 수 있어요. 미국도 최근에는 공화당 지지자와 민주당 지지자가 서로 대화를 나누기가 어렵다는 거예요. 양당구도가 국정을 안정화시킬 수 있다고 하지만, 지금은 국정의 안정이 아니라 다양한 이해관계를 가진 집단을 조정하고, 갈수록 전문화, 비대화되는 행정부를 견제하는 기능이 중요합니다. 아울러 양당구도도 타파해서 국회 자체를 다원화해야 할 필요가 있지요. 그런데 양당구도로 이익을 보는 양당에게 이 과제를 맡겨야 하니, 시민사회에서 여론화해서 양당을 압박해야겠지요.

■ **이동관** 선거에서 자유로운 사람들이 있어야 해요. 그래야 전문화도 되고요. 지금 구조 하에서는 둘 중에 하나예요. 줄을 잘 서거나, 지역에서 죽도록 발로 뛰어야 하는 것이죠. 우스갯소리로 손금이 없거나 발이 부르튼 국회의원만 있는 거예요. 과거 서울의 모 의원을 보면 정말 출중한 사람인데 지역구가 워낙 치열하다 보니 자기 에너지의 70~80퍼센트를 거기에 쓰더라고요. 그러니 정작 자신의 정책 역량은 완전히 사장되어 버리죠. 국회의원이 한편으로는 토호화되고 다른 한편으로는 기득권에 안주하는 이 구조, 이 구조는 우리 국민들의 다양한 이해를 수렴할 수 있는 것과 동떨어져 있다는 측면에서도 바꾸는 것이 시급합니다. 지금, 정체성에 안 맞는 당에 가서 일하는 국회의원이 적지 않습니다. 왜냐? 호남이니까 민주당 가야 되고, 진보적 생각을

가지고 있어도 TK 가야 돼요. 자신의 지향성, 색깔이 맞는 사람들이 하나의 정당에서 어젠다를 만들어 내고 해법과 대안을 만들며 대통령후보를 내서 정권을 잡는 것이 순서인데, 지금의 구도에서는 정체성은 팽개치고 정권 잡을 만한 사람에게 가서 줄서는 문화잖아요? 이게 현실이잖아요? 이런 것을 해결해서 총체적 생산성을 높여야 하는데, 이런 중요한 것은 계속 답보상태예요.

■ **김대호** 지금 대한민국에 필요한 정치세력은 자신이 어렵게 잡은 권력을 축소시킬 수 있는, 그런 공공의 정신을 가진 세력, 제 언어로 말하면 '보편지성 양심세력'입니다. 이 세력이 유력 정당을 장악하든지 유력 정당의 큰 지분을 갖든지 해야죠. 자신의 기득권을 내놓는 것은 정말 어려운 일 아닙니까? 북한도 김정은과 조선노동당 기득권 때문에 저 짓을 하는 거고, 노동조합이 기형이 된 이유도 마찬가지고, 양당 독과점 정치도 1당과 2당의 기득권 때문에 그런 거 아닙니까?

■ **사　회** 마지막 화두인 정치세력 구축에 대한 이야기가 나왔습니다. 김 소장님, 이 양당 기득권을 뚫고 정치세력화를 이뤄 낼 로드맵이 있나요?

합리적 보편지성이 이끄는 사회로

■ **김대호** 선거제도 바뀌면 독자적인 정당으로 가고, 안 바뀌면 기존 정당을 장악하거나 유력 지분을 확보하는 방법밖에 없잖아요? 그러자면 새로운 초식이 필요할 것 같아요. 활 들고 싸울 때 기관총 같은 그런 거가 필요하죠. 저는 매니페스토 정치가 그런 초식이나 신무기가 되지 않을까 싶습니다. 과거에는 안철수같이 그럴듯한 인물을 내세워서 해 왔다면, 이제는 잘 다듬어진 국가비전이나 매니페스토로 결사한 사람들이, 국민들이 간절히 원하는 신상품이 될 수 있지 않을까 합니다. '아, 저렇게 하면 희망이 있겠다, 바뀌겠다'고 국민들에게 꿈을 주고, 동시에 송곳처럼 날카롭게 찌르는 솔루션 몇 개를 통해 '아, 큰 그림도 있고 창의적이고 구체적인 실천방안도 있는 사람들이니, 저 정도면 미래를 걸어 볼 만하겠다' 이런 느낌을 주는 것이 핵심이거든요.

■ **이재교** 국민에게 신뢰받는 그런 정치세력이 참 중요한데요, 열 명이라도 풍찬노숙을 각오하는 사람이 있으면 시작이 가능하지 않을까 합니다. 줄 설 사람은 많은데, 자신은 어떻더라도 오직 국가가 나아가기를 바라는 사람들, 의지와 신념을 가진 사람들이 열 명만 있으면 10년, 20년 걸리더라도 희망이 있는데요, 참

찾기가 힘들어요. 어떻게 그런 사람을 찾아낼 것인지 구체적인 방법론에서 저는 벽에 부딪칩니다.

■ **김대호** 팜플렛운동을 해야죠. 비전을 응축한 팜플렛에 동의하는 몇십 명이 결사하면서 시작하는 거죠. 기존 정치결사는 출마하지 않는 사람들은 출마자들의 들러리였지요. 돈 내고 박수 치고, 행사 참석하는. 그런데 잘 정련된 매니페스토를 공유하는 결사라면 좋은 정치, 정책 아카데미를 운영할 수도 있고, PD나 작가들이나 교사들을 조직할 수도 있고, 독서클럽을 만들 수도 있고, 새로운 형태의 노동조합운동도 조직할 수 있습니다.

■ **이동관** 중요한 것은 어떻게 의제를 선점할 것인가에 직결되어 있다고 봐요. 그런 의미에서 국가대개조를 이야기한 것이고요. 보수든 진보든 합리적인 세력이 앞에서 끌고 본대가 뒤따라야 하는데, 2004년 뉴라이트운동이 딱 그랬거든요. 사상이념단체, 학술단체 들이 등장했지만 그 전에 10만 명이 모인 반핵 반김 시위가 있었고, 그게 촉발제 작용을 했고 대중적 기반이었죠. 당시 좌편향은 안 된다, 그럼 올드라이트와 결별은 어떻게 할 건가, 이런 담론이 벌어졌는데, 이게 지금 상황과 닮았습니다. 당시 '올드라이트의 결별'과 지금 '탄핵을 어떻게 넘어갈 것인가' 하는 화두가 직결되어 있다고 봐요. 그래서 기관차 역할

을 할 수 있는 합리적 보편지성, 저는 이것을 중도우파라고 부르고 싶은데, 이 중도우파가 끌고 갈 수 있는 운동체를 만드는 것이 매우 중요하다고 봅니다. 그래서 기관차가 되고, 태극기부대 이 사람들은 연료를 대 주어야 해요. 이 사람들이 앞으로 와서 끌면 이 차량이 끌려가지 않아요. 지금 자유한국당의 가장 큰 모순이 그거 아니에요? 이건 한국당의 숙제고요.

■ **이재교** 저는 기존 정당 안에 들어가서 개혁할 가능성을 아주 낮게 봅니다. 기존 정당에 대한 국민들의 불신이 너무 크고, 그 내부구조를 뚫을 수도 없을 뿐만 아니라, 안철수 현상 등을 보면 기존 정치권과 거리를 두었을 때 국민들이 훨씬 주목한단 말이지요. 기존 정치권과 거리를 두고 풍찬노숙, 헌신적으로 특히 여기에 앞장서는 사람은 자리에 갈 생각을 아예 하지 말고, 그런 모습이 감동을 주어야 뉴라이트나 안철수가 실패한 것 같은 것을 반복하지 않을 거예요. 지금 586들, 오랜 기간 헌신했거든요. 20대 학생 시절에 출세 포기하고 감옥으로, 공장으로 가지 않았습니까. 그렇게 헌신하는 태도와 시대정신에 맞는 올바른 방향을 잡아 고생하면 국민의 신뢰를 받을 수 있지 않을까 합니다.

■ **김대호** 저는 국가주의에 대한 견제를 중시하고 있는데요. 김병준 전 비대위원장은 국가주의에 대한 세부 콘텐츠가 충분하

지 않았습니다. 예로 든 초·중·고 커피자판기 금지는 누구 말마따나 좀 생뚱맞죠. 과도한 국가주의 사례로 얘기할 게 좀 많아요? 예컨대 국민연금 스튜어드십 코드, 야한 동영상 관련 해외 인터넷 사이트 접속 차단, 걸그룹 외모 규제, 사립유치원 회계 규제 강화 등 부지기수죠. 문 정부는 '내 삶을 책임지는 국가'라는 슬로건에서 보듯이 국가주의적 멘탈리티가 강해요. 이런 가치나 심리는 복지국가에서 받은 것도 있고, 마르크스레닌주의, 조선, 반反 신자유주의에서 받은 것도 있죠. 아무튼 이런 것이 모이고 모여서 '내 삶을 책임지는 국가'라는 희한한 슬로건으로 귀결된 것 같아요. 우리가 '산업화, 민주화, 선진화'라고 했는데, 사실 선진화의 내용이 모호해요. 제가 보기엔 선진화의 핵심 내용은 자유와 공화입니다. 북한과 남한의 운명을 가른 것이 사실은 '자유'였잖습니까? 서구 민주주의 역사라는 게 자유 확대의 역사라고 하죠. 그런데 우리의 민주화라는 게 반독재 민주화죠. 그러니 전제권력을 그대로 두고 그 운영자만 군부에서 자칭 민주인사로 바꿨을 뿐이죠. 사고 프레임은 여전히 정사, 선악 그대로고. 설상가상으로 문 정부는 정의를 독점하고 있다고 생각하니 더 위험하죠. 대한민국의 현실을 아파하는 사람은 무지하게 많은데 왜 새로운 정치적 힘이 만들어지지 않을까, 참 의아합니다. 차범근 감독이 2002년 월드컵 때 그런 말을 했잖아요. 지고 있을 때는 말을 많이 해야 된다고요. 말을 한다는 것은 이름을 불러 주고, 서로 존재를 확인하고, 서로 격려를 하는 거지요. 그래서 드는 생각인데, 차범근 씨의 조언대로 지금은 우리끼리 커뮤니케이션을 많이 해야 하지 않을까 합니다.

■ **윤창현** 마지막으로, 새로운 화두로 자유화를 강조하고 싶습니다. 자유에 대한 사람들의 생각이 뚜렷해지고 있다는 것입니다. 그런데 지금 집권한 운동권세력들에게는 '자유'라는 말은 사라져 버린 것 같아요. 카셰어링 하는 이재웅 대표가 그런 말을 했어요. "우버 식의 카풀을 만들려고 대책위를 만들었는데, 택시업계 등 이해당사자만 있고 왜 소비자 대표들은 없냐? 담배 냄새 나고 불친절한 택시만 타라는 거냐? '타다' 서비스를 이용하면 클래식 음악이 흐르고 정말 좋다. 그런데 소비자들은 한 명도 없이 노조, 택시업계 이런 분들만 의사결정에 참여하느냐?" 이런 말의 핵심 뒤에는 바로 소비자의 자유가 있습니다. 나는 좀더 좋은 서비스를 받고 싶은데 왜 정부가 소수의 조직된 관계자만 모아서 마음대로 결정하느냐는 식의 자유의식이 필요합니다. 지금 이 정부 하에서 경제적 자유가 많이 줄어들었어요. 빼앗긴 자유를 다시 찾는 것이 시대의 화두라고 생각합니다. 규제완화도 경제적 자유를 확장하는 거고요. 왜 공급자만 이야기하느냐, 가장 중요한 다수 소비자 시민의 편익은 왜 제외하느냐는 거죠. 그런 면에서 자유를 중심으로 개인과 국가가 정상화되는

방향으로 가야 하지 않을까 싶습니다.

■ **사 회** 이제 이동관 총장님이 한국사회의 진로에 대한 집약된 정리를 해 주시는 걸로 우리 토론의 마무리를 해 보겠습니다.

■ **이동관** 지금 우리 국가사회가 부딪칠 우선적 과제는 초고령사회와 AI시대의 도래에 대한 대비라고 생각합니다. 저출산, 미래먹거리에서 미세먼지, 노동개혁에 이르기까지 많은 과제가 놓여 있지만 결국 이 두 어젠더와 직간접적으로 연결돼 있다고 봅니다. 특히 2019년부터 출생인구보다 사망자가 많아져 인구감소가 본격화하는 상황은 대한민국이 건국 이후 한 번도 부딪쳐본 적 없는 전대미문의 국면이죠. 그래서 우리 역사가 '2019년 이전과 이후'로 나뉠지도 모른다는 겁니다.

해방 이후 지난 70년 동안 대한민국은 선진국의 개념설계concept design를 빨리 받아들여 이를 벤치마킹하고 실행함으로써 기적의 역사를 만들어 왔습니다. 그러나 이제 우리가 부딪치는 상황은 퍼스트 팔로워first follower가 아니라 퍼스트 무버first mover로서 창발적인 사고를 요구하고 있습니다. 문제는 좌우는 물론 여야를 막론하고 이런 시대적 과제에 대한 해결 역량을 갖춘 정치적 리더십을 결여하고 있다는 점이죠. 특히 '운동권 586'으로 상징되는 현 집권세력은 내거는 구호와 현실이 전혀 모순되는 역설을 드러내고 있습니다. 평등을 지향한다면서 불평등을 초래하고, 권력을 내려놓겠다면서 역대 가장 비대한 '청와대 정부'를 운영하고, 소통과 협치를 얘기하며 '떼 여론'으로 3권 위에 군림하는 듯한 파시즘적 전제적 권력 운용을 하고 있습니다. 미래는커녕 과거와의 싸움에 몰두하고 있습니다. 야당도 집권세력에 반대하는 안티테제를 뛰어넘는 새로운 비전은 아직 제시하지 못하고 있습니다. 이런 한계상황 속에서 국가성장엔진의 가동을 위해 저출산, 초고령사회에서 가정의 가치를 다시 살리고 노인과 여성 인력은 어떻게 활용할 것인지, 과거 중화학공업 육성 같은 산업구조 재조정이나 초고속통신망 구축으로 ICT시대를 선도했던 것처럼, AI시대의 도래에 대비한 국가의 적절한 개입은 어디까지 가능한 것인지, 또 국가 개입과 글로벌 시대에 안 맞는 '갈라파고스 규제' 철폐의 접점은 어떻게 찾을 것인지, 이를 위한 유능한 정치적 리더십과 세력의 구축은 어떻게 해 가야 할지에 대한 진지하고 본격적인 담론이 확산돼야 한다고 생각합니다. 구 기득권을 새로운 기득권이 대체하고 축적과 진화가 아닌, 단절과 청산이라는 조선시대의 당쟁적인 정치구조가 반복되는 한 '중진국의 함정'에서 벗어나기는 쉽지 않을 것이라는 생각이 듭니다.

논의의 또 다른 측면에서 이제 평등이란 가치는 누구도 부정할 수 없는 시대적 가치, 시대정신이 됐습니다. 그러나 그동안 정치담론의 장에서 진보는 평등을 앞세운 반면, 보수는 성장을 강조함으로써 수세적 입장에 몰려 왔던 것이 현실입니다. 선심성 나눠먹기 식의 균등이 아니라 복지 혜택이 공동체 성원에게 공정하게 돌아감으로써 다시 성장의 기제로 선순환하는 사회시스템을 어떻게 만들 것인가, 보수의 설득력 있는 논리를 만들어 내야 합니다. '신新 평등'에 대한 새로운 개념 정립이라고 할까요. 결국 다가올 승부처인 2020년 총선과 2022년 대선에서 과연 보수우파가 이 화두를 선점할 수 있을지가 분수령이 되지 않을까 싶습니다.

특권의 부활과 좌파의 역주행

최홍재(신문명연대 대표)

1. 평등신화의 추락

선진국의 불평등 심화가 세계적 현상이라는 사실은 2014년 피케티Thomas Piketty의 『21세기 자본』을 통해 널리 확인되었다. 또한 저개발국에서 권력의 독점과 부패로 인한 극단적인 부의 집중은 이미 매우 익숙한 일이다. 경제발전 수준이 높아지고 민주주의가 발전하면 불평등이 완화된다는 믿음이 깨지고 있어서 충격을 주고 있다.

피케티의 불평등 원인 진단과 해법 제시에 대해서는 논쟁이 가능하겠지만, 객관적 통계를 근거로 한 불평등 심화의 추이는 사실로 인정할 수 있다. 피케티의 조사에 의하면 소득불평등은 국가

그림 1 OECD 주요국 지니계수(가처분소득 기준, 괄호는 기준연도)

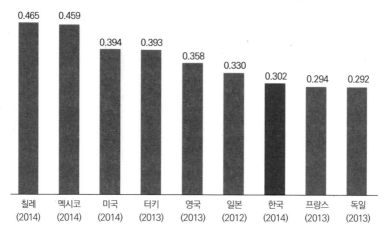

출처: OECD

별 차이는 있지만 대체로 제1, 2차 세계대전을 거치며 완화되다가 1990년대를 거치며 심화되는 U자형을 그리고 있다. 상위 1퍼센트의 소득집중도는 20퍼센트대에서 양차대전을 거치며 10퍼센트 이하로 하락했다가 다시 가파르게 상승하고 있다.

과연 한국은 어떤 상황일까? 1997년 외환위기 이후 불평등이 심화된다는 체감은 있었지만, 얼마나 심각한지 객관적인 통계수치를 확인하기가 쉽지 않았다. 역대 정부는 지니계수를 불평등의 주요 척도로 삼아 왔는데, 외환위기 직후 상승한 후에는 큰 변화가 확인되지 않았다. 무엇보다도 경제협력개발기구ᴼᴱᶜᴰ에서 한국은 가처분소득 기준 약 0.3으로 중간 정도를 유지(그림 1)하고 있어서

표 1 OECD/G20 소득 상위 10%의 소득집중도(2014년, 단위: %)

나라 (연도)	비중	나라 (연도)	비중	나라 (연도)	비중	나라 (연도)	비중
남아공 2012	65.08	터키 2016	53.93	중국 2015	41.43	아일랜드 2015	37.24
사우디 2016	62.18	미국 2014	47.02	캐나다 2010	41.38	스위스 2014	34.60
인도 2015	56.10	러시아 2015	45.52	독일 2013	40.34	이탈리아 2009	33.87
브라질 2015	55.56	한국 2016	43.32	영국 2014	39.99	크로아티아 2013	33.84
칠레 2015	54.89	일본 2010	41.57	폴란드 2015	39.53	프랑스 2014	32.63

소득집중도는 전체소득 가운데 해당 계층이 차지하는 비중
출처: WID, 김낙년(동국대 경제학과 교수)

안심해 왔다. 그러나 이 지니계수 산출 근거인 통계청의 '가계동향 조사'가 부실한 것으로 드러났다. 1만 명 표본의 자발적 정보 제공에 의존하다 보니 특히 양극단의 고소득과 저소득 포착이 잘 안 되었고, 1인 가구 포함 등 표본의 기준 변화로 인한 일관성 문제도 제기되었다.

김낙년 교수는 2014년에 국세청의 소득세 자료, 한국은행의 국민계정 등을 근거로 한국의 소득집중도를 처음으로 조사발표[1]하여 불평등 추세 파악과 국제비교가 가능하게 되었다(표 1).

---

1 추정이 포함되어 있어 조사자가 스스로 일정한 오차를 인정하고 있다.

자산과 소득의 집중도를 살펴보면 경제적 불평등 상태를 확인할 수 있는데, 세습적 요소가 약하고 경제생활 영향이 더 큰 소득 집중도가 불평등 정도를 더 정확히 반영한다. 이때 소득은 근로소득과 임금, 금융, 사업소득 세 가지를 종합한 전체소득의 양면에서 살펴볼 수 있다. 김 교수의 조사[2]에 의해 한국의 소득격차가 외환위기를 계기로 급격히 심화되었으며, 선진국과 준선진국 내에서 불평등이 매우 심한 편에 속한다는 사실이 확인되었다. 통계청의 가계동향조사에 근거한 지니계수는 현실을 제대로 반영하지 못하고 착시를 유발해 온 것이다.

김 교수의 조사에 의하면 한국은 상위 1퍼센트보다는 10퍼센트의 소득집중도가 두드러지는데, 근로소득 기준으로는 2016년 상위 10퍼센트가 32퍼센트(약 7천만 원 이상 소득으로, 약 195만 명)를 차지하고 있다. 전체소득 기준으로는 1979년 28.1퍼센트에서 2016년 43.3퍼센트(약 5천만 원 소득으로, 약 412만 명)로 높아졌다. 전체소득의 상위 10퍼센트의 점유율이 근로소득에 비해 더 높은 것은, 분모가 20세 이상 성인 전체라서 비경제활동인구가 포함되어 있기 때문이다. 상위 10퍼센트의 집중도는 **그림 2**에서 보듯이 특히 1997년 외환위기 이후 급상승하였고, 2010년을 거치며 현상유지 상태이다.

김 교수의 통계는 피케티가 주도하는 WID World Wealth and Incomes

---

2 가장 최근 결과는 2018년 11월에 발표한 "한국의 소득집중도(update, 1933-2016)"이며, 보도자료(http://www.naksung.re.kr/work/work1?seq=5120)에서 요지를 볼 수 있다.

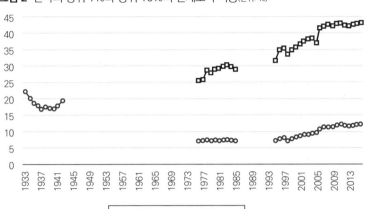

그림 2 한국의 상위 1%와 상위 10%의 전체소득 비중(단위: %)

출처: Kim, Nak Nyeon, "Top Incomes in Korea: Update, 1933-2016," WID.world Working Paper 2018/13

Database의 기준(20세 이상 성인인구 대상 등)을 따라 작성되어 국제비교 (WID는 OECD 주요국 19개 등 약 70개국의 통계 수록)가 가능하다. 2016년 전체소득 통계를 보면 한국은 상위 1퍼센트가 12.2퍼센트로 미국 (23%), 중국(15.1%), 독일(13.2%)보다는 낮고, 프랑스(11%), 일본(10.9%)보다 높은 것으로 나타났다. 반면 상위 10퍼센트는 43퍼센트로, 비교가능한 OECD 국가 중 칠레(54.9%), 터키(53.9%), 미국(47.0%)에 이어 4위였고, 특히 유럽 국가가 30퍼센트대 초~중반에 머무는 것과 매우 대조적이다. 한국 상황은 국제적으로 경제발전 상위권 중에서 소득불평등이 아주 큰 편에 속하고 있다. 나중에 자세히 살펴보겠지만, 한국이 소득 상위 10퍼센트의 집중도가 미국 다음으로 높은 가장 큰 원인은 대기업, 공기업 등 상층 노동자들의 소득이 1990년 대 이후 계속 높아지면서 중하층 노동자들과의 격차가 커졌기 때 문이다.

선진국에서 벌어지고 있는 소득불평등 심화의 원인에 대한 논 의는 늘 치열한 논쟁을 동반하는데, 여기서는 주요한 요인들 몇 가 지를 살펴보자.

첫째, 지식정보화 중심의 과학기술 발전이다. 이는 한편으로 육체노동의 수요와 가치를 하락시켰고, 다른 한편 고소득 지식노 동자를 증가시켰다. 특히 이 변화는 멈출 가능성이 없으며 그 영향 은 계속 커질 것이 확실하다.

둘째, 세계화의 급진전이다. 선진국은 규제와 고임금을 피해 산업이 해외로 이전하면서 일자리가 줄고 임금상승은 둔화되었 다. 중국 등의 저가상품의 시장잠식은 선진국 한계산업의 도산이 나 위축으로 이어져 저소득층을 증가시켰다. 세계화가 후진국에 게 재앙이 된 것처럼 알고 있는 사람이 많지만, 미국처럼 제조업이 발달한 선진국의 생산직 노동자들이 가장 큰 피해를 입었다.

이런 보편적 요인 외에, 흔히 신자유주의 정책으로 불리는 감 세정책이나 성과주의 보수체계 도입의 영향도 고려해야 한다. 신 자유주의를 불평등의 유일하거나 핵심적인 원인으로 지목하는 진 영적 사고가 있으나, 과학기술의 발전이나 세계화에 비하면 그 영 향은 작아 보인다. 소득집중도 통계는 세금을 적용한 가처분소득을 대상으로 하기 때문에, 최고세율의 인하 등 누진세제가 약화되면 불평등 격차는 벌어지게 된다. 미국의 대기업에서 널리 퍼진 CEO 등 임원에 대한 성과 연동의 초고액 연봉제도 소득집중을 강화시켰을 것이다.

2. 한국적 불평등의 실상

우리는 '완전한 평등'과 같은 비현실적인 주장에 관심을 두려는 것이 아니며, 불평등에 대한 의도적인 무시나 과장 모두 경계한다. 획일적인 '결과의 평등'까지 추구했던 구 사회주의를 제외하면, 민주주의 체제에서는 기회의 평등을 중시하고 결과에 있어서의 차이를 인정한다. 다만, 어느 정도의 불평등을 허용할 것인지에 있어서는 다양한 입장이 있다. 마르크스주의 등장 이후 평등을 강조하면 좌파이고 자유를 강조하면 우파라는 도식이 있지만, 지금처럼 불평등이 뚜렷하게 심화되는 추세에 대해서는 좌우를 떠나 그 심각성 공유가 우선이라고 믿는다.

민주주의 시대의 불평등 상태가 전근대 신분사회나 자본주의 초기에 비해 더 심할 리는 없지만, 사회에 미치는 위험은 치명적이다. 더 이상 불평등을 당연시하지 않기 때문이다. 불평등 심화는 많은 사람의 고통과 불안정을 야기하며, 공동체라는 인식을 뿌리부터 흔들어 공동체의 균열과 갈등을 불러오게 된다. 특히 불평등이 심각한 불공정과 연결되어 있을 때 공동체는 붕괴의 위험에 처하게 된다. 불평등의 위험성 인식은 마르크스주의가 얼마나 많은 사람들의 마음을 사로잡았는지 돌아보면 충분할 것이다.

한국사회의 불평등 상황의 특징을 분석해 보면서 과연 '특권 철폐', '기회 균등', '공정경쟁', '패자부활 기회' 등의 요소가 얼마나 잘 보장되고 있는지 살펴보자.

첫째, 공공분야의 특권 강화인데, 선진국에서는 쉽게 찾아보기 어려운 현상이다. 공공분야 종사자는 민간에 비해 절대적 고용안정[3]을 누리면서도 상대적으로 높은 임금(2018년 공무원 평균임금 6,264만원[인사혁신처], 2018 공공기관[338개] 직원 평균연봉 6,700만원[기재부])을 받고 있는데, 민간의 고용 상황이 악화되면서 그 격차는 더 커지고 있다. 고령화시대가 되면서, 공무원연금과 국민연금의 격차는 새로운 차별로 작용하고 있다.

이런 격차 발생은 기획된 것이기보다는 고용 없는 성장, 평생직장시대 종말, 고령화 등 예상하지 못한 여러 변화에 따른 결과적인 것이다. 우연에서 시작된 불평등이 고착되고 재생산되고 있다. 문제는 이런 불평등 현상이 분명해진 이후에도 방치되거나 개선 시도가 실패해 왔다는 데 있다. 한 번의 시험으로 고용안정, 고소

---

3 해고가 불가능하고 소속 기관이 사라질 위험이 없다는 점에서 절대적 고용보장이다.

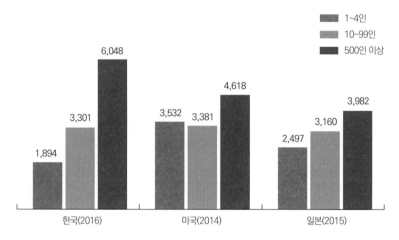

그림 3 기업 규모별 평균임금 비교(구매력평가지수PPP 기준, 단위: US달러/월)

출처: 중소기업연구원

득, 노후보장 3가지를 동시에 얻는 상황은 쉽게 정당화될 수 없으며, 패자부활의 기회가 없는 진입장벽이 유지되고 있는 것이다.

둘째, 민간 고용시장의 불평등이 매우 심각하다. OECD에 따르면 2017년 기준 한국 근로자 중 소득 상위 10퍼센트의 임금은 하위 10퍼센트의 4.3배로 미국(5.07배)에 이어 두 번째로 격차가 크다. **그림 3**에서 알 수 있듯이 미국, 일본에 비해 한국의 대기업 임금은 더 높고, 하층 노동자의 임금은 더 낮으니 격차가 클 수밖에 없다.

더 놀라운 것은 이런 고임금 일자리는 기업의 안정성이 높고, 노조의 영향력이 커서 고용까지 잘 보호받고 있다는 사실이다. 한국경제연구원에 의하면 2017년 근로자 중 상위 10퍼센트(약 152만 명)의 하한 연봉은 6,746만 원이었다[4]. 여기에 '철밥통'으로 불리는 대기업 생산직, 공공기관 근로자, 고위공무원들이 상당수 포함되어 있다는 것을 알 수 있다. 연봉 4,901만 원 이상인 상위 20퍼센트로 확대하면 이 철밥통의 비중은 더 높아질 것이다. 임금 격차와 불공정한 고용보호라는 측면에서 한국 노동시장의 양극화는 세계 최고 수준이다.

선진국의 소득불평등을 낳은 보편적 요인인 지식정보화가 한국에는 어떻게 작용해 왔는지 살펴보자.

한국에도 '고용 없는 성장'이 당연시될 만큼 기술 발전에 따른 일자리 축소가 심각하다. 자동화, 무인화는 거역하기 어려운 세계적 추세라서 이를 불공정하다고 말할 수는 없다. 정작 불공정한 사태는 일부 집단이 지식정보화에 따른 영향을 피하는 특혜를 누리면서 발생하고 있다. 대표적 사례가 노조의 힘을 앞세워 평균연봉 9,200만 원의 고임금에 고용보장을 받는 현대기아차 생산직이다. 자동차 생산공정에서 육체노동의 비중은 계속 줄어들고 있는데, 생산성과 무관하게 임금이 계속 오르고 고용까지 절대적으로 보장된다는 것은 비정상적이다. 이는 민주주의 사회에서 수용될 만한 '합리적 불평등'의 수준을 크게 벗어나고 있다.

---

4 http://www.newsis.com/view/?id=NISX20181116_0000475850&cID=13001&pID=13000.

공공 대 민간을 포함, 노동자 상·하층의 격차가 너무 크고, 한 번 지위가 정해지면 변동이 거의 없는 구조라서, 생득적인 것은 아니지만 계급이나 신분에 가까울 정도이다. 이런 소득불평등은 교육불평등으로 이어져 격차의 세습을 낳을 가능성이 높아진다. 스티글리츠Joseph E. Stiglitz는 『불평등의 대가』[5]에서 미국의 불평등 문제를 다루면서 다수 성원을 희생시켜 부자들에게 이득을 몰아주는 행위를 '지대rent 추구'라고 부르고 있다. 독점과 진입장벽으로 인해 노력 이상의 소득을 지속적으로 얻는 행위로 보면, 한국의 공공분야와 대기업 귀족노조 또한 지대추구 집단이라고 부를 수 있다.

3. 문 정부의 불평등 심화 정책

불공정과 직접 연계된 불평등 현상은 오랜 기간 누적되어 왔기 때문에 특정한 정권이나 세력의 탓으로 돌릴 수는 없다. 민주화 이후만 보더라도 IMF사태라는 위기상황을 맞은 DJ정부만이 거의 유일하게 공공분야의 개혁을 할 수 있었다. MB정부와 박근혜정부는 일정한 시도를 했으나 성과를 거두었다고 평가하기는 힘들다. 의지 부족, 정치력 취약, 기득권세력의 저항 등이 복합적으로 작용했

---

5 조셉 스티글리츠, 이순희 옮김, 열린책들, 2013.

다. 예컨대 박 정부의 공무원연금개혁은 국민연금과의 통합 같은 근본적 처방과는 거리가 먼 미봉책으로 끝나고 말았다.

문 정부는 불평등의 방치 수준을 넘어 더 악화시키는 정책을 펴고 있어 충격을 주고 있다.

첫째, 공무원과 공공기관 직원을 대폭 늘리는 정책을 밀고 나가고 있다. 우선 문 정부는 대선 공약에 따라 2022년까지 공무원 17만 4천 명을 증원할 계획이다. 공공기관은 목표 수치는 없으나 일자리 창출이라는 차원에서 증원을 강제하고 있다. 특히 공공기관은 비정규직을 전부 정규직화하라는 방침을 정하여 증원이 불가피하다. 공공분야의 증원은 일자리 창출의 효과는 작은 대신 미래세대의 부담을 늘리고 공공분야 개혁의 가능성을 봉쇄한다는 면에서 매우 나쁜 선택이다.

문 정부는 공공분야 증원을 일자리 창출이라고 정당화하고 있는데, 그 효과 대비 비용과 부담이 너무 크다. 국회 예산정책처의 최소추계에 따르면, 새롭게 채용된 공무원들이 30년 후 퇴직할 경우 정부는 이들에게 순급여 280조와 공무원연금 94조 등 374조 원을 세금에서 추가로 지불해야 한다. 공무원 증원은 1인당 20억 원이상 드는 고비용의 일자리 창출인 것이다. 그리고 정부가 직접 나서서 왜 하필 소수를 위한 고비용 일자리를 만들어야 하는지 도저히 이해하기 어렵다.

공공분야의 수요와 무관한 인위적 증원은 시대 변화에 정면으로 역행한다. AI시대를 고려하면 정부의 사무행정 분야는 갈수록 자동화의 여지가 많아질 것이며, 동시에 인간의 개입이 줄어들면서 공정성과 일관성도 높아질 것이다. 공무원의 대폭 증원이 AI시대에 맞는 혁신의 강력한 저항 요소가 될 것이라는 사실은 의심의 여지가 없다. 나아가 갈수록 복지지출의 증대로 인한 재정적자의 증가도 비교적 분명한데, 공무원의 확대는 '철밥통' 특권이 바뀌지 않는 한 차기 정권들에게 지속적으로 큰 재정부담을 지우게 된다. 실질적 수요와 무관한 공무원의 자의적 고용확대정책은 선택받은 소수를 위해 다수가 희생하는 결과를 낳는다는 점에서 정당성을 갖기 어렵다.

공공분야 종사자의 인원이 늘어날수록 각종 선거에서 이들의 정치적 영향력은 더욱 강화될 것이다. 공공분야의 증원은 그만큼 공공개혁을 더 어렵게 할 것이 명백하다. 이미 오래전부터 공무원, 공기업 노조들은 민노총, 한노총 등에 가입하여 민간의 귀족노동자집단과 기득권 보호를 위해 연대하고 있으며, 정치권은 그 표의 힘에 감히 맞서지 못하고 있다. 문 정부 들어 공무원은 100만을 돌파하여 2017년 말 기준 약 104만 명, 공공기관은 중앙 및 지방을 합쳐 약 40만 명, 사립교원 등 준공무원 약 14만 명으로 공공분야 종사자는 총 160만이라는 거대집단이 되었다. 문 정부의 공공분야 증원정책의 여러 문제점 중에서 개혁 가능성 봉쇄가 가장 치명적이라고 보인다.

둘째, 문 정부는 박근혜정부에서 시도했던 고용경직성 완화 기조와는 정반대로 가고 있다.

한국 노동시장은 해고가 매우 어려운 것으로 악명 높다. 잘 알려져 있듯이 노동시장이 지나치게 경직되면 이미 고용되어 있는 노동자, 그중에서도 특히 안정성이 높은 대기업이나 국가에 고용된 노동자에게 절대적으로 유리해진다. 모든 기업은 고용을 유지할 능력이 있다는 전제는 성립할 수 없기 때문이다. 중소기업은 항상적으로 회사가 도산하거나 비용 절감을 위해 해외로 나가야 하는 위험에 노출되어 있다.

기존 고용의 과보호정책은 일자리 감소 시대에 최악의 불평등한 대응이라고 할 수 있는데, 결국 소수의 좋은 일자리에 보호가 집중되기 때문이다. 상층의 고용보호는 성과와 실적에 따른 보상 원칙에 따른 교체와 순환을 불가능하게 만들어 신규진입을 어렵게 하는 불평등 장벽을 만든다. 경쟁 방해는 독점으로 이어지는 시장의 왜곡을 피할 수 없게 한다. 민주주의 사회의 평등에 대한 가장 기초적 요구인 기회균등의 원칙이 파괴되는 것이다.

셋째, 문 정부의 최저임금 급속 인상은 일자리를 유지한 노동자에게는 임금인상의 이익을 주었지만, 한계자영업자와 최하층노동자의 일자리를 줄이는 결과를 가져왔다. 그만큼 최저임금 액수(2019년 8,350원) 및 인상률(2018년 16.4%, 2019년 10.9%)이 우리의 소득수준 및 노동시장의 상황에 맞지 않게 과도했기 때문이다. 이는 혜택을 본 사람이 더 많았더라도 최하층 보호라는 국가의 의무에 완전히 반하는 정책이다. 나아가 '일자리 우선'을 표방한 문 정부의 기조와도 어긋나며, 약자보호를 우선하는 좌파적 가치와도 배치된다.

끝으로 문 정부가 추진하고 있는 공공분야 중심의 비정규직의 정규직화는 한국 좌파가 대체로 공유하는 비정규직 해법이다.

비정규직은 정규직화가 유일한 해법이라는 기계적 접근의 허점에 대하여는 그동안 많은 비판이 이루어졌다. 무엇보다, 비정규직은 무조건 비정상이라는 관념은 지금 시대에 맞지 않는다. 나아가 비정규직을 다 정규직화한다는 것 자체가 완전히 불가능하며, 오히려 극소수만이 혜택을 누릴 수밖에 없는 불편한 진실이 있다. 이번 공기업의 정규직화는 오로지 우연에 의해 큰 행운을 누리는 사람을 만들겠지만, 그동안 새로 사회에 진출하는 구직자에게 주어졌던 일자리 기회가 완전히 봉쇄된다는 부정적 측면이 동시에 존재한다.

공공분야 비정규직의 정규직화가 정당성을 가질 수 없는 결정적 이유는 국가가 앞장서서 불평등을 조장하기 때문이다. 비정규직에도 임금 등을 기준으로 다양한 층이 있는데, 대기업 비정규직이 중소기업 정규직보다 더 낫다는 말이 있듯이 공공분야 비정규직도 비정규직 중에서는 상층에 속한다. 국가가 비정규직 상층에게 약간의 혜택도 아닌 복권 당첨 같은 엄청난 특혜(공기업 정규직이 된다는 것은 우리 사회에서 '신의 직장'보다 적절한 표현을 찾기 어려울 정도이다)를 주어야 할 합리적 이유를 도저히 발견할 수가 없다.

4. 좌파정권의 평등 가치 파괴

문 정부는 9년의 우파정권을 교체하고 들어선 좌파정권으로, 한국에서도 유럽처럼 국민의 자유로운 선택에 의해 좌우가 번갈아 집권하는 정치문화가 자리 잡는 것 같다.

문 정부는 과거 노무현정부와 비교하면 청와대는 물론 여당까지 586 운동권이 장악한 좌파정권이다. 문 정부의 주류세력은 과거 좌파 운동권 경험을 갖고 있고, 혁명주의는 포기했지만 자본과 시장에 대한 불신, 성장보다 분배 중시, 친노동 등 전통적인 좌파적 사고를 공유하고 있다.

좌파정권인 문 정부가 불평등을 심화시키는 좌파역행적인 정책을 펴고 있는 원인은 과연 어디에 있을까?

문 정부의 정체성과 충돌하는 것처럼 보이는 이런 정책 선택이 무지나 오판과 관련이 있다는 증거는 있다. 예를 들어 최저임금 급속 인상의 경우 오히려 하층은 피해를 입을 수 있다는 예상을 잘못한 것 같다. 쉽게 믿기 어려운 일이지만, 대통령 한 사람만 이런 무지에 빠져도 대선의 대표공약은 강행되는 관성을 가진다. 최저임금 1만 원 공약은 안철수, 유승민 후보도 동참했기 때문에, 문 정부만이 가능한 '기괴한 발상'으로 비판할 수는 없고, 부작용이 확인되고 있는데도 수정을 하지 않는 데 결정적인 문제가 있다.

노동시장의 현황을 파악하고 해법을 모색하는 데 있어서 가장 흔하게 발견되는 오류는 노동자가 그 경제적 처지나 이해관계가 동질적 집단이라는 가정이다. 단순 육체노동에 종사하는 노동자가 절대다수를 차지하던 자본주의 초기의 아주 짧은 기간 외에는 노동자가 동질적 집단이던 시기는 없었다. 노동자의 다양한 분화가 일어난 이후에도 노동자가 하나의 동일한 이해집단이라는 관념이 유지되고 있는 것은 매우 놀라운 일이다. 이는 노동자와 자본가 간의 계급투쟁을 기본 구도로 삼는 마르크스주의에서 유래했다. 문 정부는 노동자 모두에게 이익이 되는 '친노동정책'이라는 건 존재하기 어렵다는 사실을 잘 모르는 것 같다. 특히 정규직 대 비정규직의 이분법 오류는 대통령에게 깊이 각인되어 있는 것 같다. 이런 현실과 유리된 낡은 관념이 노동시장 개혁 문제의 객관적인 이해를 방해하고 있다. 문 정부와 여당의 핵심세력들은 지나친 고용보호는 취업을 하려는 사람, 한계산업 종사자, 하층 노동자에게는 불리하고 중·상층 노동자에게는 유리하다는 사실을 잘 모르거나 아예 알려고 하지 않는 것 같다. 이들은 장기간 도그마에 근거한 정책을 옳다고 믿어 왔기 때문에, 오류를 인정하고 싶지 않을 것이다.

문 정부가 약자보호 대신 철밥통 공공분야와 대기업 귀족노동자의 이익을 옹호하고 있는 원인이 사고의 정체와 경직성, 무지에만 있는 것 같지 않다. 우선 이들이 1990년대에 민주화와 경제변동을 거치며 우위를 얻은 지위를 공고히 하면서 21세기에는 한국의 확고한 기득권층으로 자리 잡았다는 점에서 '신기득권층'이라고 규정하고 싶다. 신기득권층은 한국에서 조직화된 가장 최대의 이익집단으로 문 정부의 주요한 정치적 지지기반이다. 민노총을 권위주의 시대의 노동운동세력과 동일시하여 좌파세력으로 보는 시각이 있으나, 그 헤게모니를 쥐고 있는 현대차 등의 귀족노조들만큼 배타적으로 자기이익에 철저한 이익집단은 찾기 어렵다. 귀족노조 세력은 한편으로 노동자당을 통한 독자정치세력화를 꾀하면서 소수당의 한계 극복을 위해 동시에 민주당과 연대하여 이익을 지키는 전략을 펴 왔다.

노무현정권처럼 민주당이 여당이 되면 민주당과 민노총의 균열이 생길 때도 있지만, 박근혜정부의 노동개혁에 대한 저항 등에서 보듯 민주당이 야당일 경우에는 이들은 줄곧 결속해 왔다. 문 정권과 기득권집단의 연대는 표와 이익 보호를 상호 거래하는 관계로 볼 수 있다. 노동자 내의 격차 해소가 더 중요한 문제라는 인식은 이런 정치적 이익 앞에서는 끼어들 틈이 없을 것이다. 문 정부가 추진하는 최저임금 인상, 노동시간 단축, 고용보호 강화는 민노총이 정치권에 지속적으로 요구하던 사항이다. 문 정부의 신기득권층 옹호정책은 좌우를 불문하고 민주주의 체제에서 타락이나 결함이라고 지탄받으면서도 너무 흔하게 볼 수 있는 포퓰리즘이다.

좌파정치세력과 신기득권층은 노동자 내의 격차 심화에 대해 '비정규직의 정규직화', '좋은 일자리 늘리기' 같이 중·하층을 상층으로 끌어올리자는 식의 불가능한 해법을 제시해 왔다. 실제 현실에서는 운 좋은 소수 외에는 이런 사다리에 결코 접근할 수 없다. 이런 비현실적인 환상의 제시는 불평등에 대한 불만을 대기업, 자본, 신자유주의, 정치권 등 추상적인 대상에 돌리고, 신기득권층이 약자들의 친근한 벗인 것처럼 기만하는 효과를 가져왔다. 신기득권세력은 어떻게든 현재 누리는 특권을 양보하지 않겠다는 것이다.

5. 신기득권층의 타파

기존 고용의 보호는 일자리 감소 시대에 가장 최악의 대응이라고 할 수 있는데, 지속가능성이 없고 결국 문제 해결을 대책 없이 뒤로 미루는 정책이기 때문이다. 기업들의 과잉고용은 글로벌 경쟁 상황에서 절대 지속될 수 없으며, 오히려 기업의 퇴출과 같은 파국을 피할 수 없다. 설사 경제가 성장하더라도 결국 일자리는 지속적으로 감소할 수밖에 없는 상황에서, 과연 일자리 문제의 해결책은 존재할까? 전통적인 좌파적 접근인 기존 일자리 지키기는 해결책이기는커녕 상황을 더 악화시키고 문제 해결을 뒤로 미루는 최악의 대응임은 이미 확인하였다.

그렇다면 우파적, 자유주의적 접근인 경제의 성장동력을 확보하고, 경제규제를 줄이고, 노동시장의 유연화를 추구하는 해법은 어떤가? 경제활성화와 노동시장 개혁은 그 자체로는 적절하다. 한국에서 이런 정책이 잘 관철되지 않고 있어 어려움을 겪고 있는 것도 사실이다. 그러나 이 정책은 일자리가 줄어드는 산업구조의 변화에 대한 근본적인 대응이 되기는 어렵다는 약점을 안고 있다. 경제활성화론은 그 자체는 필요하나 경제성장이 일자리의 창출을 가져오는 인과관계가 더 이상 성립하지 않기 때문이다. 4차산업혁명 시대에 고용의 확대가 불가능하다면, 공정성을 확보하고 불평등을 완화하는 데 관심을 쏟는 것이 정부와 정치세력의 적절한 역할이다.

불평등의 완화를 위해서는 신기득권층의 특권을 없애 기득권을 '하향평준화'하는 방향 외에는 명분과 가능성 면에서 다른 대안이 없을 것 같다. 공공분야는 고용 경직성 완화, 성과주의 임금체계 도입, 과잉인력 해소, 공기업 합리화, 공무원연금 개혁 등이 과제가 될 것이다. 민간의 노동시장 개혁은 고용유연성, 노사관계의 균형, 최저임금제 개선, 비정규직 규제 완화 등을 생각해 볼 수 있다. 이 방법이 가능하다고 해서 쉽다는 의미는 결코 아니다. 한번 생긴 특권은 없애기가 매우 어렵기 때문이다.

이런 변화를 끌고 가야 할 정치권의 상황을 살펴보면 희망보다는 회의에 빠지게 된다.

우선 한국정치의 한 축을 형성하고 있는 좌파정치세력이 신기득권층과의 연대관계에서 벗어나는 유럽 좌파식의 진화를 보여주기 힘들 것이다. 한편 우파정치세력은 문제의식이 약하거나 나약한 리더십으로 인해 저항에 쉽게 무너져 왔다.

시간이 갈수록 귀족노조는 대기업 경쟁력 부담의 한계로 인해 약화될 수 있어서, 결국에는 공공분야의 특권이 갈등의 중심이 될 것 같다. 갈등이 임계점에 이르기 전에 연착륙과 타협의 방법으로 신기득권층의 특권을 해소해 나가야 하는데, 좌파뿐만 아니라 정치권 전반이 표를 의식해 공무원 등의 이익을 건드리지 못하는 분위기가 될 우려가 높다. 만약 양보와 타협을 통한 해결 기회를 놓치고 갈등의 고조나 재정의 악화 등 사태가 극단화되면, 그리스와 같이 외부의 강제에 의한 매우 고통스러운 공공의 구조조정을 겪게 될 수도 있다. 더 극단적으로 불평등의 갈등이 법치의 틀을 벗어나는 폭력사태의 만연으로 갈 가능성도 배제할 수 없다.

AI시대를 앞에 두고 이미 진행되고 있고 더 심각해질 구조적인 실업문제에 대응하는 방법은 결국 사회적 고용확대 외에는 잘 발견되지 않는다. 그 재원 마련과 구체적인 방법이 연구되어야겠지만, 고실업 사회를 피할 수 있는 다른 길은 잘 보이지 않는다.

사회적 고용을 통해 고실업 문제를 해결하려면 반드시 노동시장의 자유화가 전제되어야 한다.

첫째, 기존의 고용기득권을 인정한 채 사회적 고용을 확대하는 것은 불평등을 고착화시키고 사회적 갈등을 더욱 심화시키게 된다.

둘째, 한국의 상황에서 국가의 직·간접 고용확대는 공무원, 준공무원, 공기업의 고용을 늘리는 것이 될 수 있는데, 이는 지나친 특혜이자 비용 부담을 감당할 수가 없다. 따라서 공적 고용을 늘리기 이전에 기존 공적 일자리의 특권을 대폭 줄여야 한다.

파국은 다가오고 있으며 우리에게 시간은 많지 않다. 무엇보다도 정치권에서 노동시장 유연화 반대만을 외치는 것은 결국 노동자의 상층이자 한국의 소득 최상층인 공적 부문 종사자와 대기업 귀족노동자의 기득권을 대변하는 것이라는 진실을 빨리 깨달아야 한다. 그렇지 않고 계층 대립, 세대 대립이 본격화되기 시작하면 모든 기득권이 송두리째 위협받고 사회의 안정성도 크게 훼손될 것이다. AI시대에 본격 진입하게 되면 이 위화감과 대립은 훨씬 더 심해져서 결정적인 사회 위협 요소가 될 수 있다. 이러한 대립이 심각해지기 전에 이를 해소하거나 완화하는 데 집중적인 노력을 쏟아야 한다.

386세대, 역사와 농업공동체

민경우(수학연구소 소장)

1. 386의 자기회고

이 글의 주제는 386의 탄생과 궤적, 그리고 사상과 정견에 대한 개괄이다.

필자가 386의 일원이다. 나는 1984년 서울대 국사학과에 입학하여 1987년 서울대 인문대 학생회장으로 6월항쟁에 참가했고, 1995~2005년 범민련 남측본부 사무처장으로 2번에 걸쳐 구속되기도 했다. 따라서 이 글에는 외부자의 시선이 아니라 내 자신의 경험과 소감이 많이 들어 있다.

2012년부터 수학 강사로 살고 있다. 넓은 의미의 정치에서 손을 뗐다. 나는 정치에 관여할 마음도 없고 능력도 없다. 원고 청탁을 받고 나름 고민했다. 그럼에도 내가 살았던 시대, 현재의 정치 지형을 만들어 낸 과거를 추적하는 것도 나름 의미 있는 작업이라 생각했다. 그건 어쩔 수 없는 사회역사적 인간의 숙명인 듯하다.

결론적으로 이 글은 386의 자기회고담 같은 것이다.

2. 1970년대

산업혁명은 미증유의 생산력을 열어 놓았다. 거대한 생산력은 인류의 풍요를 가져왔지만 전쟁과 공황, 침략과 약탈이라는 부정적인 유산을 남겼다. 후자를 바로잡기 위한 거대한 노력 중 하나가 사회주의와 민족해방운동이다.

'60년대는 사회주의와 민족해방운동이 정점에 있었다. 서방세계가 공황과 사회적 갈등으로 몸살을 앓을 때 사회주의 소련은 거침없는 성장을 구가하고 있었다. '50년대 말 스푸트니크 충격이 이를 잘 보여 준다. 유럽의 약한 고리였던 소련은 당시 최강대국 미국에 버금가는 과학기술력을 보여 주었다.

비슷한 시기, 제국주의에 대한 저항이 전 세계를 휩쓸었다. '60년대 아프리카에서 신생 독립국들이 출현했고, 미국은 베트남에서 난관에 봉착했다. 제3세계의 민족해방운동은 사회주의와 뿌리를 같이하고 있었고 자연스럽게 비자본주의적 길을 선호했다.

반면 한국은 달랐다. 분단과 전쟁을 거치며 좌파세력과 경향은 거세되었다. 미국에서 이식된 문화와 사상, 일제강점기를 유산으로 하는 산업과 기술이 강한 영향을 갖고 있었다. '60년대의 한국은 미국과 소련으로 양분된 거대한 세계 중 특이한 이력을 가진 나라였다.

1961년 쿠데타로 집권한 박정희는 미국을 비롯한 서방세계에 편승하여 공업화를 추진하는 이색적인 전략을 들고 나왔다. 세계적으로 보면 수입대체공업화가 주류였다. 당시로 보면 박정희의 생각은 소수에 가까웠다. '60년대 말, 박정희 경제관을 대변하는 새로운 상황이 출현하고 있었다. 포항제철, 경부고속도로 등 사회기반 시스템이 정비되기 시작했고 삼성전자와 현대자동차가 만들어져 갔다.

농업사회 한국은 서서히 공업화되고 있었다. 서울과 같은 대도시에 박정희 시대와 결을 달리하는 일군의 청년 인텔리들이 출현하기 시작했다. 당시로 보면 이들은 한국이라는 거대한 바다에 떠 있는 작은 섬에 가까웠다. 이들은 한국이 농업사회에서 산업사회로 나감에 따라 나이를 먹고 사회의 주역이 될 예정이었다. 여기에는 이해찬, 정동영, 유시민, 심상정 등 현재 정치 최일선에서 활약하는 정치 엘리트들이 있고 조희연, 김상조, 장하성 등 교수를 거쳐 각 분야의 사령탑이 된 사람들도 여기에 해당한다.

이들은 박정희의 철권통치에 반대하며 자신들만의 사상을 구체화하기 시작한다. 이를 세 가지로 요약하면 다음과 같다.

국제정세에서 중요했던 것은 한일문제였다. '60년대 중반 한일국교수립이 논의되었다. 일본 식민 침탈을 받았던 한국에게 이는 매우 민감한 문제였다. 중요한 것은 그것이 미국의 대소·대사회주의 봉쇄라는 동아시아 통합전략의 일환이었다는 점이다. 여기서 두 가지 흐름이 분화한다. 첫째는 미국의 주도권을 인정하되 그 안에서 적절히 한일문제를 컨트롤하는 것이고, 둘째는 한일수교를 일본의 재침 야욕으로 보면서 보다 근본적인 반대인 반미로 발전하는 것이다. 김대중이 전자였다면 청년들은 후자의 입장을 강화해 가고 있었다. 이를 대변하는 인물이 이영희였다. 이영희는 비서방세계의 동향을 소개하며 학생들의 생각에 아이디어를 제공했다.

또 다른 쟁점은 경제관이었다. 제국주의 침략의 경험은 외국자본에 의존하지 않는 자주적인 경제관으로 구체화되었다. 농업을 시작으로 중소기업을 중시하며 자립적 경제발전을 이룬다는 것이다. 이를 대표하는 것이 박현채나 변형윤의 민족경제론이다. 김대중도 상당부분 그러했다. 이는 제3세계 민족주의의 상징이었다. 반면 박정희의 경제관은 외자에 기초한 공업화전략이었다.

세 번째 이야기가 있다. 1971년 청년 전태일이 분신했다. 전태일의 분신은 한국 산업화의 실상을 적나라하게 보여 주었다. 청년들은 마땅히 사회적 약자들의 처지를 대변하고 그들의 조건을 개선하려 했다. 이를 상징하는 사건이, 서울법대 출신 조영래가 『전태일 평전』을 쓴 것이다. 학생들의 생각은 모두가 평등하게 사는 공동체에 대한 희구로 발전한다. 386세대 모두에게 『전태일 평전』은 반드시 거쳐 가야 할 고전이 되었다.

3. 광주와 급진화

5·18에서 군과 시민이 충돌하고 다수의 사망자가 발생했다. 이 사건은 청년들의 가슴을 뒤흔들었다. 이들은 '70년대 초반 그들의 생각을 급진적으로 재구성하기 시작했다.

전조는 '70년대 후반 무렵인 듯하다. 일본의 재침 야욕을 견제하던 국제관은 서서히 반미로 발전하고 있었다. 반대 방향에서 사회주의에 대한 호의적 태도가 늘어가기 시작했다. 마르크스에 이어 레닌의 저서들이 인기를 구가하고 있었다.

경제관은 민족자립경제를 넘어 혁명론으로 발전하기 시작했다. 경쟁적으로 사회주의와 급진적 사회개혁에 대한 생각이 발전하기 시작했다. 그와 더불어 사회적 약자였던 노동자와 농민은 개선과 구호의 대상이 아니라 변혁의 주체, 신성한 대상으로 묘사되기 시작했다. 실로 엄청난 학생들이 학생 신분을 벗어나 공장과 농촌에 투신했다. 여기에는 김문수, 문성현, 노회찬 등이 있다. 이들은 훗날 민주노총과 민주노동당을 배경으로 다른 방향에서 정치를 주도하게 된다.

'70년대 후반~'80년대 초반 격렬한 내부 논쟁을 거쳐 학생들은 일련의 생각을 구체화하기 시작한다. 그들의 생각은 각각 NL과 PD로 정립되기에 이른다. 그들은 자신들의 생각을 구체화해 감과 더불어 후배들을 가르칠 커리큘럼을 정비하기 시작한다.

돌이켜보면 나 자신이 그 영향권 하에 있었다. 84학번인 나는 '70년대 중~후반 학번들이 정립했을 서적들을 통해 세상을 배웠다. 여기에는 이영희의 저작, 『해방전후사의 인식』, 마르크스와 레닌의 저작 들이 있다. 많은 신생 출판사들이 출현했고 이들은 감옥에 갈 것을 각오하고 급진적인 서적을 출판하거나 후배들을 가르칠 대중적인 서적을 직접 쓰기도 했다.

급진적인 사조 전체를 기저에서 장악한 흐름이 역사였다. '80년대 중반 진보세력은 역사에서 자신의 사상적 자양분을 구하기 시작했다. 박정희는 친일파였고 한국의 발전은 예속적이고 기형적인 성장에 불과하다는 점, 그리고 이 모든 것의 뿌리에는 친일파가 있다는 생각이다. 역사를 통한 세상 읽기는 마땅히 청산되었어야 할 일본과 친일파를 등용한 미국에 대한 반대로 발전했다.

청산해야 할 무언가가 강할수록 그 반대편에 지향해야 할 또 다른 무언가가 커지는 법이다. 일제 침략 이전의 한국은 누구나 평등하고 행복했던 농업공동체가 있었다는 판타지가 커 가고 있었다. 이는 사회주의와 북한에 대한 미화로 발전하기 시작했다. 학생들은 쉽게 선악 구도로 빠져들었다. 모든 악의 뿌리는 친일파와 이를 비호하는 미국이고, 미국이 없는 세계는 누구나 평등한 사회주의 공동체와 같았다.

6월항쟁이 벌어졌다. 6월항쟁은 양김씨가 주도하는 온건한 민주화운동이었다. 그러나 학생들은 항쟁이나 혁명의 관점에서 세상을 보고 있었다.

돌이켜보면 우리는 세상을 잘못 보고 있었다. '80년대를 고비로 미국의 주도권이 다시금 강화되기 시작했다. 주역은 정보화혁명이었다. 훗날 정보통신혁명의 주역이 되는 빌 게이츠나 스티브 잡스가 20대 청년의 나이로 새로운 기업을 세우고 있었다. 사회주의 중국은 '70년대 후반부터 개혁과 개방을 표방하며 시장과 자본주의를 수용하기 시작했다. 그리고 몇 년 되지 않아 신성했던 사회주의는 산산조각이 나 버렸다.

친일파(?) 박정희가 추진한 산업화도 성과를 내기 시작했다. '70년대 후반부터 한국은 본격적인 산업화의 길로 접어들고 있었다. '80년대가 되면 이런 경향이 뚜렷했다. 1986~89년 '3저 호황'을 계기로 한국경제는 도약하고 있었다. '80년대 한국은 청년들이 기대했던 경제파국이 아니라 중산층의 시대로 발전하고 있었다.

6월항쟁을 계기로 학생들은 강력한 정치세력으로 부상했다. 대학은 하나의 성채로 변해 가고 있었다. 이 성채를 배경으로 상대적으로 소수에 불과했던 운동권의 급진이념이 조금 더 의미 있는 다수로 확장되어 간다. 그러나 5·18과 6월항쟁을 정점으로 발전했던 급진이념은 현실과 충돌하며 조정될 운명이었다.

4. 사회주의 붕괴 이후

1987년과 1992년 두 번의 선거를 거치며 한국은 서서히 민주화되고 있었다. '80년대 중반이 지나면서 한국의 산업화는 생활현장에서 구체적인 모습을 드러내기 시작했다. 자동차와 해외여행, TV와 드라마에서 한국의 전혀 새로운 면모가 드러나기 시작했다. 반면 국제적으로 보면, 선망했던 사회주의 질서는 흔적도 없이 사라졌다. 사회주의 중국은 학생들이 꿈꾸던 사회주의와는 동떨어진 곳이었다.

아마도 이 시점이 고비였을 것이다. 세상을 정직하게 봐야 했다. 첫째, 미국 주도의 세계질서가 열렸고, 둘째, 자본주의가 승리했으며, 셋째, 한국은 첫째와 둘째를 기반으로 현대화, 산업화되었다. 이것이 의미하는 바는 5·18을 거치며 청년들이 생각했던, 한국이 미국의 식민지이며 사회주의혁명을 해야 한다는 생각들이 틀렸음을 시사하고 있었다. 한국은 첫째, 미국으로부터 여전히 배울 게 많이 있었고, 둘째, 사회주의적 감수성을 시급히 청산해야 한다는 점을 인정해야 했다.

'80년대 초반 미국의 청년들은 정보통신혁명을 일으키며 새로운 세계를 열고 있었다. 스티브 잡스와 빌 게이츠가 그들이다. 그리고 이 흐름은 2000년대 중~후반 다시 한 번 대비약하며 세상을 기저에서부터 변화시키고 있었다. 미국이 세상을 주도할 수 있었던 정신은 도전과 경쟁, 혁신과 비약이었다. 이것은 거대국가의 보살핌 속에서 모든 사람이 평등하게 사는 사회주의적 또는 인본주의적 가치관과 거리가 멀었다.

그럼, 변화된 세상에 대한 386의 반응은 어떠했을까? 다음에서는 386세대의 분화에 대해 정리해 보겠다.

첫째, 김영환 등 NL을 도입한 핵심그룹은 북한과 거리를 두기 시작했다. 김영환은 1992년 북한 방문시 북한의 모습이 자신의 생각과 다르다는 사실을 느낀 것이 생각을 바꾸는 계기가 되었다고 했다.

사실 나 또한 비슷한 생각을 했다. 나는 범민련 남측본부 사무처장 자격으로 2000~02년 일본에 있는 범민련 공동사무국과 100차례 이상 전화나 팩스 교환을 하곤 했다. 주로 남북을 오가는 민간행사들에 대한 조율이었다. 이때도 김영환과 비슷한 생각을 했다. 직접 대면한 북한은 마음속의 북한과 매우 달랐다. 그들은 낙후하고 봉건적인 성향을 강하게 갖고 있었다.

'70년대 한국 영화를 보면 좋을 듯하다. 배우들의 억양이 북한

영화와 비슷하다. 남과 북은 '70년대 문화적인 맥락에서 보면 동질적인 측면을 많이 갖고 있었다. 둘 모두 농업적이고 봉건적이었다. 반면 '80년대를 기점으로 양자는 급속히 달라지기 시작한다.

평화와 교류를 넘어 통일문제가 전면에 섰을 때, 달라진 남과 북이 어떤 결과로 이어질지 가늠하기 어렵다. 보다 실리적이고 현명한 생각이 필요하다고 본다.

둘째, 분단과 통일에 주목했던 그룹, NL 급진파는 사회주의 패망 이후에도 여전히 통일과 혁명을 지향하고 있었다. 나는 이 두 번째 그룹에 해당한다. 나는 1995~2005년 범민련 남측본부 사무처장을 지냈고 두 차례에 걸쳐 총 4년 정도의 징역을 살았다. 내 생각은 사회주의가 망했어도 세상은 달라지지 않았다는 것이다. 이 연장선상에서 많은 일들이 벌어진다.

1991년 4월 강경대 학생의 비극적인 죽음을 계기로 대충돌이 벌어졌다. 무려 11명의 꽃다운 청년들이 스스로 목숨을 끊었다. 그리고 몇 달여에 걸쳐 거대한 대중시위가 서울 거리를 휩쓸었다. 이들 청년들을 장악한 정조는 여전히 한국이 식민지 조국이라는 신념이었다.

여기서 두 가지 현상이 뚜렷한 대조를 이룬다. 중요한 변화는 인구구조와 도시화 정도였다. '70년대생을 정점으로 인구가 100만 명을 넘어섰고, '90년대 중반이 되면 대학진학률이 50퍼센트를 넘어섰다. 그리고 세상은 점점 도시화되고 있었다. '80년대 학번이

대졸이 흔치 않던 시절의 농촌 출신이라면 '90년대 초반 학번은 1988년 이후 한국 자본주의의 약진을 배경으로 도시적 지향이 보다 뚜렷한 청년들이다.

'80년대 후반을 기점으로 '70년대 초반 박정희가 추구했던 산업화는 윤곽을 드러내기 시작했다. 경제가 성장하고 신기술이 채용되었으며 생활과 소비의 질이 급격히 개선되었다. 이를 배경으로 청년들의 문화 또한 극적으로 변모하기 시작한다. 이를 상징하는 인물들이 서태지와 걸그룹, 박세리와 박찬호 등이다.

현실과 정조의 괴리, 이것이 비극의 원인이었다. 자본주의가 급팽창하고 급격히 도시화, 정보화되고 있음에도 청년들은 여전히 식민지와 경제예속이라는 레토릭에 빠져들었다. 그리고 이 괴리는 1996년 연세대부터 1997년 한총련 출범식에 이르는 과정에서 파열되었다. 1987년 6월항쟁을 거치며 전성기를 구가한 학생운동이 그렇게 사라졌다(결정타는 1998년 IMF사태와 더불어 시작된 고용위기이다).

셋째, 대학생운동이 조국과 민족을 위해 거리에서 싸우고 있을 때 그들의 선배급 운동가들은 순차적으로 제도권에 진출하기 시작했다. 그들 모두가 한두 번씩 감옥을 다녀왔다. 그러나 '90년대 자본주의는 이들 청년들을 받아 주었다. 감옥에 갔다 왔다는 사실은 점차 훈장으로 변해 가고 있었다. 그들은 그렇게 변호사가 되고 교수나 학원강사가 되어 성공적으로 제도권에 안착했다. 그들 중 일부는 '90년대 중반을 전후하여 순차적으로 정치권에 진입하기 시작한다.

여기서도 생각과 현실의 결정적인 괴리가 피어났다. 이들은 제도권에 진입하면서도 그들의 생각을 바꾸지 않았다. 그들은 필사적으로 그들의 옛 생각을 변호하고 있었다.

사실 나는 이런 괴리를 이해할 수 없다. 나는 여전히 사상과 삶이 일치해야 한다고 생각한다. 당시 나는 그들이 생각을 바꾸었다고 생각했다. 먼 훗날 그들이 제도권 전면에 등장하고 나아가 정치의 주역으로 부상했을 때 그들이 보여 준 태도와 감수성은 당황스러웠다. 그들은 영락없이 20대 청년들 그 자체였다.

넷째, 민변·참여연대와 PD와 노동현장으로 진출한 그룹이 있다. 1987년 6월항쟁에 이어 7~8월 노동자투쟁이 있었고 여세를 몰아 1995년 민주노총, 2000년 민주노동당이 건설되었다. 민주노총과 민주노동당은 상당한 위세를 자랑하며 '70년대 진보 인맥을 빨아들이고 있었다.

그들은 한국 자본주의 성장의 대표적인 수혜집단이었다. '70년대 운동권은 서울 명문대에 국한되어 있었다. '80~'90년대 대학이 팽창하는 시기와 함께 교수가 되었고, 교수라는 지위를 빌려 민변과 참여연대, 민주노총과 민주노동당을 배경으로 세력을 확장한다. 그리고 그들 중 일부는 정치의 전면에 부상하기 시작했다.

나는 그들과 함께 일한 적이 있다. 그들 또한 당황스러울 정도로 20대 청년 시절의 생각을 갖고 있었다. 머리가 희끗해지고 얼굴에 주름이 진 것을 빼고 보면 그들은 영락없이 5·18~1987년의 시대를 살고 있었다.

여기서도 문제는 생각과 현실의 괴리이다. 그들은 한국 자본주의가 비정상적이라는 사실을 지적하고 있었다. 그러나 그들 자신이 한국 자본주의 성장의 최대 수혜자였다. 그리고 민변과 참여연대, 민주노총과 민주노동당이라는 적당한 거리에서 자신들만의 성채를 쌓고 있었다.

5. 2012년 대선과 이후

2000년대 한국은 다시금 격동에 휩싸였다. 핵심은 새로운 과학기술혁명과 중국의 부상, 그리고 세계적인 경제위기였다. 2000년대 초반 닷컴 버블에 이어 새로운 과학기술시대가 도래했다. '인공지능, 크리스퍼(crisper, 유전자가위), 스마트폰'이 이를 상징한다. 2000년대 초반 중국은 일약 세계의 공장으로 부상하며 위용을 드러내고 있었다. 이제 세상은 미국 주도의 단극질서에서 미국이 주도하되 중국의 지위를 인정해야 하는 새로운 국제질서로 변화하고 있었다. 다행스러웠던 것은 2008년 세계를 강타한 글로벌 경제위기에서 한국이 어느 정도 비켜서 있었던 점이다.

1997년 김대중, 2002년 노무현 정권이 출범했다. 이와 더불어

386의 대대적인 제도권 진출이 시작되었다. 이해찬과 정동영, 유시민 등은 국무총리와 장관이 되었고, 2004년 총선을 계기로 임종석, 이인영 등 전대협 세대가 대거 정치권에 진입했다.

그러나 노무현정권은 세상을 경영하는 데 실패했다. 보수야당의 격렬한 반대가 있었지만 본질적으로는 세상을 경영할 비전과 안목이 결여되어 있었다고 생각한다.

2005년은 여러모로 중요한 분기점이었다. 앞서 거론한 새로운 차원의 과학기술 발전, 중국의 부상 등이 2000년대 초~중반을 뿌리로 하고 있었다. 이와 더불어 전혀 새로운 사회현상들이 노정되고 있었다. 저출산과 여성의 사회진출, 청년실업, 노인빈곤과 지방소멸 등이 그것이다.

새로운 비전과 안목이 절실했다. 그러나 세상은 2009년 노무현 전 대통령의 죽음을 기점으로 선과 악, 정통과 사이비로 양분되기 시작했다. 이를 극적으로 보여 준 것이 2012년 대선이었다. 2012년 대선에서 박근혜 후보와 문재인 후보가 경합했다. 박근혜와 문재인은 각각 보수와 진보로 양분되었던 두 시대를 대변했다. 박근혜는 박정희의 딸이었고 문재인은 노무현의 비서실장이었다. 두 사람 모두 새로운 미래가 아니라 과거를 대표하고 있었다. 두 사람과 더불어 대선에 출마했던 이정희 후보는 박정희의 창씨개명 이름인 '다카기 마사오'를 거론하며 선거를 아예 일제강점기로 몰아가고 있었다.

대선 이후에도 마찬가지였다. 민주진영은 정권 탈환을 위한 필사적인 노력을 기울였다. 여기에 동원된 것이 음모론, 팬덤 그리고 역사였다.

다양한 음모론이 꼬리를 물었다. 이 중 무엇이 진실이고 무엇이 거짓인지를 알 도리가 없다. 내게 충격적이었던 개인적 체험은 안철수 아바타, 광우병 소고기, 그리고 베네수엘라 등이었다. 386세대는 적과 아我를 가를 수 있다면 그것이 사실이 아니라도 크게 문제 될 것이 없다는 생각을 갖고 있는 듯했다.

그리고 또다시 역사가 동원되었다. 〈변호인〉, 〈암살〉, 〈1987〉, 〈1991, 봄〉 등, 민감한 현대사들이 영화라는 매체를 빌려 상영되었다. 예술과 정치는 다르지만 영화를 통해 말하고 싶은 메시지는 분명했다. 이 모든 것이 친일파에 뿌리를 두고 있다는 점, 그리고 〈암살〉의 전지현이 말하듯 임무를, 미완의 혁명을 완수해야 한다는 신념이었다. 여전히 그들은 100년 전 과거에서 자신들의 정당성을 구하고 있었다.

2012년 이후 실로 많은 일들이 벌어졌을 것이다. 나는 이 과정을 기술할 능력이 없다. 그럼에도 권력을 되찾기 위한 수많은 만남과 흥정, 거래와 편가르기의 작업은 짐작할 만하다. 나는 그 세계에서 수십 년을 보냈다.

386은 뚜렷한 강점과 약점을 가지고 있다. 강점은 권력관계를 다루는 능력이다. 그들은 20대 나이에 전대협-한총련의 일원으로 거리를 장악했고, 과 학생회로부터 총학생회에 이르기까지 무수한 인간관계 속에서 단련되었다.

그러나 그들의 사상은 뚜렷하지 않다. 386세대라고 말하지만 386세대의 대표주자들은 그들의 정견과 사상을 담은 변변한 책 한 권 내지 않았다. 그들은 박정희에 맞선 대항담론을 구축하는 과정에서 청년 시절을 보냈고, 청년 시절의 생각을 간직한 채 변호사와 교수, 학원강사와 시민단체로 산개하여 결전의 시기를 기다렸다.

그들 전체를 하나로 엮을 수 있었던 것은 현재 진행되고 있는 갈등과 미래에 벌어질 현상 대신 그들이 적과 대치하기 이전 시기, 우리들끼리 살았던 과거의 공동체였다. 제국주의 미국과 일본의 침략 이전의 농업공동체이거나, 항일 과정에서 맺어진 동지 사이의 연대와 우정이었다. 그것도 아니라면 20세기 초 러시아, 또는 베네수엘라와 같은 세계사적으로 보면 희귀한 어떤 사례였다.

제국주의와 식민지가 충돌하는 과정에서 침략을 당하는 나라나 민족은 그들의 전통과 역사를 부각시킨다. 우리는 그들과 다르다고 해야만 침략에 반대하는 논거가 강화되기 때문이다. 우리가 그들과 다르다는 신념체계는 대체로 '어머니 조국'이거나 '신성한 자연'으로 상징된다. 2012년 이후 '위안부'가 그에 해당하는 존재가 아닐까 싶다. 어쩌면 역사와 위안부 문제는 빈곤한 사상을 메우고 386세대 전체를 아우를 마음의 고향이었다(제발 곡해가 없기 바란다).

6. 문재인정부 출범 이후

이념적 문과 성향

2017년 문재인정부가 출범했다. 이들은 어떤 사람들일까? 먼저 지적할 것은 이들 대부분이 이념 성향이 강한 문과 출신들이라는 점이다.

2017년 대선 직후 매일경제신문사에서 『문재인 시대 파워엘리트』라는 책을 낸 바 있다. 제3부에서는 '문재인의 파워엘리트' 114명을 분석하고 있다. 나는 114명을 학부 시절 문·이과로 구분해 보았다. 114명 중 문과 출신이 106명으로 약 93퍼센트이다. 나름 예상은 했지만 많이 놀랐다.

비非 문과 출신은 다음과 같다(가나다순). 강기정(전남대 공대), 김용익(서울대 의대), 박정(서울대 농생), 손혜원(서울대 응용미술), 염한웅(서울대 물리), 우원식(연세대 토목), 전현희(서울대 치대), 정청래(건국대 산업공학)이다. 이 중 강기정, 우원식, 정청래는 무늬만 이과일 뿐, 전공보다는 학생운동에만 몰두했다.

반면 기업이나 전문인력은 양상이 다르다. 2011년의 아래 자료는 삼성전자 임원 1,196명을 '서울대 공대를 졸업하고 미국 대학 석사 혹은 박사 학위를 취득한 50세 남성 엔지니어'로 요약한다(그림 1).

2018년은 조금 더 나간 듯하다. **표 1**에서, 2018년 삼성전자에서

그림 1 삼성전자 임원 1,196명(2011) 배경 분석

평균 나이
50.6세

최다 출신교
서울대
117명

석·박사 비율
52%

출신대(해외) 주요 소재지(명)

미국	250
일본	21
영국	14
중국	7
프랑스	5
캐나다	4
네덜란드	3

출처: 금융감독원/『시사비즈』

국내 최다 출신대(명) TOP 20

서울대	117
KAIST	94
연세대	80
성균관대	65
한양대	63
고려대	59
경북대	55
서강대	42
인하대	23
광운대	22
아주대	19
한국외대	18
중앙대	17
경희대	15
숭실대	15
부산대	15
포항공대	14
홍익대	12
항공대	12
건국대	10

해외 최다 출신대(명) TOP 21

스탠퍼드	11
일리노이	10
조지아텍	9
미시간	8
TEX오스틴	8
MIT	8
하버드	7
S.캐롤라이나	7
뉴욕주립	7
퍼듀	7
캘리포니아	6
컬럼비아	6
듀크	6
UCLA	5
노스웨스턴	5
플로리다	4
조지타운	4
피츠버그	4
위스콘신	4
텍사스A&M	4
칭화대	4

승진한 임원 중 학력을 공개한 전체 승진자 16명 중 13명(81.3%)이 이공계 출신으로 집계됐다. 이유로는 "애플, 인텔 등 세계 최고의 '테크' 기업들과 경쟁하는 삼성그룹 계열사에선 이공계 출신이 중용됐다"고 전하고 있다. 기사는 삼성 임원의 승진을 '이공계 출신 유학파'로 요약한다.

표 1 주요 그룹 '차세대 CEO 후보' 52명 분석(단위: %, 중복 집계)

	삼성그룹	SK그룹	LG그룹
석·박사	59	70	75
이공계	81	20	50
SKY 학부	31	70	40
유학파	36	40	45

10명 중 4명꼴 해외유학파 출신
그림자는 부문별로 비중이 가장 높은 그룹
2018년 삼성·SK·LG그룹 부사장·사장 승진자 52명 조사. 삼성그룹은 삼성전자 및 전자계열사, 삼성물산 등이
며, 금융사와 12월 10일 기준 임원인사를 한 계열사는 제외
출처: 『한국경제신문』 2018. 12. 11

2000년대 세계적인 변화는 빈부격차를 확대시켰다. 이 중 한 그룹은 거대한 부를 축적한 사람들이다. 그들은 새로운 기술을 산업에 적용하며 거대한 부를 쌓아올렸다. 애플의 스티브 잡스나 구글의 세르게이 브린, 래리 페이지가 대표적인 인물이다. 중국이라면 알리바바의 마윈을 들 수 있다. 사실 한국에도 그런 사람들이 있다. 삼성전자의 반도체 경쟁력이나 네이버의 이해진, 다음카카오의 김범수가 대표적인 사례이다.

한국은 2000년대 초반 ICT산업의 경쟁우위, 미·중 사이의 거대한 불균형을 배경으로 부를 쌓아올렸다. 반면 권력지형은 부를 어떻게 만들어 낼 것인가보다는 이미 주어진 파이를 어떻게 분배할 것인가를 두고 고민하던 사람들이 주도권을 잡았다.

분배영역

분배영역의 주요한 키워드 중 하나는 정규직-비정규직 여부이다. 한국은 소득 상위 1퍼센트의 집중도보다 상위 10퍼센트의 소득집중도가 높은 편이다. 상위 1퍼센트에 진입하기 위한 경계소득은 연 1억 3,265만 원(전체소득 기준, 2016년)으로 높은 편인 데 비해, 상위 10퍼센트의 경계소득은 5,141만 원으로 대기업, 금융권, 공기업 정규직 수준의 연봉 정도면 진입할 수 있기 때문이다.

이를 가른 것은 대기업과 중소기업, 정규직과 비정규직, 노조의 존재 여부, 학력, 세대, 서울과 지방, 핵가족과 1인가족 등이다. 이 중 386은 고학력, 노조, 50대를 기반으로 상위 10퍼센트 내에 대거 포진한다.

그럼에도 이들은 새로운 과학기술을 차용하며 거대한 부를 쌓아올린 삼성이나 벤처기업을 폄하고 한국의 빈부격차를 정도 이상으로 과장한다. 그들 자신이 수혜자이면서 그것을 부정하는 이해하기 어려운 이중성이 하나의 집단에 흐른다. 나라의 부를 어떻게 키울 것인가보다는 성장 과정에서 형성된 부를 어떻게 균등하게 배분할 것인가를 고민하던 '70년대 후반~'80년대 후반 청년 시절의 386의 정서 때문이다.

내로남불과 최저임금

문재인정부 들어 그 정치엘리트들의 부동산, 교육 문제가 쟁점이 되었다. 사실 나는 적지 않게 놀랐다. 386의 모토는 '사랑도 명예도 이름도 남김 없이' 살아가자던 신념이었다. 사실 나는 그렇게 살았다고 생각한다. 반면 그들은 많이 달랐다. 그들은 평등교육을 말하면서 자녀를 특목고에 보냈고 부동산투자(기)를 죄악시하면서 여러 채의 아파트를 갖고 있었다.

나는 많은 돈을 번 것을 문제 삼고 있는 것이 아니다. 그들이 부도덕하다고 말하는 것도 아니다. 문제는 그들이 정작 자신들이 산업화의 수혜자이면서 농업사회에 뿌리를 둔 가치관과 감수성을 갖고 있는 점이다.

그들 대부분이 돈을 버는 것이 얼마나 어려우며 돈 때문에 발생하는 시련과 고통을 경험하지 못한 집단이다. 누군가의 말처럼 장사 한 번 해 보지 않은 사람들이다.

여기서 비극이 잉태되었다. 최저임금제가 대표적인 사례이다. 나는 2012년 사회운동을 접고 서울의 가장 가난한 동네에서 6~7년간 영세학원을 운영했다. 거기서 정말 많은 것을 배웠다. 돈은 학원의 운영을 보여 주는 가장 예민한 지표였고, 돈을 둘러싼 갈등은 내가 인간과 사회에 대해 새롭게 배운 살아 있는 현장이었다.

반면 진보 쪽에 가까운 사람들은 많이 달랐다. 2018년 최저임금제가 쟁점이 되던 무렵 나는 그들의 생각에 놀라지 않을 수 없었다. 최저임금이 올라가면 고용은 준다. 이 당연한 사실을 그들 모두가 이해하지 못하거나 관심이 없었다. 아마도 권력의 최정점에 있는 사람들도 크게 다르지 않을 것이다. 이 간극을 상징적으로 보여 주는 것이 최저임금제일 것이다.

7. 판타지에 좌초된 한국호

2019년은 3·1운동 100주년이 되는 해이다. 정부는 3·1절 100주년에 각별한 의미를 부여한다. 386시대를 대표하는 유시민은 '알쓸신잡'을 그만둔 후 『역사의 역사』라는 책을 내기도 했다. 그들 다수는 여전히 마음의 고향처럼 역사에서 편안함과 지적 원천을 찾고 있다.

문재인 대통령은 2018년 크리스마스 연하장에서 박노해의 「그겨울의 시」를 인용했다.

문풍지 우는 겨울 밤이면
윗목 물그릇에 살얼음이 어는데
할머니는 이불 속에서
어린 나를 품어안고
몇 번이고 혼잣말로 중얼거리시네

오늘 밤 장터의 거지들은 괜찮을랑가

소금창고 옆 문둥이는 얼어 죽지 않을랑가

뒷산에 노루 토끼들은 굶어 죽지 않을랑가

아 나는 지상에서 가장 아름다운

시낭송을 들으며 잠이 들곤 했었네 (…)

　나는 연하장을 보면서 많은 생각이 들었다. 연하장에는 박정희 정권에 맞서 싸운 20대 청년들이 희구하던 세계를 엿볼 수 있다. 그것은 산업화 이전 모두가 사랑하고 서로를 아끼는 농업공동체라는 판타지였다. 2017년 인공지능이 등장하고 유전자가 재조합되는 최첨단 과학기술 시대에, 역사와 농업공동체에서 그들의 희망을 구하던 20대 청년들이 5천만 대한민국호의 운전대를 잡고 있는 것이다.

2장

'따뜻한 마음, 짧은 생각'의 잔혹극, 최저임금 1만 원

김대호(사회디자인연구소 소장)

1. 소득주도성장정책과 최저임금정책

문재인정부의 경제성장정책은 △소득주도성장, △혁신성장, △공정경제의 세 축이고, 소득주도성장은 △가계소득 늘리기, △가계생계비 줄이기, △사회안전망과 복지의 세 축으로 되어 있다.

소득주도성장정책의 3축 중 하나인 사회안전망과 복지 정책은 김대중→노무현→이명박→박근혜→문재인 정부로 오면서 재정수입 및 지출의 증대에 따라 점점 확대, 강화돼 왔다. 보수정부와 진보정부는 단지 복지 확대, 강화 속도와 대상(프로그램)의 우선순위와 급여 두께를 둘러싸고 이견이 좀 있었을 뿐이다.

또 다른 축인 가계생계비 줄이기 역사도 길다. 사교육비는 과

외 금지를 명한 전두환정부부터 중요한 이슈였고, 주거비는 주택 200만 호 건설을 간판 공약의 하나로 내세운 노태우정부부터 중요한 이슈였다. 통신비와 카드수수료 문제 역시 김대중정부부터 중요한 이슈였다.

가계생계비 줄이기로 말하면, 이명박 전 대통령만큼 과감하고 구체적인 공약을 한 사람이 없다. 이 전 대통령은 '서민생활비 30퍼센트 인하'를 공약했는데, 그 요지는 기름값, 통신비, 고속도로 통행료, 약값, 사교육비, 보육비 등 6대 부문의 주요 생활비 부담을 30퍼센트 절감해 4인가족 기준으로 매월 44만 원, 연간 530만 원 이상 줄여 주겠다는 것이다. 하지만 누군가의 소득이나 재산을 가계로 이전하는 일이 쉬울 리 없는 터라 공약들은 대체로 용두사미가 됐다. 당연히 이 공약들을 기억하는 사람도 별로 없다.

문재인정부의 가계생계비 줄이기와 사회안전망과 복지 공약이 이전 정부의 그것과 크게 다를 리 없다. 결국 문재인정부가 밀어붙이는 소득주도성장정책의 핵심이자, 확실히 차별되는 정책은 '최저임금 대폭 상향'을 통한 '가계소득 늘리기' 정책이다. 문 정부 관계자들은 이것이 소득주도성장정책의 극히 일부라지만, 사실상 전부라고 해도 과언이 아니다. 나머지는 다 해 오던 것들이고, 방향보다는 확대, 강화 속도의 문제로 간주되어 왔기 때문이다.

2. 문 정부의 최저임금 인식

문재인 대통령은 당대표 시절부터 최저임금 대폭 상향을 공언해 왔다. 2015년 7월 9일 최저임금위원회가 2016년도 최저임금을 전년 대비 8.1퍼센트(450원) 오른 시간당 6,030원으로 의결했을 때, 당시 새정치민주연합 대표이던 문재인은 "대단히 미흡하고 유감스러운 일"이라면서, "최저임금을 최저생계를 보장할 수 있는 수준으로 인상해야 한다", "아무리 열심히 '알바'를 해도 시급 5,580원 가지고는 등록금과 용돈을 마련하는 것이 불가능하다", "OECD 국가들처럼 (최저임금이) 전체 노동자 평균임금의 절반 정도 수준 이상이 되도록 제도화해야" 한다고 하였다.

2018년도 최저임금(7,530원)이 결정된 직후(2017. 7. 17)에도 문 대통령은 청와대 수석·보좌관회의를 주재한 자리에서 최저임금 인상안에 대해 "극심한 소득불평등을 완화하고 소득주도성장으로 사람 중심의 국민성장 시대를 여는 대전환점이 될 것"이며, "최저임금 1만 원은 단순히 시급 액수가 아니라 사람답게 살 권리를 상징"하며, "경제적 효과 면에서도 당장 내년도부터 경제성장률을 더 높여 주는 효과가 생길 것으로 전망된다"고 말했다.

문 대통령의 생각을 구체화한 문 정부 국정운영 5개년계획(2017. 7)에서 최저임금 관련 부분은 '목표 3. 내 삶을 책임지는 국가' → '전략 4. 노동존중·성평등을 포함한 차별 없는 공정사회' → '64.

차별 없는 좋은 일터 만들기'에 주로 서술되어 있는데, 그 내용은
이렇다.

> (임금격차 해소) '20년 최저임금 1만 원 실현과 소상공인 등 부
> 담 완화방안 마련, 공정임금 구축 등 임금격차 해소 추진

　이상을 종합해 볼 때 문 대통령은 최저임금을 최저생계비 보장
수단이자 가계소득 증대 수단으로 본다. 은연중에 우리 기업(고용
주)의 대부분은 지불여력이 충분히 있음에도 불구하고 최저임금이
낮게 설정되어 있기에 임금을 적게 지급한다고 생각하고, 최저임
금을 대폭 올리면 저임금근로자의 임금도 대폭 오른다고 생각하
는 것처럼 보인다. 한계기업이 문을 닫거나, 고용과 노동시간을 줄
임으로써 취약근로자의 처지가 더 어려워질 수 있다는 정책적 상
식이 온데간데없다. 임금(소득)은 '임률(시급) 곱하기 근로시간'인데,
임률은 국가규제(최저임금)로 끌어올릴 수 있으나 근로시간은 그럴
수 없다는 명백한 사실을 망각하고 있다는 얘기다. 임률이 시간당
1만 원이 되어도 근로시간이 0이 되면 임금(소득)은 0이 되고, 근로
시간이 주 20시간에서 주 10시간이 되면 임금(소득)이 줄어들 수밖
에 없다.

3. 헌법과 최저임금법

최저임금법도 최저임금에 대한 착각을 조장하고 있다.

최저임금제도는 헌법 제32조 1항에 명시된 기본권이다.

제32조 ① 모든 국민은 근로의 권리를 가진다. 국가는 사회적·경제적 방법으로 근로자의 고용의 증진과 적정임금의 보장에 노력하여야 하며, 법률이 정하는 바에 의하여 최저임금제를 시행하여야 한다.

1953년에 제정된 '근로기준법'에는 최저임금제가 들어 있었지만, '최저임금법'은 1986년 12월 31일자로 제정되어 1988년 1월 1일부터 시행되었다.

현행 최저임금법 제1조는 법의 목적을 다음과 같이 규정하고 있다.

제1조(목적) 이 법은 근로자에 대하여 임금의 최저수준을 보장하여 근로자의 생활안정과 노동력의 질적 향상을 꾀함으로써 국민경제의 건전한 발전에 이바지하는 것을 목적으로 한다.

이 법에 따라 만들어진 최저임금위원회는 "최저임금제의 실시

로 근로자의 임금이 최저임금액 이상 수준으로 인상되면서 다음
과 같은 효과를 가져"온다고 적시해 놓았다.

① 저임금 해소로 임금격차가 완화되고 소득분배 개선에 기여
② 근로자에게 일정한 수준 이상의 생계를 보장해 줌으로써
　　근로자의 생활을 안정시키고 근로자의 사기를 올려 주어
　　노동생산성이 향상
③ 저임금을 바탕으로 한 경쟁방식을 지양하고 적정한 임금을
　　지급토록 하여 공정한 경쟁을 촉진하고 경영합리화를 기함

여기서 보듯이 최저임금위원회도 최저임금을 인상하면 최저임
금액 미만을 받고 있는 근로자들의 임금이 오른다고 전제하고 그
효과를 얘기한다. 하지만 최저임금이 결코 낮지 않은 상황에서 대
폭 인상하면 법 취지와 전혀 다른 효과를 초래할 수밖에 없다.

4. 최저임금 수준의 국제비교

최저임금의 효과를 가늠하기 위해서는 국가별, 산업별, 지역별 자
본 및 노동 생산성과 임금분포를 면밀히 살펴야 한다. 국제비교를
위해서는 소수의 고임금근로자가 그 수준을 끌어올릴 수 있는 전

국가	2000	2005	2010	2015	2016	2017
호주	10.1	10.5	10.6	11.0	11.2	11.3
프랑스	9.2	10.4	10.9	11.2	11.3	11.3
독일	—	—	—	10.4	10.4	10.6
일본	6.3	6.5	7.2	7.6	7.8	8.0
한국	2.6	3.8	4.6	5.7	6.1	6.4
스페인	5.5	5.6	6.3	6.0	6.1	6.5
영국	6.3	7.9	8.3	8.4	8.5	8.7
미국	7.3	6.5	8.1	7.5	7.4	7.3

출처: Data extracted on 13 Feb 2019 01:46 UTC (GMT) from OECD.Stat

일제 근로자full-time workers의 평균임금보다는, 중위임금 대비 수준이 그 효과를 더 정확하게 가늠하게 한다.

OECD는 국가별로 미 달러화(무역환율이나 구매력환율)로 환산한 최저임금 수준도 집계해 놓았다(표 1). 미국 달러화 PPP 기준 시간당 최저임금(2017년)을 OECD가 집계하여 게시해 놓았는데,[1] 호주와 프랑스가 11.3달러, 독일 10.6달러, 영국 8.7달러, 일본 8.0달러, 미국 7.3달러, 스페인 6.5달러, 한국 6.4달러이다.

그런데 한국은 비교 대상국에는 없는 주휴수당 제도가 있기에,

---

1 http://stats.oecd.org 〉 Labour 〉 Earnings 〉 In 2017 constant prices at 2017 USD PPPs.

표 2 OECD 주요국 자국 통화 기준 최저임금(Minimum wages at current prices in NCU)

국가	통화	2010	2015	2016	2017	2018	'18/'10
호주	호주달러	28,956	33,743	34,570	35,558	36,767	127%
프랑스	유로	16,089	17,490	17,599	17,763	17,982	112%
독일	유로	—	17,280	17,280	17,976	—	—
일본	엔	1,522,040	1,672,840	1,724,840	—	—	—
한국	원	11,146,320	13,994,640	15,123,240	16,226,760	18,885,240	169%
스페인	유로	10,344	10,594	10,702	11,559	12,020	116%
영국	파운드	12,132	13,624	14,066	14,612	15,179	125%
미국	US달러	15,080	15,080	15,080	15,080	15,080	100%

출처: Data extracted on 13 Feb 2019 03:01 UTC (GMT) from OECD.StatData

실제로는 20퍼센트가 더 많은 7.68달러라고 보아야 한다. 그나마 이는 최저임금이 시간당 6,470원 시절이니, 2년간 무려 29퍼센트가 올라 시간당 8,350원에 이른 지금은 거의 10달러에 근접한다고 보아야 한다. 따라서 국민소득이나 생산성이 한국보다 30퍼센트가량 높은 일본을 훨씬 능가하고 독일 수준에 육박한다고 보아야 한다.

연봉으로 따진 최저임금도 OECD 홈페이지[2]에 게시되어 있다(표 2). 2018년 기준 한국은 1,888만 5,240원(7,530원×209시간×12개

---

2 http://stats.oecd.org 〉 Labour 〉 Earnings 〉 Minimum wages at current prices in NCU.

표 3 풀타임 근로자 평균임금 및 중위임금 대비 최저임금 수준
(Minimum relative to average wages of full-time workers)

국가		2000	2015	2016	2017	'17/'00
호주	평균임금	0.50	0.44	0.45	0.46	91%
	중위임금	0.58	0.53	0.54	0.55	94%
프랑스	평균임금	0.50	0.50	0.50	0.50	99%
	중위임금	0.62	0.62	0.62	0.62	100%
독일	평균임금	—	0.43	0.42	0.43	—
	중위임금	—	0.48	0.47	0.48	—
일본	평균임금	0.28	0.34	0.35	0.36	127%
	중위임금	0.32	0.40	0.40	0.42	129%
한국	평균임금	0.24	0.38	0.40	0.41	174%
	중위임금	0.29	0.49	0.50	0.53	183%
스페인	평균임금	0.29	0.31	0.31	0.34	116%
	중위임금	0.36	0.37	0.37	0.40	110%
영국	평균임금	0.34	0.41	0.41	0.44	130%
	중위임금	0.41	0.49	0.49	0.54	131%
미국	평균임금	0.29	0.25	0.25	0.24	85%
	중위임금	0.36	0.36	0.35	0.34	94%

출처: https://stats.oecd.org/ 〉 labor 〉 earning 〉 Minimum relative to average wages of full-time workers. Data extracted on 13 Feb 2019 01:44 UTC (GMT) from OECD.Stat

월), 독일 1만 7,976유로(2017), 프랑스 1만 7,982유로, 일본 172만 4,840엔(2016), 영국 1만 5,179파운드(2018), 호주 3만 6,767호주달

표 4 연령계층별 고용률(2016, 단위: %)

	한국	프랑스	독일	일본	이탈리아	스페인	영국	미국
전체*	66.1	64.6	74.7	74.3	57.2	60.5	74.3	69.4
15~24세	26.9	28.2	45.8	42.5	16.6	20.5	53.7	49.4
25~54세	76.2	80.3	84	83.3	68.8	71.5	83	77.9
55~64세	66.2	49.9	68.6	71.4	50.3	49.1	63.5	61.8

* 전체고용률은 15~64세(단, 스페인, 영국, 미국은 16~64세) 기준
출처: https://stats.oecd.org

러, 미국 1만 5,080달러다. 2019년이 되면 한국은 2,094만 1,800원 (8,350원×209시간×12개월)이 되어, 유로 환율을 감안하면 거의 독일과 프랑스 수준이 된다. 문 정부가 공약한 대로 최저임금을 1만원으로 올리면 연봉은 2,508만 원이 되어 세계 최고 수준이 된다. 한국은 시간당 최저임금은 높지 않음에도 불구하고 연봉으로 따진 최저임금이 높은 것은, 기준노동시간full time이 길고 주휴수당 제도가 있기 때문이다.

2000년 이후 지금까지 최저임금을 평균임금 대비 50퍼센트, 중위임금 대비 62퍼센트에 맞춰 놓은 프랑스의 고용률, 청년고용률 등 많은 지표가, 2015년에야 비로소 최저임금을 도입한 독일(평균임금 대비 43%, 중위임금 대비 48%, 이상 표 3 참조)에 비해 좋지 않다는 사실은 최저임금의 성격에 비추어 보면 결코 놀라운 일이 아니다. 2016년 기준 연령계층별 고용률(표 4)을 보면, 독일 74.7퍼센트, 일

본 74.3퍼센트, 미국 69.4퍼센트인 데 반해, 프랑스 64.6퍼센트, 한국 66.1퍼센트이다.

대학진학률과 최저임금의 영향을 많이 받는 15~24세와 55~64세 고용률을 비교해 보면, 전자의 경우 독일 45.8퍼센트, 일본 42.5퍼센트, 미국 49.4퍼센트인 데 반해, 프랑스 28.2퍼센트, 한국 26.9퍼센트이다. 후자(55~64세)의 고용률은 독일 68.6퍼센트, 일본 71.4퍼센트, 미국 61.8퍼센트이고, 프랑스 49.9퍼센트, 한국 66.2퍼센트이다. 한국이 높게 나오는 것은 노후 사회보장 수단이 너무나 취약하고, 농업, 음식숙박업, 부동산업 등을 중심으로 저임금 자영업자들이 많기 때문이다.

5. 산업별 임금 분포

한국은 미국, 일본, 프랑스 등 대부분의 선진국처럼 최저임금을 소폭 올리거나 상당기간 동결하다가 대폭 올린 것이 아니다. 노무현정부 출범 이후 2003년부터 꾸준히 물가상승률보다 훨씬 높은 수준(7~8%)으로 올려 왔기에, 2018년 16.4퍼센트와 2019년 10.9퍼센트의 충격은 여간 큰 것이 아니다. 이는 타의 추종을 불허하는 엄청나게 높은 최저임금영향률이 그 증거다. 최저임금영향률은 2016년 18.2퍼센트, 2017년 17.4퍼센트, 2018년 23.6퍼센트, 그

표 5 최저임금영향률: 경제활동인구 부가조사(1명 이상 전 산업, 단위: 천 명, %)

연도	적용 대상 근로자	수혜 근로자	영향률
2019	20,006	5,005	25.0
2018	19,627	4.625	23.6
2017	19,312	3.366	17.4
2016	18,776	3.420	18.2

출처: 최저임금위원회

리고 2019년은 25퍼센트로 추정한다(표 5). 전체 임금근로자 가운데 최저임금에 못 미치는 임금을 받은 노동자의 비율을 '최저임금미만율'이라고 하는데, 최저임금위원회는 2016년 13.5퍼센트, 2017년 13.3퍼센트로 추정했다. 최저임금위원회가 발간한 보고서 "2013년 주요 노동경제지표 분석 보고서"(2013. 6, 72-80쪽)에 따르면 해외 주요국의 최저임금미만율(2012년)은 미국 4.7퍼센트, 일본 1.7퍼센트, 영국 5.1퍼센트, 캐나다 5.8퍼센트, 프랑스 11.1퍼센트, 포르투갈 12.7퍼센트, 멕시코 13.2퍼센트 등이다.

그런데 한국의 실제 영향률은 위에서 제시된 영향률보다 훨씬 높기 마련이다. 기본급이 낮고 상여금과 제수당이 많고, 근속연수에 따라 임금이 올라가는 연공임금체계 때문이다. 최저임금영향률은 기업으로 하여금 가격 인상, 영업과 폐업, 근로시간 단축과 인력·사업 구조조정 등을 하도록 만든다.

최저임금의 산업별, 고용형태별 영향을 보다 세밀하게 파악하려면 한국 통계청과 고용노동부의 관련 통계를 통해 추정하는 수밖에 없다. 최저임금 1만 원 정책에 따른 최저임금 폭증정책이 시동을 걸기 직전인 2016~2018년의 산업별 임금 분포와 연고용 통계는 이를 가늠하게 해 준다.

근로자들의 노동시간을 따지지 않는 통계청의 "2016년 하반기 지역별 고용 조사: 취업자의 산업 및 직업별 특성"(2017. 4. 25)에 따르면 임금근로자 1,968만 7천 명 중 임금 월 100만 원 미만이 11.4퍼센트, 100만~200만 원 미만이 33.8퍼센트로, 200만 원 미만이 45.2퍼센트였다. 그런데 2016년 하반기 최저임금은 시간당 6,470원으로, 주 40시간 만근을 하면 월 135만 2,230원이다. 월 200만 원 이하 저임금이 집중된 산업은 농림어업(83.8%), 숙박 및 음식점업(79%), 사업시설관리·사업지원 및 임대서비스업(69%), 예술·스포츠 및 여가관련서비스업(64.7%), 보건업 및 사회복지서비스업(64.5%) 등이다.

시간제근로자들의 상황은 통계청의 "2016년 8월 경제활동인구조사 부가조사"를 통해 살필 수 있다. 이들의 평균 취업시간은 월 20.5시간이고, 월평균임금은 74.1만 원에 불과했다. 이로부터 어떤 근로자들이 큰 타격을 받을지는 충분히 예상할 수 있었다.

2018년, 2019년 연속 2번 최저임금을 폭증시킨 후과는 고용통계를 통해 추정할 수 있다. 2017년 대비 2018년 취업자가 큰 폭으로 줄어든 산업은 도매 및 소매업(↓72천 명), 사업시설관리·사업지

표 6 연도별 산업별 취업자 수(단위: 천 명)

산업별	2016	2017	2018	16→17	17→18
총 취업자 계	26,409	26,725	26,822	316	97
A 농업, 임업 및 어업(01~03)	1,273	1,279	1,340	6	62
C 제조업(10~34)	4,584	4,566	4,510	−18	−56
F 건설업(41~42)	1,869	1,988	2,034	119	47
G 도매 및 소매업(45~47)	3,754	3,795	3,723	41	−72
I 숙박 및 음식점업(55~56)	2,291	2,288	2,243	−3	−45
J 정보통신업(58~63)	784	783	837	−1	55
K 금융 및 보험업(64~66)	803	794	840	−9	46
L 부동산업(68)	483	540	528	57	−12
N 사업시설관리, 사업지원 및 임대서비스업(74~76)	1,391	1,374	1,311	−17	−63
O 공공행정, 국방 및 사회보장행정(84)	1,004	1,058	1,110	55	52
P 교육서비스업(85)	1,862	1,907	1,847	45	−60
Q 보건업 및 사회복지서비스업(86~87)	1,861	1,921	2,046	61	125
R 예술, 스포츠 및 여가관련서비스업(90~91)	407	428	445	22	16

출처: 통계청

원 및 임대서비스업(↓63천 명), 교육서비스업(↓60천 명), 제조업(↓56천 명), 숙박 및 음식점업(↓45천 명)이다(표 6). 늘어난 산업은 정부재정에 크게 의존하는 보건업 및 사회복지서비스업(125천 명), 농업·임업

표 7 취업시간별 취업자 수(단위: 천 명)

연도	2016	2017	2018	16→17	17→18
총 취업자 계	26,409	26,725	26,822	316	97
1~17시간	1,267	1,362	1,520	95	158
18~35시간	3,220	3,051	3,690	−169	639
36~44시간	9,465	9,961	10,586	497	625
45~53시간	6,684	6,789	6,236	105	−554
54시간 이상	5,360	5,179	4,387	−181	−792
일시휴직자	413	382	403	−31	21
주당 평균취업시간	43	43	42	0	−1

출처: 통계청

및 어업(62천 명), 정보통신업(55천 명) 등이다. 특이한 곳은 '농업, 임업 및 어업'인데, 이는 1,513천 명(2013)→1,446천 명(2014)→1,337천 명(2015)→1,273천 명(2016)으로 경향적으로 떨어지다가, 1,279천 명(2017), 1,340천 명(2018)으로 증가하기 시작했다는 사실이다.

저임금근로자가 집중된 도매 및 소매업, 숙박 및 음식점업, 사업시설관리·사업지원 및 임대서비스업은 대체로 종사자들이 고령이거나, 기업주가 자영업자로의 변신이 쉬운 업종이다.

한편 취업시간별 취업자 수(표 7)를 보면, 주 1~17시간 근로자가 2년 연속 증가하고, 18~35시간 근로자는 2017→2018년으로 오면서 큰 폭(639천 명)으로 증가하였다. 하지만 54시간 이상 근로자와

45~53시간 근로자는 큰 폭으로 감소하였다.

6. 최저임금에 대한 무지와 착각

최저임금수준은 사용자로 하여금 가격 유지와 인상, 영업과 폐업, 4~5명 고용과 2~3명 고용, 고용과 무인화, (특별히 주휴수당 제도가 있는 한국에서는) 주 15시간 이상 근로와 주 15시간 미만 근로(근로시간 쪼개기) 등을 놓고 결단하도록 몰아간다. 그러므로 최저임금은 임금의 하향압력을 받는 취약근로자를 보호하는 장치일 뿐만 아니라, 취약근로자를 실업자로 만드는 장치이기도 하다. 한마디로 산업·기업·사업·인력 구조조정을 압박하는 장치다.

따라서 최저임금수준은 산업과 고용의 퇴출·존치와 생산성 높은 부문으로의 (퇴출 노동의) 상향이동 가능성 여부 등을 면밀히 따져 결정해야 한다. 사회안전망 수준(실업급여, 기초생활보호 관련 지출, 기초연금, 근로장려금과 각종 사회수당 등)과 한계산업·기업에 종사하던 근로자들의 재교육·재배치 전략 등과 연계는 필수불가결하다. 그러므로 산업·업종별 경영사정, 산업·지역별 노동시장 사정(임금 분포와 고용 수요와 공급), 노동의 상향이동성과 고용유연성 수준 등을 면밀히 따져야 한다. 그러나 문 정부는 이런 고민과 고려를 거의 하지 않았다.

또 하나는 소득·임금 격차를 축소하고 민간소비지출을 늘리는 방식은 최저임금 외에도 조세 감면, 공공부문의 적정임금제도, 사회임금(근로장려금, 각종 사회수당, 기초생활급여, 실업급여 등), 노조의 단체행동에 의한 임금인상 등 다양하다. 그런데 문 정부는 거의 최저임금으로만 이를 달성하려고 한다.

문재인정부는 최저임금제의 본질을 모르고 있다. 최저임금이 중위임금에 비해 한참 낮은 수준이라면 몰라도, 40퍼센트나 50퍼센트를 돌파하면 최저임금은 더 이상 최저생계비 보장 수단도, 가계소득 증대 수단도 아니다. 뿐만 아니라 한국의 임금 수준 및 체계(낮은 기본급과 연공임금, 주휴수당, 상여금과 식대 산입 배제)를 모르고 있다. 기본급, 상여금, 연장근로수당 등을 합치면 연봉 5천만 원을 넘게 받는 노동자가 최저임금 선에 걸리는 경우가 부지기수라는 것이 그 증거다.

한국의 최저임금은 이미 충분히 높다. 사실 우리의 생산력(1인당 GDP나 GNI) 수준을 감안하면 2017년 최저임금(6,030원)조차도 결코 낮은 수준이 아니다. 인상 속도는 엄청난 과속이다. 최대의 수혜자는 외국인 근로자라고 해도 과언이 아니다. 그로 인해 불법체류자가 급증하고 있다. 이들은 한국 땅에서 소비지출에 지독하게 인색하기에 소득주도성장론의 거대한 구멍이다.

최저임금은 초강력 국가규제인데, 설상가상으로 지방이나 산업의 자율성이 전혀 없다. 지역, 산업, 기업, 사람의 처지, 조건이 천차만별인 5천만 대국에서 전국적, 일률적 규제로 최저임금을 운영한다는 것 자체가 보통 문제가 아니다.

　일본의 경우 후생노동성 중앙최저임금심의회(중앙심의회)가 전국 차원의 최저임금 목표치를 정하면 각 지역에서 정부 목표치와 지역의 상황에 맞게 다시 지역(47개 도도부현)별 최저임금을 정한다. 2016년 10월 1일부터 2017년 9월 30일까지 적용되는 시간당 최저임금을 보면 도쿄 932엔, 가나가와 930엔, 오사카 883엔이며, 홋카이도는 786엔, 오키나와와 미야자키가 가장 낮은 714엔이고 그 뒤를 가고시마 715엔이 뒤따른다. 일본뿐 아니라 중국, 미국, 캐나다, 호주, 독일, 프랑스 등 큰 나라들(주로 연방국가)의 대부분은 지역, 업종, 직종별 차등이 있다.

　2020년까지 최저임금 1만 원으로 올리겠다는 정책은 기본적으로 문 정부가 '5,100만 국민'의 처지를 알지 못하고, 한국의 산업고용 현실을 알지 못하여 벌인 산업과 고용 대학살극이라고 해도 과언이 아니다.

7. 최저임금 1만 원 공약의 배경

최저임금 대폭 인상은 지난 대선전에서 어느 정도 예고되었다. 2017년 대선후보였던 문재인, 유승민, 심상정은 2020년까지 최저임금 1만 원 인상을 공약했고, 안철수와 홍준표는 2022년까지(임기

내) 1만 원을 공약했다. 그런데 수많은 이슈에서 정면충돌하는 대선후보들 간에 유독 최저임금정책에 관한 한 그 차이(3년 내 1만 원 대 5년 내 1만 원)가 왜 이렇게 적었을까? 그것은 2015년 전후한 시기부터 최저임금 인상이 세계적(?) 유행이었기 때문이다.

2015년 이후 미국, 일본, 독일, 중국 등에서 최저임금 인상 러시가 일었다. 미국 오바마 대통령은 2015년 신년연설에서 최저임금 인상을 촉구했다. 미국 주요 도시에서도 대폭적인 인상이 결의되었다. LA는 2020년까지 15달러로 인상한다고 한다. 독일은 최저임금제도가 없었는데, 2015년부터 연방최저임금(8.5유로)을 도입하였다. 중국은 노동자 평균임금의 2배 수준 인상을 위해 2010년부터 5년간 매년 13퍼센트씩 최저임금을 인상한다고 하였다. 일본은 12년 만에 시간당 780엔으로 올렸다. 2016년 6월 각의(국무회의)에서는 매년 3퍼센트씩의 최저임금 인상을 결의하였고, 2017년 7월 일본 중앙심의회는 전년보다 3퍼센트(25엔) 올렸다. 한국은 보수와 진보 공히 대한민국의 처지나 조건을 잊고 선진국의 권리이익 수준이나 정책적 유행을 무분별하게 쫓는 '정책적 사대주의' 내지 '선진국 추종주의' 경향이 강하기에, 이런 움직임들이 2017년 대선후보들에게 지대한 영향을 미쳤다고 보아야 한다.

그런데 가장 결정적인 것은, 아르바이트(알바)와 저임금 직장(직종)을 전전하며 사는 20~30대 청년 및 대학생들의 열화와 같은 요구라고 보아야 한다. 실제 대선후보 캠프에서 실시한 여론조사에서 최저임금 1만 원 공약은 그 지지도가 대체로 80퍼센트를 넘었다고 알려져 있다.

한국 20~30대 청년·대학생 들의 열화와 같은 요구의 배경에는 대부분이 고등교육을 이수한 이들의 당혹, 좌절, 불만, 절망이 깔려 있다. 이들이 부모(50~60대), 대학, TV, 사회문화 등의 영향으로 몸에 밴 높은 소비지출성향과, 알바나 비정규직으로 접한 현실의 근로조건의 괴리는 너무나 컸다. 그렇다고 해서 좋은 일자리로 올라가는 사다리가 많지도 않고, 점점 줄어드는 계층상승 사다리 아래서는 살인적인 경쟁이 벌어진다. 당연히 대부분은 탈락자가 될 수밖에 없다.

8. 산업·고용 압살하는 가짜 정의

요컨대 최저임금 1만 원 운동은 고학력 청년백수의 양산, 대학생 입시과외(구하기)난, 취업이나 창업을 통한 계층이동성의 약화(노동시장의 경직성과 시장생태계의 불건전 등), 저임금문제에 대한 국가의 다른 수단(사회임금 및 적정임금 제도) 등이 합작한 기형이다.

최저임금제도는 '따뜻한 마음, 짧은 생각'의 잔악하고 긴 폭력극이 만들어질 요소를 너무 많이 갖추고 있다. 최저임금은 정말로 조심스럽게, 냉철하게, 담대하게 다뤄야 할 폭탄 같은 규제이다.

특히 최저임금 1만 원 정책은 무개념, 몰상식, 반노동, 반민중 정책의 전형이다. 최저임금 1만 원은 산업과 고용을 초토화하는 핵폭탄 같은 것이다.

최저임금 인상에 앞서 노동시장의 수요를 늘리고, 노동 공급(외국인과 고학력자)과 요구수준을 적절히 통제하는 방안과, 실업에 대한 국가의 책임수준 및 능력을 면밀히 살펴야 한다. 최저임금 인상보다 공공건설공사 등에 (하는 일에 비해 형편없는 처우를 받는 근로자들이 혜택을 받는) '적정임금'을 도입하고, '사회임금'을 높이는 것이 훨씬 정의롭고 일자리 친화적이다.

3장

파국을 부르는 귀족노조의 특권

백경훈(청년이여는미래 대표)

1. 귀족노조, 한국경제를 파국으로

한국경제의 위기론이 가중되고 있다. 국내 주요 기관들은 2019년 우리 경제가 2.5~2.7퍼센트 성장에 그칠 것으로 전망한다. 산업생산, 제조업 설비투자, 경기동향지수^{CSL} 등 향후 경제상황을 예측할 수 있는 각종 지표들은 경기악화를 넘어 불황을 경고하고 있다(표 1).

경제 전문가들은 경제위기의 원인을 주요하게 한국 산업의 경쟁력 하락에서 찾고 있다. 2018년 자동차, 철강, 선박 등 한국의 성장을 이끌었던 제조업의 위기는 우리의 기술적 우위가 경쟁국에게 상당부분 잠식당한 신호로 볼 수 있다. 문재인정부 2년차 들어 3분기까지 제조업 생산은 1998년 이래 가장 낮은 수준이다. 추락

표 1 2018년 12월 국내산업 생산동향지표(2015=100, 단위: %, %포인트)

	2017 4분기	12월	2018 3분기	4분기	10월	11월	12월	기여도
전산업생산지수 (계절조정계열)	106.0	105.7	107.3	107.0	107.7	106.9	106.3	—
·전월(기)비	-0.2	-0.6	0.2	-0.3	1.2	-0.7	-0.6	—
광공업	-1.0	-2.0	0.6	-0.8	2.3	-1.6	-1.4	-0.47
제조업	-1.1	-2.5	0.3	-0.8	2.0	-1.6	-1.8	-0.54
건설업	-0.1	1.4	-4.4	-3.9	-1.3	-1.2	2.4	0.14
서비스업	0.2	-0.2	0.1	0.5	0.7	-0.3	-0.3	-0.15
공공행정	-0.3	1.1	2.9	-0.6	1.6	0.0	-1.5	-0.11

2018년 12월 건설업을 제외하고 전 산업에서 생산이 감소한 것을 알 수 있다. 건설업도 10, 11월 연속 하락하다 12월 반등했다. 2018년 연간 산업생산지수 증가는 전년 대비 1%에 머물러 연간 산업생산을 집계한 2000년 이후 가장 낮은 증가율을 보였다.
출처: 통계청 국가통계포털

속도가 빨라지고 중국의 추격은 거세졌다. 한국경제연구원에 따르면, 우리가 아직 경쟁국 대비 우위를 보이고 있는 무선통신기기와 디스플레이, 석유제품, 선박 등도 3년 후에는 선박을 제외하고 모두 추월당할 가능성이 크다.[1]

한국경제는 구조적이고 과감한 개혁이 필요하다. 노동시장개혁은 그 핵심이다. 노동개혁 없는 경제 살리기는 공염불에 불과하

---

1 "'경제효자 업종' 3년뒤 경쟁력 상실", 『헤럴드경제』 2018. 11. 29.

다.[2]

그러나 대기업과 공공부문 특권노조가 중심이 된 민주노총은 오히려 노동시장의 경직성을 더하는 탄력근로 확대 반대, 노조전임자 타임오프제 폐지 등을 요구하며 기득권 강화에만 몰두하고 있다.

우리 사회의 약자인 청년과 저소득층의 소득과 고용은 최악의 상황으로 치닫고 있다. 한국경제 경쟁력 확보를 위해 최우선 개혁과제로 꼽히는 노동분야에서 정부 정책은 오히려 후퇴하고 있다. 정부가 소득주도성장을 위해 내세운 최저인금 인상, 근로시간 단축, 해고자 복직, 비정규직의 정규직화 등은 친親노동정책들이다. 국내 외국인투자기업들은 기업 운영에서 가장 큰 애로사항으로 정부의 친노동정책을 들었다.[3] 최근 정부가 고용참사에 따른 지지율 추락으로 최저임금과 노동시간 관련 정책을 일부 보완하겠다는 것마저 노동계는 극렬히 반발하고 나섰다. 민주노총은 노사정 대화기구인 경제사회노동위원회(경사노위) 참여를 거부하고 강경투쟁 방침을 천명했다. 청년들의 고통이나 국민들의 미래는 안중에도 없이 오직 그들의 특권에만 몰두하는 귀족노조를 개혁하지 않고서는 한국경제는 한 발자국도 앞으로 나가기 어려운 형국이다.

---

2 "서서히 경쟁력 잃어가는 한국경제, 지금이 진짜 위기", 『헤럴드경제』 2019. 1. 28.
3 "외국인 투자기업 65% '정부 친노동정책에 부담감 느껴'", 『한국경제신문』 2018. 5. 15.

2. 귀족노조의 특권

특권을 향한 질주, 현대자동차 노조

민주노총에 소속된 대기업 노조는 근로자 임금 상위 10퍼센트에 해당하는 기득권층인데도 여전히 힘없고 핍박받는 노동자라는 포지션을 자처하고 있다.[4] 대표적인 특권노조가 지배하는 현대자동차의 사례를 통해 노조 기득권의 실상을 들여다보자.

2018년 현대차의 영업이익은 47퍼센트 감소했다. 2010년 국제회계기준IFRS 도입 후 사상 최악의 실적이다. 현대자동차 영업이익이 거세게 추락하던 2017년 4분기(11월)에 사측은 주문량이 증가한 신차의 생산라인을 늘리려고 시도했다. 그러자 노조는 "신차 생산 시 노조와 협의한다"는 단체협약을 위반했다며 쇠사슬로 생산라인을 묶고 파업에 돌입했다. 현대차 노조는 지난 2016년 24번에 이어 2017년에는 19차례 파업을 벌였다. 파업에 따른 피해액은 2016년 3조 1천억 원, 2017년 1조 6,200억 원 등 2년간 4조 5,600억 원에 달한다고 회사 측은 추산했다.[5] 한 달 후인 2017년 12월 현대차는 임단협을 타결하면서 전년 대비 순이익이 29퍼센트 감소하는 상황에서도 기본급 5만 8천 원 인상, 성과급과 격려금 300퍼센트, 보너스 280만 원을 지급하기로 합의했다. 노조 간부가 쇠사슬

---

4 "민주노총, 상위 10% 기득권층 자인해야", 『신동아』 2019년 1월호, 93쪽.
5 "현대차노조 7년 연속 파업 강행", 『인사이트 코리아』 2018. 7. 11.

을 동원해 생산라인을 묶은 행위에 대해 사측이 제기한 형사고소(1건 4명)와 파업 관련 민사소송(3건 6명) 등을 모두 취하하기로 했다.[6]

한국자동차산업협회 등에 따르면, 2017년 현대차 근무자의 평균연봉은 9,200만 원(기아차 9,300만 원)으로, 일본 토요타(8,390만 원)나 독일 폭스바겐(8,303만 원)보다 높다.[7] 2018년 기준 국내 완성차 4개 업체의 매출액 대비 임금 비중은 12.29퍼센트에 달한다. 일본 토요타(5.85%)의 두 배가 넘는 수준이다.[8] 현대차 노조는 2000년에 정년 60세 완전고용을 확정했다. 2005년에는 정년을 65세로 연장할 것을 요구했다.

그런데 현대차 노동자들은 과연 이런 대우를 받을 자격이 있을까? 동일 차급을 생산하는 울산2공장과 베이징현대3공장(충칭)의 생산성 차이를 비교해 보면 울산2공장의 대당 투입시간은 32.1시간, 충칭공장이 16.6시간으로 2배가량 차이가 난다. 충칭공장 노동자의 월급은 약 94만 원으로 울산공장의 약 8분의 1 수준이다.[9] 현대차 국내 노동자들은 성과가 아닌 투쟁으로 임금인상을 실현하

---

6 "파업하면 쟁취한다 선물 안긴 현대차", 뉴스핌 2017. 12. 20.

7 "경영계 '강력노조에 노동경쟁력 약화… 4대 독소조항 개선해야'", 『문화일보』 2019. 1. 28.

8 "전기차 전용라인까지… 노조 허락받아야 가능", 『서울경제』 2018. 10. 28.

9 민주당 송영길 의원은 2017년 12월 베이징현대차 충칭공장을 방문하고 나서 자신의 페이스북에 "충칭 현대차 노동자 평균 나이 26세(울산 46세), 월급 94만원(울산 800만원), 생산성 160(울산 100 기준). 품질은 더 좋다"며 국내 자동차산업을 우려하는 글을 남겼다.

는 구조인 것이다. 작업장 적정배치인력을 보여 주는 '편성효율'은 울산공장이 56.1퍼센트, 미국 앨라배마공장이 92.7퍼센트이다. 로봇을 통한 생산자동화가 진행되는데도 근로자를 대부분 유지하다 보니 인력의 효율적 배치가 될 수가 없다. 생산라인이 늦게 돌다 보니 휴대폰을 보면서 일을 하고, 한 사람이 두세 사람 공정을 뛰면서 2~3시간 후에 역할을 바꾸는 기강해이까지 발생한다.[10]

표 2에서 보는 것처럼 한국 자동차산업 정규직 종사자들은 유럽 국가와 비교해도 월등한 고임금과 고용보장을 누리고 있다. 생산라인의 권력은 노조가 8~9, 회사가 1~2이다. 현대차 노조의 최고 관심사는 '일은 적게, 돈은 많이, 고용은 길게' 세 가지다.[11] 2018년 3분기 현대차 영업이익률은 1.2퍼센트로 추락했다. 이 정도면 부품협력사들은 적자를 면하기 힘들다. 전문가들은 현대차 추락의 원인으로 강성노조와 기술개발 부진을 든다.

청년 걷어차기: 고용세습과 채용비리

한국의 청년실업률은 2018년 2, 3월 11.6퍼센트, 8월에는 10퍼센트를 기록해 1998년 외환위기 이후 동월 최악의 실업률을 기록했다. 정부의 공식 실업률 통계에서 빠지는 공무원시험 준비생이나 취업준비생, 구직포기자 등을 포함한 확장실업률은 24퍼센트에

---

10 송호근, 『가 보지 않은 길: 한국의 성장동력과 현대차 스토리』(나남, 2007), 220쪽.
11 위의 책, 211쪽.

표 2 스페인, 이탈리아, 한국 자동차산업 노사관계 비교

구 분		스페인 (르노공장)	이탈리아 (피아트공장)	한국
고용&임금 빅딜		'09년 고용유지를 위해 임금 동결, 초과근무수당 양보, 근로시간의 탄력적 운영에 동의	'11년 고용유지를 위해 임금인상 제한과 회사의 해고, 전환배치 등의 권한 강화에 동의	빅딜 없음
임금유연성	임금(단체) 협약 주기	3년('14~'16) (노사자율) * 4년으로 확대 추진	4년('15~'18) (노사자율)	1년
	인건비 리스크	3년간 인건비 계획운영 → 리스크 감소	4년간 인건비 계획운영 → 리스크 감소	매년 임금인상 → 리스크 증대
	임금인상 기준	경제성장률의 50% 이내에서, 생산성을 고려하여 결정	생산성과 연계하여 결정	생산성과 무관하게 노사 협상력에 따라 결정
	가산율	초과근로 15%, 휴일근로 25% * 중복할증 없음	초과근로 15%, 휴일근로 50% * 중복할증 없음	초과·야간·휴일 각각 50%(중복할증 적용)
	자동차산업 인건비	('13)36.7 → ('14)31.6(↓13.9%) (시간당/달러)	('13)40.9 → ('14)37.8(↓7.6%) (시간당/달러)	('13)89 → ('14)92(↑3.4%) (연봉/백만 원)
근로유연성	파견근로	허용	허용	불가
	근로시간 유연성	연간 55일 이내(30일 추가, 25일 휴무) 탄력운영 가능	연간 250시간 이내 탄력운영 가능	2주 이내 탄력운영 가능
	SHIFT	3교대제 가능 * 수요에 따라 탄력적 운영	3교대제 가능 * 수요에 따라 탄력적 운영	주간 2교대제
	전환배치	자유롭게 배치 가능	자유롭게 배치 가능	노조와 사전합의 필요
	경제위기 시 해고여부	3개분기 연속 매출감소 시 경제적 사유에 의한 해고 가능	경제적 이유만으로도 해고 가능	엄격한 적용으로 사실상 불가능
	고용 유연성	1년간 해고규제 없는 무기근로계약 도입	정규직과 비정규직의 중간 개념인 준정규직 도입	없음

출처: 한국자동차산업협회, 『이탈리아·스페인 자동차산업의 노동개혁 사례 연구』(2016)

달한다.[12] 최저임금 인상 이후 청년들은 편의점 아르바이트 자리를 놓고도 경쟁을 벌여야 한다. 입시지옥을 거쳐 바늘구멍 같은 취업문을 통과해야 하는 청년들을 좌절케 하는 대표적인 우리 사회 병폐가 노조의 채용특혜와 고용세습 문제이다.

전국의 건설현장에서 민주노총이나 한국노총의 위세는 현장관리자들이 감당할 수 있는 수준을 넘어섰다. 민주노총 건설노조 타워크레인분과 소속의 한 지회장은 크레인 임대업자를 찾아가 민주노총 소속 조합원 채용을 강요했다가 공동협박 혐의로 징역형을 선고받았다. 실제 이들은 채용을 거부하자 현장을 찾아가 노동가요를 크게 틀어 놓고 열여섯 차례 시위를 벌였다.[13] 한국 타워크레인 조종사의 70~80퍼센트가 민주노총 조합원으로 추정된다. 이들은 2017년 9월 한국타워크레인협동조합과 노사협상에서 "회사는 현장 발생 시 조합원 채용에 대한 노력한다"는 조항을 "현장 발생 시 조합원을 채용한다"는 것으로 사실상 우선특별채용 조항을 요구해 합의를 이끌어 냈다. 이 조항대로라면 민주노총 조합원이 채용신청을 했는데 노조에 가입되지 않았거나 다른 노총에 가입한 조합원을 채용하면 단체협약 위반을 문제 삼을 수 있다. 서울

---

12 전용덕, "한국의 노동시장: 문제, 원인 그리고 해법(한국경제의 진단과 처방 1)"(자유기업원, 2019), 3쪽.

13 "한국노총 타워크레인 기사 쓰지 말라고 협박한 민주노총 간부 징역형", 『경인일보』 2018. 4. 25.

시 지방노동청은 2018년 10월 단체협약의 우선특별채용 조항 시정명령을 내렸다.

2017년 글로벌 컨설팅업체 맥킨지글로벌연구소MGI는 한국 건설업의 노동시간당 부가가치는 13달러로 벨기에(48달러), 네덜란드(42달러), 영국(41달러), 스페인(41달러) 등 유럽 선진국의 30퍼센트에도 미치지 못하다고 평가했다. 이에 따른 비용과 안전사고 문제 등은 주택 소비자가 부담한다. 국토부는 건설현장의 생산성을 2025년까지 50퍼센트 향상시킨다는 목표를 세우고 있지만, 이 계획은 민주노총의 몽니에 발목이 잡혀 있다. 민주노총 타워크레인지부는 무인타워크레인을 수도권 신축 건설현장에 도입하는 것을 저지하고 있다. 건설전문지 『건설경제』는 "민주노총이 점령한 건설현장" 기획기사를 통해 현장에서 건설노조원들의 작업생산성이 부진한데도 이들이 작업을 고정적으로 따낸다고 지적했다. 신문은 "한 공공청사 건축현장의 철근콘크리트공종에 투입된 노동조합별 형틀목공근로자의 생산성 분석에서 민주노총팀의 생산성은 건설사가 직접 선발한 팀(직영팀)의 64퍼센트 수준이었다. 그리고 2개월 뒤에는 절반 수준(49%)으로 더 떨어졌다"[14]고 보도했다.

2015년 고용노동부가 전수조사를 한 결과 694곳에 세습조항이 있는 것으로 드러났다.[15] 정부는 삭제 지침을 내렸지만 따르지

---

14 "민주노총이 점령한 건설현장(中)—생떼에 발목 잡힌 혁신", 『건설경제』 2019. 1. 9.

않는 회사도 여러 곳이다. 민주노총 산하 현대로템 노조는 사측과 "회사는 정원 유지에 따른 인원 충원 시 정년퇴직자의 자녀가 채용을 원할 경우에는 인사원칙에 따른 동일조건에서 우선채용함을 원칙으로 한다"는 단협을 체결했다.[16]

민주노총은 고용세습 조항에 대한 비판이 제기될 때마다 실제 적용된 적이 없는 사문화된 조항이라고 반발해 왔다. 그러나 하태경 국회의원은 2018년 9월 현대자동차의 1차 부품협력사인 S사가 민주노총에서 활동하는 노조의 압력을 받아 2011년부터 3년간, 그리고 2017년에 조합원의 자식과 친인척 등 40명을 부정하게 채용했다고 발표했다. 하 의원은 또한 2018년 국정감사에서 고용노동부로부터 자료를 받아 고용세습 조항을 포함하고 있는 사업장 13개 중 9곳이 민주노총 소속이라고 밝혔다. 정부는 그해 11월 고용세습 조항을 고치지 않은 현대자동차, 롯데정밀화학, 금호타이어, S&T중공업, 두산메카텍, 현대로템 등 6개 대기업에 대해 개정 권고를 했다. 이후 현대차 노조가 자체 고용세습규정 삭제를 결의하고, 금호타이어 등은 일자리 대물림 조항을 없앴다. 그러나 기아자동차 노사는 2013년 단체협약에서 25년 이상 근속직원 자녀의 채용 특혜를 확대하기로 합의한 이후 사회적 지탄에도 불구하고 개선 의지를 밝

---

15 "독버섯화 고용세습 조항… 政 '금지법 도입' 勞 '가짜뉴스'", 『파이낸셜뉴스』 2018. 10. 28.

16 "대기업 노조 6곳, 고용세습 말라는 정부의 권고 거부", 『조선일보』 2018. 11. 28.

히지 않고 있다. 고용세습 관련 단체협약이나 음성적 관행을 막기 위해 국회에는 고용세습을 금지하는 법률이 발의돼 있다.

파업만능주의

한국노동연구원에 따르면 2018년까지 지난 10년 동안 발생한 전체 파업의 84.7퍼센트는 민주노총 소속 노조에서 발생했다. 민주노총 소속 노조들이 진행한 파업은 총 933건이고, 한국노총의 파업은 전체 파업의 약 11퍼센트 수준인 111건이었다.[17] 현대차 노조는 2016년 24차례 파업을 했다.

민주노총 소속 노조의 사업장에 파업이 많은 것이 사실인데, 그 배경에는 적대적 노사관계를 가진 노조일수록 상급기관으로 민주노총을 선호하고, 파업을 통한 강경한 해결방법을 선호하는 이유 등이 복합적으로 작용했을 수 있다. 대화와 타협을 통한 해결을 어용행위로 보고, 전투적 선명성 경쟁을 벌이는 한국 노동운동의 성향도 있어 보인다. 이 때문에 임단협 협상을 하면서 파업부터 미리 결정하는 파업만능주의 사고를 보이는 경향이 있다. 2016년에는 하루 평균 5,600명 가까이가 파업을 벌여, 근로손실일수가 203만 4천 일이나 되었다(표 3. 손실일수=파업참가자수×파업기간). 국제노동기구ILO 자료 등을 집계한 결과, 우리나라 근로손실일수

---

17 "노조가입 직원 적은 '중간 규모 기업'에서 '비임금 이슈'로 대립", 『매일노동뉴스』, 2018. 4. 13.

는 2016년 비교 대상 9개국 가운데 가장 많았다. 일본은 2016년 근로손실일수가 3천 일에 그쳐 우리의 0.14퍼센트 수준이다.[18]

표 3 2007~2016년 근로손실일수(단위: 천 일)

연도	2007	2008	2009	2010	2011	2012	2013	2014	2015	2016	10년 평균
근로 손실 일수	536	809	627	511	429	933	638	651	447	2,034	761

출처: 고용노동부

파업 관련 이슈에서 임금보다 비임금, 근로조건보다 고용문제가 파업을 장기화시키는 경향이 있다. GM사태나 쌍용차사태에서 볼 수 있었듯이 한국 노조는 고용문제에 대해서는 매우 극단적인 투쟁을 벌이는 경향이 있다.

민주노총이 중심이 돼 사회적 이슈를 앞세워 전국적으로 파업을 진행하는 경우도 연례행사처럼 반복되고 있다. 민주노총은 '박근혜정권 퇴진을 위한 총파업' 이후 1년 만인 2018년 11월 '노동법 개악 저지를 위한 총파업'을 벌였다. 기업의 임금이나 근로조건 등과 무관한 정치파업이었다. 민주노총은 당시 파업을 통해 최저임금 및 노동시간 확대 개악 저지, ILO 핵심협약 비준 및 노조 권리

---

18 "매일 5600명꼴 파업… 한국 근로손실 일본의 600배", 『조선일보』 2018. 12. 4.

보장, 비정규직 철폐 등을 요구했다. 정치파업은 엄연한 불법이지만 대부분 노조의 힘이 강한 대형사업장 위주로 파업이 진행되기 때문에 회사는 그냥 지켜볼 도리밖에 없다. 사후 손해배상소송도 대부분 임단협 과정에서 흐지부지되고 만다.

최근 어렵사리 타결된 '광주형 일자리' 협약에 대해서도 현대차 노조와 기아차 노조가 파업을 예고하고 있다. 광주형 일자리는 임금을 절반 수준으로 낮추고 주거, 복지 등의 비용을 정부와 지자체가 지원해 일자리를 창출하는 방식이다. 5년간 임단협 유예도 합의 내용에 포함됐다. 현대차 노조는 광주형 일자리가 노동자 간의 저임금경쟁을 촉발하고 국내 경차 생산을 포화상태로 만들 것이라고 주장한다. 회사의 실적부진에도 성과급과 임금인상 잔치를 벌이고, 파업으로 신차 생산까지 방해한 현대차·기아차 노조가 자신의 특권이 얼마나 거대했는지 역으로 확인시켜 주는 광주형 일자리에 기겁하는 것은 어찌 보면 당연한 일이다.

파업으로 자신의 특권을 뚜렷이 드러낸 또 하나의 사례는 2019년 1월 국민은행의 파업이다. 금융감독원 전자공시시스템에 따르면 국민은행 평균연봉은 9,100만 원이다. 국민은행 노조는 2년 연속 성과급 300퍼센트 지급(1인당 약 1천만~2천만 원 수령)을 요구해 사측이 수용했다. 그런데도 2.6퍼센트 임금인상과 임금피크제 진입 시기 연장 등을 요구하며 1월 8일 하루짜리 파업을 진행했다. 2004년 민영화 이후 사실상 특정 소유주가 없는 조건에서 KB금융

지주 경영진은 노조와의 갈등이 불러올 사회적 지탄과 정부의 간섭을 우려해 노조의 무리한 요구까지 수용하게 되고, 정부 규제 안에서 대출과 이자 금리 차이를 이용한 수익을 바탕으로 전 직원이 성과급과 고액연봉 잔치를 벌여 왔다.

통제수단이 없는 귀족노조의 발목을 잡은 것은 유약한 경영진이 아니라 '핀테크'로 불리는 금융기술이다. 국민은행을 이용하는 고객들은 은행권이 파업해도 아무런 불편을 느끼지 못했는데, 비대면 거래가 은행거래의 90퍼센트 이상을 차지하는 조건에서 파업현장에 모인 사람이 불필요한 인력이라는 국민적 의구심을 낳은 것이다.

기술 발전에 따른 자동화와 로봇화는 장기적으로 피하기 어렵다. 고용경직성, 고임금, 파업만능주의는 사용자에게 업무자동화의 동기를 더욱 강화할 것이다.

정치권력 포획

양대노총은 우리 사회의 거대한 권력집단으로 자리 잡았다. 노사관계에서 갑의 지위이자, 노동정책의 주도집단이 되었다. 양대노총은 대선이나 총선에서 주요 정당과 정책연합을 시도해 노동친화형 정책을 주문하고, 노총 간부의 정치적 진출을 위한 교두보를 마련한다. 회사 노동자에서 노조 간부가 되면 노조활동으로만 월급을 받을 수 있고, 상급단체에 진출해 지명도를 높이고 여건이 맞으면 지자체나 국회에 진출하는 것도 가능하다. 대기업 노조에서는 상급단체와 지자체 선거에 나간 후에도 현장으로 복귀할 수 있어 그 달콤함은 '폴리페서'를 능가한다.

정책연합 외에도 노동운동진영은 주요 정당과 수시로 정책협의를 개최하고, 일부는 주요 정당의 정책대의원으로 참여해 실제 당권경쟁에 개입한다. 당권 주자들은 일괄투표로 영향력을 행사하는 노동계의 주장을 무시할 수가 없고, 내부적 연대관계를 유지하게 된다. 정치권뿐만 아니라 정부에서 임명하는 공공기관장에 전직 노조 간부 출신들이 취임하기도 한다. 이 정부에서는 과거 민주노총 위원장 시절 민주노총 간부의 성폭행 시도 은폐 문제로 사퇴한 이석행 전 위원장이 한국폴리텍대학 이사장에 취임하기도 했다. 정치권이 조직화된 노동자의 표를 얻기 위해 노총에 손을 벌리는 행위는 거대권력과의 결탁에 다름 아니다.

3. 노조 특권 해소 방안

노동조합에 대한 인식의 변화 필요

우리 헌법 제33조는 근로자의 노동3권을 보장하고 있다. 선진국들의 선례를 따르고, 우리 스스로도 1987년 이전 권위주의 정부 하에서 근로자의 권리가 억압됐다는 반성적 인식에 기인한 것이다.

1980년대까지는 노조는 사회적 약자의 단결체라는 주장에 많은 국민들이 호응했다. 1990년대를 지나면서 제도적 민주주의가 정착되고 인권 수준이 높아졌고, 노조의 활동과 더불어 노동자의 임금과 근로조건이 개선됐다. 1997년 IMF사태 이후 대기업, 공공 부문 중심의 정규직과 해당 노조는 특권화되었다.

2000년대 들어 정부가 노동3권을 탄압하는 일은 거의 발생하지 않는다. 노사 간에 발생한 분쟁은 노사와 공익위원으로 구성된 노동위원회의 판정과 중재를 따르게 되어 있다. 필요하면 추가적으로 행정소송을 제기할 수 있다. 사측의 부당노동행위는 노동위원회와 법원을 통해 바로잡을 수 있다. 보수진영 정치인과 행정, 경찰이 노조의 눈치를 보는 것이 사실에 가깝다. 한국개발연구원은 비정규직이 고용에 끼친 영향을 분석한 보고서에서 노조가 없는 사업장의 정규직 증가가 두드러진다고 했다. 노조가 있는 곳은 근로조건이 지나치게 경직(과보호)돼 신규채용이나 정규직 전환을 꺼린다는 것이다.[19]

우리 국민 가운데 85.5퍼센트는 노조가 필요하다고 생각한다. 그러나 '노동조합이 전체 근로자의 이익을 도모하는 방향으로 운영되고 있다'는 응답은 21.8퍼센트, 반면 '노동조합 간부나 일부 근로자의 이익을 도모하는 방향으로 운영되고 있다'는 응답은

---

19 매일경제, '노조있는 기업이 정규직 전환 더 적었다', 2018.11.19.

46.1퍼센트에 달했다.[20] 법과 제도, 사회적 분위기가 사측의 부당한 해고나 노동행위를 엄격히 차단하는 조건에서 과거처럼 노조가 노동자의 정당한 권익을 보호하기 위해 반드시 필요한 것인지 의문이 생기지 않을 수 없다.

우리의 노조조직률은 10퍼센트 수준이다. 대부분 중견기업 이상과 대기업, 공무원과 공기업 등 소위 상위 10퍼센트에 해당하는 특권층에서 노조가 활성화되어 있다. 이미 이중, 삼중으로 보호받는 특권 노동자들은 노조를 통해 노동경직성을 강화시키고 생산성을 초월한 고임금을 쟁취한다. 노조는 노동 특권층의 과도한 이익추구 수단이 되어 버렸다. 이들이 일한 가치 이상으로 받는 혜택은 하청기업의 노동자, 비정규직, 실업자, 청년, 그리고 세금으로 부담된다.

노동자의 권리는 법과 제도를 통해 보장받을 수 있다. 노조가 없다고 기업이 노동자를 대량해고할 수 없다. 대부분의 기업에서 저성과자에 대한 해고가 어려운 이유는 근로기준법과 해고에 따른 사회적 비난, 기업 이미지 훼손, 소송 등 각종 해고비용 때문이다. 오히려 영세사업장은 노조가 필요할 수 있지만, 이런 곳은 노조를 통해 사측으로부터 얻어 낼 이익이 거의 없기 때문에 애써 노

---

20 장홍근 외, "2017년 노사관계 국민의식조사 연구"(한국노동연구원, 1987)(장홍근, 『1987년 이후 30년: 새로운 노동체제 탐색』, 한국노동연구원, 1987, 133쪽에서 재인용).

조를 조직하지도 않는다. 직원 100명 이하 회사의 노조조직률은 2퍼센트 수준이다.

이제 노조의 필요성에 대해서도 우리 사회가 진지하게 고민해 볼 때가 됐다.

노조편향적 노사관계법 개정

노조가 단체교섭권을 행사해 사측과 협상을 하다가도 자신들의 요구를 관철하는 것이 용이하지 않을 때 쟁의행위에 돌입할 수 있다. 쟁의행위는 회사가 노조의 요구에 맞게 협상에 나서도록 압박하는 수단이다.

노조가 파업에 돌입하면 기업은 막대한 생산차질과 영업피해를 입게 된다. 그러나 노조의 파업에 대응하는 회사의 수단이 마땅치 않다. 우리 노동조합 및 노동관계조정법 제43조는 쟁의행위 기간 대체근로나 하도급을 원천적으로 금지하고 있다. 이 때문에 사측은 노조와의 교섭에서 불리한 위치에 처하게 된다.

직장폐쇄는 수세적 대응인 데다 조건이 까다롭다. 대체근로제는 사용자의 경제활동의 자유를 보장하는 기본권이다. 우리나라처럼 대체근로를 완전히 금지하는 경우는 다른 나라 사례에서 찾기 힘들다. 미국은 파업권과 영업의 자유 균형의 차원에서 파업 시 외부인력 대체를 가능하게 했다. 독일도 원칙적으로 파업기간에 대체근로가 허용되고, 영국도 파견근무는 금지하되 대체인력 직

접고용은 원칙적으로 제한하지는 않는다.[21]

　1990년대까지는 파업에 공권력을 투입하는 정부 개입이 파업을 억제하는 기능을 했기 때문에 사측은 대체근로의 필요성마저 느끼지 못했다. 그러나 민주화가 진전된 조건에서 노조의 일방적 파업에 사측이 대응할 수단이 없는 것은 경영권의 심각한 침해를 가져온다. 많은 장기파업들이 노조의 승리로 귀결되는 이유가 대체근로제 부재에 있다. 노조는 쟁의행위 기간에 대체인력을 투입하면 파업권이 무용지물이 된다고 주장하지만, 노조의 파업에 대응할 사측의 수단이 마련된다는 점에서 일종의 균형점을 찾는 조치라고 봐야 할 것이다. 대체인력제도가 도입되면 노조의 극단적인 투쟁과 사용자의 손해배상소송, 정부의 긴급조정권 발동 등 대결적 상황 또한 줄어들 것이다.

엄정한 법집행

노동조합법 제42조는 쟁의행위를 하면서 대통령령이 정하는 시설을 점거하는 것을 금지하고 있다. 법원 판례는 이러한 시설을 제외하고는 파업 기간 노조의 직장점거를 허용하고 있다. 직장점거는 노

---

21 대체근로 문제에 대해 2016년 시민단체 바른사회시민회의 토론회에서 조영길 변호사는 "쟁의행위 중 대체근로 금지규정은 주요 경쟁 선진국뿐만 아니라 OECD 국가 전체적으로도 그 유례를 찾아볼 수 없는 규정"이라며 "전 세계에서 아프리카의 사회주의 성향 국가 말라위 한 곳에 비슷한 규정이 있다"고 지적했다.

조가 파업의 효과를 배가시키는 수단이 되고 있는데, 노조활동을 하지 않거나 파업에 불참하는 노동자들의 공장 출입까지 막게 된다.

외국에서는 노조의 직장점거를 영업활동의 자유를 침해하고 사용자의 재산에 손실을 가져오는 범죄로 보고 있는 데 반해 우리나라에선 직장점거를 파업의 한 형태로 당연시하는 분위기가 형성돼 있다. 미국은 법원 판결 등을 통해 노조가 사용자의 재산을 점유하는 것을 파업 시 보호해야 할 행동으로 보지 않으며, 타인의 출입을 방해하면 범죄로 간주한다. 독일에서 개별적인 사업장점거Betriebsbesetzung 형태의 쟁의행위는 불법이다.[22] 파업을 하면서 생산라인을 쇠사슬로 묶는 현대차 노조의 행위가 면책되는 것은 이런 나라들에서는 상상하기 어렵다.

노조의 파업에 따른 생산차질의 한계를 분명히 하고 사용자의 재산을 보호하기 위해 직장점거를 위법으로 간주하는 법적 원칙을 확보하는 것이 시급하다고 할 것이다.

노조 월권 금지

최근 들어 양대노총은 타임오프제(근로시간 면제한도제도)와 노조전임자 임금지급 금지가 노조활동을 위축시키고 있다면서 관련 제도의 폐지와 노사 자율결정을 주장하고 있다. 한국노총은 노조전임

---

22 김희성, "노사간 교섭력 균형확보를 위한 법제도 개선방안"(하태경 의원실, 2016), 16쪽.

자 임금지급 금지 폐지를 당면한 핵심과제로 설정했다.

한국노총의 요구대로 이 문제를 노사 자율에 맡길 경우 노조의 위세에 휘둘려 전임자가 타임오프제 실시(2010년) 이전 수준으로 회귀할 것이 분명하다. 당시 회사에서 임금을 주는 노조전임자 1인당 조합원 수는 유럽 국가의 10분의 1 이하였다(표 4).

노조전임자 수 증가는 회사의 비용상승과 함께 노조의 권력화라는 부작용이 만만치 않다. 또한 현장을 떠나 조직을 관리하는 특권적인 지위를 갖기 위한 경쟁이 격화돼 불필요한 노사갈등을 유발할 소지도 크다.

표 4 2009년 당시 주요국 노조 완전전임자 1인당 조합원 수(단위: 명)

국가	한국	일본	미국	유럽
노조전임자 1인당 조합원 수	122~150	500~600	800~1,000	1,500

출처: 한국경제연구원

노조 채용비리 엄단

노조가 권력화되면서 나타나는 것이 노조 채용비리이다.

동해항운 노조는 항만작업과 채용을 독점하면서 조직적 채용비리를 저질러 관련자 70여 명이 사법처리됐다. 기아차 광주공장 노조 간부들은 채용을 미끼로 수억 원대의 돈을 가로채 실형을 선고받았다. 이러한 노조 채용비리는 노조가 개입하는 채용절차에 공정성을 담보하기 어렵다는 실증적 사례이다.

투명성 확립

노조가 대형화되면서 조합비를 투명하게 관리해야 한다는 요구도 이어지고 있다.

금속노조의 조합비는 427억 원(2015년), 전국공무원노동조합의 1년 전체 조합비는 130억 원에 이른다.[23] 이러한 막대한 예산 중 일부는 각종 투쟁기금과 쟁의적립금, 수배자나 해고자 지원 등에 사용돼 노조의 강성투쟁의 원인이 되고 있다.

대형사업장의 노조 조합비는 수백억 원에 이르기 때문에 노동조합법에서 규정한 대로 엄정한 회계감사가 뒤따라야 하지만 지극히 부실하다는 것이 현장의 평가다. 노동조합 재정비리는 조합비 유용 비리, 조합비 이외의 재정 관련 비리, 복지시설 운영 관련 비리, 회사와의 담합구조로 인한 비리이다.[24] 조합비나 수익사업 등의 재정이 노조 간부의 거대한 이권 창구로 전용되는 경우가 발생하고, 최근 현대제철 노조처럼 전직 집행부와 현직 간에 고소고발전이 벌어지기도 한다.

노조활동은 다른 선진국의 사례처럼 투명성을 강제하는 것이 매우 중요하다. 이런 취지에서 노동조합법 제25조에서는 회계감

---

23 남용우, "노사간 힘의 불균형 해소를 위한 제도 개선이 시급하다"(하태경 의원실, 2016), 43쪽.

24 김정한, "노동조합 재정비리의 원인과 향후 과제"(노동리뷰 2005년 6월호, 한국노동연구원), 25쪽.

사 규정을 두고 6개월에 1회 모든 재원과 사용처를 공개하도록 하고 있다. 또한 행정관청은 결산 결과와 운영상황에 대한 보고를 요구할 수 있다. 노조권력의 사유화와 비리 문제를 막기 위해서는 정부에서 노조 회계책임자들을 대상으로 필요한 교육과 외부기관을 통한 감사를 실시할 필요가 있다.

4. '특권적 결탁' 정부가 공범

문 정부가 표방한 노동존중정책은 쉽게 말하면 노조의 요구를 최대한 수용하는 정책이다.

노동시장의 유연성보다 기존 정규직의 노동경직성을 강화했다. 징계해고와 정리해고만 가능한 근로기준법을 보완하고자 쉬운 해고와 취업규칙 변경조건 완화를 담은 양대 노동지침을 폐기하고, 공공기관의 성과평가제 도입을 무산시켰다. 그나마 다른 비정규직보다 근무여건이 좋은 공공부문의 비정규직을 정규직화해서 중소기업 비정규직과 격차를 더 크게 벌리고 실업자들의 새로운 일자리 진입 기회를 빼앗았다.

노조특혜정책도 계속되고 있다. 정부가 추진한 쌍용자동차 해고자 전원 복직, 코레일 철도노조 해고자 구제 및 원청 직접고용이라는 무리한 요구를 해 온 여승무원들의 복직, 건강보험공단 해고자 복직 선물을 안겼다. 무분별한 해고자 복직은 경영의 일관성을 침해하고 노조의 불법투쟁과 파업을 조장하게 된다. 무리한 요구를 하고 불법파업을 벌여도 노조에 유리한 정권이 등장하면 보상받을 수 있다는 좋지 않은 선례를 남긴 것이다.

공기업이나 공공기관에서 비정규직을 정규직으로 전환하는 일에 노조가 주도적인 역할을 하는 것 또한 노조의 권력화를 뒷받침하고 있다. 2018년 민주노총 가입자가 1년 만에 20만 명 이상 늘어나 100만 명에 육박한 것도 정부의 친노동, 친노조 정책 효과에 힘입은 바 크다.

문재인정부가 정규직과 노조, 공공부문을 보호하는 친노동정책으로 일관하는 것은 1980년대의 이념적 유산(경제현상을 노동과 자본의 대결로 보는 세계관)일 수도 있고, 현실경제에 대한 무지 때문일 수도 있다. 아니면, 알면서도 노조 및 공공부문 특권세력과 결탁하겠다는 정치적 계산일 수도 있다. 그러나 지금은 그렇게 한가한 상황이 아니다. 한국경제의 중심이 무너지고 있고 거대한 미래의 변화가 몰려오고 있다. 이 시점에서 친귀족노조 정책은 파국을 부채질하게 된다. 사회적 약자를 위한다는 초심에 입각하여 귀족노조와의 특권적 결탁에서 단호히 벗어나는 것이 유일한 길이다. 그 길을 이제라도 가기를 간곡히 부탁한다.

4장

국민의 공복, 공공부문 특권 개혁

백경훈

1. 압도적 1위

구인·구직 매칭플랫폼 '사람인'이 2018년 11월에 성인 1,143명을 대상으로 '최고의 직장'을 조사한 결과 1위는 '공무원과 공공기관'이었다. 전체 응답자 중 26.7퍼센트(복수응답)가 공무원과 공공기관을 꼽았고, 그 뒤를 카페·식당 등 사업가(16.2%), 사무직 회사원(15.0%), 변호사·의사 등 전문직(11.4%)이 차지했다. 구직자와 직장인 모두 가장 선호하는 직업으로 공무원과 공공기관을 선택하고, 그 배경으로 '직업안정성'을 첫 번째 이유로 들었다. 의사나 변호사보다 선호도가 높은 것은 현실적인 가능성이 작용한 부분도 있겠지만, 공무원과 공공기관이 주는 직업안정성과 고임금, 워라밸(일과 삶의 균형) 등이 높게 평가됐기 때문일 것이다.

3개월 후에 이 회사가 '자식 희망 직업'을 조사했는데 '공무원'이 또 1순위로 꼽혔다. 일반국민 대다수는 본인의 직업을 자식이 갖는 데 부정적이었지만, 공무원의 66.7퍼센트는 '자식이 부모의 직업을 이어도 좋다'고 응답했다. 공무원들 스스로 공직이 대물림하고 싶을 정도로 괜찮은 직장이라는 점을 인정한 것이다.

최근 관련 논문을 보면 우리 사회 공무원시험 준비생(공시생)은 약 40만~45만 명 정도로 추산된다. 국내 청년실업자 36만 6천 명(2018년 12월)보다 5만~10만 명 많고, 이제 대입수험생 규모와 비슷해지는 추세이다. 『로스엔젤레스타임스』는 대한민국의 공무원시험이 하버드대학교 입학경쟁률보다 치열하다고 보도했다. 우리나라처럼 수천 명을 한 번의 시험으로 선발하고, 그 시험으로 안정된 직장과 월급을 평생 보장해 준다면 공무원시험은 개인적으로 나쁜 선택이 아닐 것이다.

그러나 공시생 중 매년 공무원이 되는 비율은 통상 5퍼센트 이하이고, 두세 번 시험에 떨어지면 사회진출이 늦어져 정상적인 취업이 어렵게 될 수 있다. 연이은 불합격으로 비자발적인 '장수생'[1]이나 '고시낭인'이 돼 취업을 포기하는 경우도 주변에 적지 않을 것이다. 젊고 능력 있는 인재들이 안정된 관료를 선호하는 것은 산

---

[1] 고시나 공무원 시험을 오랫동안 준비하는 사람을 이르는 속어.

업의 경쟁력과 사회 전반의 도전의식을 저하시키고, 청년고용률을 낮추는 주요한 원인이 되고 있다.

공무원시험에 이처럼 과도한 쏠림현상이 발생하는 것은 민간기업의 좋은 일자리가 부족한 탓도 있지만, 공무원이 가지는 혜택이 민간보다 월등히 크기 때문이다. 그중 가장 큰 요소는 고용안정성인데, 40대에 명퇴 위기를 겪는 민간기업의 사무직과 비교하면 대단한 매력이다. 사회 전반의 변화에 맞지 않는 완전고용보장, 시간이 흐르면서 뛰는 임금, 편한 근무환경, 안락한 노후를 보장하는 연금 등이 줄지어 보장돼 있다.

사정이 이렇다면 특권을 줄여 민간기업과 형평성을 맞춰서 공무원시험 과열 양상을 완화하는 것이 정상일 것이다. 그러나 문재인정부는 공무원 증원에 열을 올리고 있다. 공무원 충원 숫자가 늘어나는 이상으로 지원자도 몰려 경쟁률은 더욱 치솟고 있다. 공무원 정원 확충은 수십조 원의 정부예산을 들여 특권집단을 만드는 것이기 때문에 그 부담은 결국 국민이 져야 한다.

2. 공무원의 3대 특권과 방만

공무원 평균 연봉은 상위 7퍼센트 해당

통계청이 발표한 "2017년 임금근로 일자리별 소득 결과"에 따르면 임금근로자의 월평균소득은 287만 원이다. 월평균소득이 250만 원에 미치지 못하는 임금근로자의 비중이 전체의 59.6퍼센트이고, 150만 원 이하는 34.4퍼센트이다. 임금근로자를 소득순으로 줄세웠을 때 정중앙에 위치한 자의 소득을 나타내는 중위소득은 210만 원이다.[2] 근로자 절반 정도는 200만 원 이하이다.

행정자치부가 2018년 8월 전자관보에 게시한 공무원 전체의 기준소득월액 평균액은 522만 2천 원이다. 연봉으로 보면 약 6,300만 원이다. 여기에는 고위공무원, 법관, 검사, 외교관 등이 모두 포함된 것이며 일반직공무원만 대상으로 하면 월 490만 원 정도 된다.

지방교육청에 근무하는 A씨는 근속연수가 15년으로 올해 7급 13호봉이다. 기본급 약 300만 원에 각종 수당을 합하면 평균 월보수가 400만 원이 넘는다. 기본급 외에 봉급의 110퍼센트까지 지급되는 성과급, 명절·휴가비, 휴일이나 야근 등 초과근무수당, 출장비, 가계보전수당, 자녀 학자금지원 등이 추가되기 때문이다. 또 '숨겨진 월급'으로 부르는, 여가생활을 지원하는 복지포인트 제도가 있다.

한국경제연구원은 7·9급 등 공무원 취업자가 민간기업 취업자보다 퇴직할 때까지 최대 7억 8,058만 원의 누계소득을 더 번다

2 "임금근로자 60% 月 250만원도 못 벌어… 50대 남녀 격차 200만원", 뉴시스 2019. 1. 30.

고 발표했다. 초임은 작아도 매년 공무원임금 인상률에 호봉당 평균 6~7퍼센트 임금이 오르고, 퇴직연령(56~59세)도 민간기업(52세)보다 훨씬 길기 때문이다.[3] 납세자연맹은 공무원 평균임금을 510만 원으로 잡고, 복리후생급여, 공무원연금 국가부담분, 사회보험료, 간접비에 해당하는 기본경비를 더해 공무원 실질평균연봉이 8,853만 원으로 전체 근로자 중 상위 7퍼센트에 해당한다고 발표했다.[4]

출산지원정책 등 복지제도가 도입되면 가장 먼저 혜택을 보는 것도 공무원들이다. 육아휴직은 경력으로 인정된다. 공무원은 일반국민들에 비해 출산율이 두 배 높다.

한국은 공무원보수 산정에 대한 법적 근거가 없다. 기획재정부가 관례에 따라 상시근로자 100인 이상 사업장의 민간사무관리직을 기준으로 제시하고 있다. 어떤 기준을 통해 비교하는지 알지 못하지만 지난해 100인 이상 사업장의 86퍼센트 수준이라고 발표했다. 100인 이상 사업장은 중소기업 이상 규모로 중견기업과 대기업을 포함하기 때문에 급여수준이 높다. 한국노동연구원이 사무관리직을 직급별 5단계(예: 사원, 대리, 과장, 차장, 부장)로 구분해 가장 낮은 임금에서 가장 큰 값으로 75퍼센트(p75)를 산정해 발표한 월급여는 1단계(직급)가 384만 원, 2단계 494만 원, 3단계에서 600만 원,

3 "노동개혁, 공무원부터 '철밥통' 깨고 자기혁신 나서야", 『머니투데이』, 2018. 4. 3.
4 "공무원 실질 평균연봉 8천 853만원… 근로소득 상위 7%", 『매일경제』 2017. 7. 19.

표 1 사무관리직 규모·직급별 월급여(5단계, 단위: 천 원, 명)

구분	1단계		2단계		3단계		4단계		5단계	
	p75	인원수	p75	인원수	p75	인원수	p75	인원수	p75	인원수
전체	3,846	23,297	4,947	22,342	6,016	24,217	7,124	19,346	7,924	11,014

월급여는 연장·야간·휴일근로수당인 초과급여를 제외하고 '월 정액급여+(특별급여÷12개월)'로 산출한 금액임. 'p75'는 월급여를 가장 작은 값에서 가장 큰 값으로 나열하였을 때, 가장 작은 값에서부터 75% 위치에 있는 값을 말함. 가중치를 적용. p25, p50 수치는 지면상 생략했으며, 전체 표는 고용노동부 임금근로정보시스템에서 확인할 수 있음.
출처: 고용노동부 임금근로정보시스템

부장급 최종단계는 800만 원에 달한다(표 1).

공무원급여법이 있는 일본은 비교 대상 기업이 50인 미만 (36.9%), 50인 이상(63.1%)이고, 여기에 역할(직급), 근무지역, 연령, 학력을 고려하여 반영한다. 우리보다 급여산정기준이 낮고, 일본 후생노동성이 공시한 근로자 평균임금도 월 30만 4천 엔(42.2세, 11.9년 근무)이다.[5] 한국의 7급 10호봉이 받는 현금성 월보수(약 350만 원)에 비하면 낮은 수준인 것으로 파악된다. 2019년 공무원노조는 민간기업과 연봉 격차가 커지고 있다며 대폭적인 인상을 주장한다.

공무원 보수체계의 가장 큰 특징은 근무연수에 따라 임금과 지위를 올려 주는 연공서열식 체계에 있다. 한국과 일본에서 찾아볼 수 있는 독특한 임금체계로 민간기업에도 보편화돼 왔다. 평생직장의 개념으로 근무연수가 쌓임에 따라 일에 대한 숙련도와 충성

---

5 김대호, "새정부 일자리정책 정책제언 및 입법과제: 문재인 정부 일자리 정책 성공조건"(하태경·이언주 의원실 세미나, 2017. 7. 7), 78쪽.

심이 높다고 보는 전근대적 사고가 반영돼 있다. 근무의 성격이나 업무성과보다는 근속연수가 임금인상과 승진에 더 중요한 요소가 된다. 연공서열에 따른 임금인상 때문에 기업들은 기본급은 낮추고 언제나 넣었다 뺄 수 있는 수당의 덩치를 키워 왔다. 이 때문에 한국의 보수체계는 유별나게 복잡하고 고연봉자가 최저임금에 미달하는 왜곡이 발생한다.

연공서열이 장기간 지속되면서 공직사회의 낮은 생산성과 무사안일이 팽배해지자 성과 중심 체계로 개편이 시도돼 왔다. 김대중정부에서 성과평가제를 시행했고, 고위공무원을 중심으로 연봉제를 도입했지만, 여전히 호봉제가 주요 보수체계이다.

우리의 경제적 수준은 빈곤상태를 벗어나 웰빙 시대로 접어들었고, 숙련이나 장인정신이 아닌 창의나 혁신을 훨씬 중시하게 됐다. 가만히 있어도 월급이 올라가고 승진을 한다면 자발적으로 혁신을 시도하고 비용을 절감할 이유가 없다. 혁신보다 현상유지를 선호하게 된다. 연공서열은 경쟁을 회피하고 혁신을 저해하는 보수적인 관행이다. 공직사회의 무사안일을 타파하기 위해서는 연공서열부터 성과중심연봉제로 확실히 바꿔야 한다. 기본급부터 업무의 성격과 책임, 성과를 중심으로 책정하고 근속연수를 일부 반영하는 개선이 필요하다.

죽을 때까지 특권 '공무원연금'

2018년 공무원연금(41만 9,968명) 1인당 월평균수급액은 240만 원이다. 공무원연금 최고 수령액은 720만 원이다. 반면 지난해 국민연금 전체 수급자 469만 명의 월평균 연금액은 38만 6천 원에 불과했다. 공무원연금의 6분의 1 수준이다.[6] 매달 100만 원 이상을 수령하는 대상은 19만 3,073명으로 전체의 4.1퍼센트 정도였다.[7] 국민연금 최고수령액은 204만 원이다.

이것은 공무원연금과 국민연금의 납부 액수, 기간, 소득상한액과 대체율 차이에서 비롯된다. 국민연금은 2007년 '더 내고 덜 받는 조정'을 통해 소득대체율을 40퍼센트로 낮춰 수익비가 1.6배에 머물지만, 공무원연금의 소득대체율은 50퍼센트를 유지하고 있다. 교사 부부가 정년퇴임을 하면 매년 해외여행을 다닐 연금을 타지만, 국민연금으로는 생계유지도 버겁다.

박근혜정부 당시 연금개혁이 실시된 이후 2016년 7급 공무원에 임용돼 30년간 근무하며 공무원연금 기여금을 내면 퇴직 후에 157만 원을 수령한다. 같은 기간 민간에 근무해 근무하면 91만 원을 받게 된다. 현재뿐만 아니라 미래에도 공무원연금과 국민연금 수령액의 차이는 적지 않다고 봐야 한다.

더 큰 문제는 공무원연금의 적자를 국가예산으로 보전해 주고

6 "공무원연금 월평균 240만원, 국민연금 수령액은 38만원", 『동아일보』 2018. 10. 23.
7 "국민연금, 여전히 푼돈연금", 『한국일보』 2018. 8. 15.

있는데, 그 규모가 이제 연 2조 원에 달한다는 점이다. 전문가들은 문재인정부 이후에는 감당하기 어려운 수준이 올 수 있다고 전망한다.

국민연금도 추가적인 개혁 요구에 맞닥뜨린 만큼 양대연금의 통합도 고려해 볼 만하지만 현실의 벽은 높다. 공무원들이 추가적인 연금개혁에 반발하는 것은 당연해 보이지만, 고용보장이 최고의 복지가 됐고, 평균임금도 일반근로자의 두 배 이상이 되는 조건에서 연금까지 높은 혜택을 받는 것은 과도한 특혜가 아닐 수 없다. 그동안 미봉책에 그친 공무원연금과 국민연금의 통합 방향으로 새로운 개혁이 필요하다.

"국민은 개"라는 복직된 공무원

우리 헌법 제7조는 공무원의 신분과 정치적 중립성을 보장한다. 정권교체에 따른 피해가 없도록 해서 공무원이 국익을 위해 소신껏 일하도록 국가공무원법을 통해 신분을 보장한다.

이러한 신분보장은 과거 정치보복이 횡행하고 민주주의와 인권 수준이 미약하던 당시에 필요한 제도였다. 그러나 이제는 시대는 변했다. 민간기업에서도 사용자의 일방적인 부당한 해고는 불가능하다. 공공부문은 더욱 그렇다. 공무원에 대한 지나친 징계는 법원에 의해 얼마든지 바로잡을 수 있다. "민중은 개, 돼지" 발언으로 여론에 떠밀려 파면된 교육부 고위관료는 해임무효소송을 내서 공직에 복직했다.

징계 이외에 해고 자체가 어렵게 되면서 공직은 점차 저성과자들의 안전지대가 되고 있다. 경쟁 없이 안정된 업무는 공직사회 전체의 비효율을 체질화시키고 있다. 정부조직들은 '좋은 게 좋다'는 식으로 적게 일하면서도 승진 기회를 주는 조직 확대에 혈안이다. 조직의 예산낭비나 비능률을 개선하려는 노력은 주변의 눈 밖에 나기 때문에 양심 있는 공무원도 실천하기 어려워졌다. 심지어 일을 제대로 하지 않고 놀거나 정신적으로 괴이한 행동을 해도 심각한 사고가 아니면 문제 삼기 어렵다.

신분보장이 국가공무원제도의 기틀인 성적주의와 능률성까지 해치고 있다. 민간기업들이 40대에 접어들면 명예퇴직 압박에 시달리기 때문에 공직은 민간에 비해 15~20년간 고임금을 받을 수 있게 된다. 청년들이 공무원시험에 매달리는 가장 큰 이유가 정년보장이다. 개인의 능력이나 성과 여부에 관계없이 시험 한 번으로 평생 동안 안정된 직장과 고임금을 보장받는 것은 매력적인 특권이 됐다.

공공기관의 방만

2018년 12월 기준으로 국내 338개 공공기관(정부의 출자, 투자 또는 재정 지원으로 운영되는 기관으로 기재부장관이 지정)의 임직원 수는 33만 2,188명이다(표 2). 5년 전보다 약 22퍼센트 증가했다. 정원 외에 사실상 정년이 보장되는 무기계약직은 4만 7,049명이다.

공공기관은 방만경영과 낮은 생산성으로 역대 정부가 들어설 때마다 개혁 대상 1순위로 꼽혀 왔다. 노조 등 기득권세력의 저항과 공공기관을 정권의 전리품 정도로 생각하는 정치권의 안일한 대응이 부실을 키워 왔다. 기획재정부의 "2018~2022년 공공기관 중장기 재무관리계획"에 따르면, 39개 주요 공공기관 부채는 2018년에만 8조 원 증가해 480조 8천억 원에 이른다. 2022년에는 539조 원에 이를 것이라고 한다.[8]

표 2 공공기관 임직원 현황(정원, 단위: 명)

연도	2013	2014	2015	2016	2017	2018
전체	272,462	280,081	288,308	300,467	312,320	332,188
공기업	113,414	116,320	118,579	122,728	126,607	130,505
시장형	52,632	55,296	56,797	59,490	61,596	63,517
준시장형	60,782	61,024	61,782	63,238	65,011	66,988
준정부기관	75,339	78,047	79,917	84,202	88,697	94,906
기금관리형	19,250	19,939	20,252	20,865	22,025	23,928
위탁집행형	56,089	58,108	59,665	63,337	66,672	70,978
기타공공기관	83,709	85,714	89,812	93,537	97,016	106,777

출처: 공공기관 경영정보공개시스템 알리오

---

8 "개혁은 않고 쓰자는 판이니 공공기관 부채 늘 수밖에", 『세계일보』 2018. 10. 7.

표 3 2017년 법제연구원 1인당 정규직 복리후생비 현황(단위: 천 원)

보육비	학자금	경조비, 유족위로금	선택적 복지제도	기념품비	행사지원비	문화여가비	기타	계
4,265	1,219	175	722	49	62	48	37	6,557

출처: 알리오

공공기관은 한전과 같은 대규모 공기업부터 각종 공사, 공단, 개발, 협회, 기금, 은행, 병원, 센터, 연구소 등의 소규모 기관을 포괄한다(세부명단은 '알리오' 참조). 국내 민간기업과 달리 기업의 규모와 임금이 비례하지 않는다. 2017년 기준으로 공공기관 중 가장 연봉이 높은 곳은 한국예탁결제원이다. 복리후생비를 포함한 평균연봉이 1억 1,484만 원이다. 공기업 평균연봉은 복리후생비를 포함해 8천만 원이 넘는다. 전체 공공기관 평균연봉은 6,681만원, 복리후생비를 합하면 6,765만 원이다.[9] 공공기관은 대부분 자체 어린이집을 갖추고 있고, 법제연구원을 예로 들면 보육비로 직원 1인당 426만 원의 예산을 지원했다. 또 학자금, 주택자금, 의료비, 생활안정자금, 선택적 복지 등 갖가지 명목으로 복지혜택을 제공한다(표 3 참조). 주택도시보증공사는 직원들에게 주택마련자금으로 1퍼센트 초저금리 대출을 해서 수백만 원의 이자비용 절감 혜택을 줬다. 주택을 임차하는 직원 61명에게는 64억 2,600만 원, 주택구

---

9 "공공기관 진짜 연봉왕 예탁결제원", 『한국경제』 2019. 1. 14.

입자금은 1명에게 1억 원을 대여했는데, 도시주택공사의 부채는 1조 6,507억 원이다.[10]

공기업이나 공공기관의 이러한 방만한 경영은 구조적인 문제에서 비롯된다. 공기업의 특성상 독점적 성격이 강해 경쟁과 가격이 제한돼 생산성이나 효율성을 높이기 위한 노력이 약하다. 공기업은 수익 추구와 함께 소위 공공성이라는 과제를 동시에 충족해야 한다. 공공성은 명백하고 객관적인 평가기준이 없기 때문에 경영부실의 방패막이가 된다. 직원들 사이에는 '공기업인데 망하겠나?' '회사 적자는 정권과 경영진 책임'이라는 사고가 널리 퍼져 있다. 공기업 경영자는 국민을 대신해 정부와 정치권이 선임하기 때문에 '이중대리인' 문제가 발생하게 된다. 경영진의 사익 추구 성향이 강해지고, 기업 실적보다는 진퇴 여부를 결정할 수 있는 정권이나 노조 눈치를 더 보게 된다. 준정부기관이나 기타 공공기관은 수익 개념조차 없이 가능한 한 많은 예산을 지원받아 사업을 확대하는 경향이 강하다. 이러한 구조적인 문제를 포함해 공공기관장을 정권의 전리품으로 생각해, 대선이 끝나면 낙하산 사장이 내려오니 개혁이나 효율성보다는 시류에 영합하는 경향이 많다.

---

10 "이용호 '주택도시보증공사, 숨은 신의 직장?'", 『전민일보』 2018. 10. 18.

3. 문 정부의 역주행

일자리 81만 개의 역설

문재인정부는 공공부분 일자리 81만 개 창출을 주요 고용정책으로 제시했다. 공무원 일자리 17만 4천 개와 사회서비스 공공기관 일자리 34만 개, 공공기관 비정규직의 정규직화 등을 통한 직접고용 30만 개를 제시했다.

문재인정부가 81만 개 일자리를 제시한 근거는 통계상으로 국내 공공부문 일자리 비중이 총고용 대비 7.6퍼센트로 OECD 평균 21.3퍼센트의 절반에도 미치지 못한다는 것이다. 그래서 절반인 10퍼센트에 근접하도록 3퍼센트포인트 늘려 81만 개를 만들겠다는 것이다. 문재인 대통령이 대선 후보 당시 제시한 공공부분 일자리 비중 7.6퍼센트 주장은 이후 통계청 공식 통계에 의해 8.9퍼센트(2015년 기준, 236만 5천 개)로 수정됐다.

OECD와 우리나라와의 공공부문 일자리 격차는 통계 적용 기준 차이에서도 상당부분 기인한다. 우리 통계청은 공공부문에서 제외했지만 프랑스 등 유럽 국가에서 포함시키고 있는 정부 재정부담 사립학교 교직원과 유치원 및 어린이집 선생님, 건강보험 급여를 받는 민간병원, 2019년부터 예산 10조 원이 들어가는 현역병사와 사회복무요원을 포함하면 우리나라 공공부문 일자리 비중은 이미 13.3퍼센트에 이르는 것으로 나온다.[11] 포스코나 농협, KB금융지주회사처럼 민영화됐지만 특정 소유주가 없어 경영자 선임 등에 아직도 정부 영향을 받는 대규모 기업집단도 있다. 여기에 공기업의 사내하청 민간회사 등도 사실상 공기업 예산으로 운영된다.

정부가 공공기관 채용비리를 전수조사한 기관은 기재부가 공공기관으로 지정한 대상보다 3배 가까이 많은 1,205개(공공기관 333, 지방공기관 634, 공직유관단체 238개) 기관이었다. 고용문화에서도 상당한 차이가 있는데, 문재인정부가 집착하는 공공부문 일자리 관련 상위부분을 차지하는 스웨덴은 1인당 GDP 5만 3천 달러로 세계 최고 수준이고, 영국은 1950년대부터 노동당을 중심으로 복지국가를 설계해 왔다. 고용문화에서 우리와 유사한 일본은 공공부문 고용비율이 7.9퍼센트이다. 일본은 정부조직의 비효율성 문제가 제기된 2008년 지방조직과 공무원 2만 1천 명을 감원할 정도로 공무원 정원 확대를 억제하고 있다.

국내 공공부문의 고임금과 고용경직성을 볼 때 공공부문 고용을 급격히 늘리면 정부지출은 폭증하게 된다. 현재 국가직·지방직 공무원은 2017년 기준 총 104만 8,831명이다. 정부는 공무원 17만 4천 명 증원에 5년간 17조 원이 든다고 밝혔다. 이것은 호봉제에 따른 가파른 임금인상과 연금 부분을 제외한 수치다. 국회 예산정책처는 증원된 17만 4천 명이 사망 전까지 수령할 총 연금액수를

---

11 "한국, 사립교원·민간 의료기관은 公共서 제외", 『조선일보』 2017. 12. 4.

92조 4천억 원으로 추산했다. 월급을 포함한 총 소요액은 327조 원이다. 기획재정부는 "2018~2022년 국가재정운용계획"을 통해 문재인정부 5년 기간 국가채무와 공기업 부채가 303조 8천억 원 늘어날 것으로 발표했다. 국회 예산정책처는 GDP 대비 국가채무 비중이 70.6퍼센트가 되는 2036년 이후 재정의 지속가능성을 확보하기 어렵다고 전망했다. 정부가 나랏빚 이자를 갚기 위해 빚을 내야 한다는 의미다.[12]

공공기관 개혁 역주행

공기업이나 공공기관은 고임금에 정년이 보장되기 때문에 취업준비생들이 대기업보다 더 선망하는 직장이다. 예를 들어 만약 산업은행과 신한은행에 동시에 합격하면 산업은행 입사를 선택할 가능성이 더 크다는 것이다.

이처럼 '신의 직장'으로 불리는 공공기관에 막대한 세금이 투입되고 있는 반면, 생산성은 그에 따라 주지 못한다.

2018년 국정감사에 제출된 공기업 결산서에 따르면, 2016년 19조 7천억 원이었던 주요 공기업 35곳의 영업이익은 2017년 13조 1천억 원으로 6조 6천억 원 감소했다. 매출액 순이익률은 6.1퍼센트에서 2.7퍼센트로 감소했다. 부가가치율도 35.9퍼센트에서

---

12 "나랏빚 지금처럼 늘면, 2036년엔 빚내서 빚갚을 판", 『중앙일보』 2019. 1. 7.

31.7퍼센트로 내려갔다.[13] 인원은 크게 늘고 있지만 공기업이 생산한 부가가치는 오히려 감소하는 '생산성 후퇴' 현상이 발생하고 있는 것이다. 경영진의 방만경영을 통제하고 직원들의 근로동기를 고취할 수단이 별로 없다. 박근혜정부에서는 생산성 향상을 위한 성과평가제가 추진됐지만, 노조 반발 등에 부딪쳐 중도폐기되고 말았다.

정치권과 정부 관료, 종업원(노조) 들의 이해관계가 얽힌 공기업의 정상화 방안으로는 민영화 외에는 다른 대안이 잘 보이지 않는다. 김대중정부 시절에 추진된 한전이나 가스공사, 철도 등의 민영화가 노무현정부 들어 노조 반대 등으로 중단됐다. 이명박정부에서도 공기업 선진화방안이 추진됐으나 계획했던 인천공항공사 민영화가 중단되는 등 결과는 썩 좋지 않았다. 이후 구조조정과 인력조정, 자산매각 등 경영효율화를 추진했지만 공공기관의 방만경영과 비효율은 개선되지 않고 있다.

공공기관 노조는 대기업 노조와 함께 국내 대표적인 강성노조이다. 2016년 9월 철도노조는 성과연봉제 확대를 저지하기 위해 72일간의 최장 파업을 벌인 바 있다. 문재인정부는 특권 위에 군림해 온 공공기관 강성노조의 경영참여를 보장하는 노동이사제 도입을 준비하고 있다.

---

13 "몸집 늘린 공공기관, 생산성은 하락", 『내일신문』 2018. 10. 29.

문재인정부 들어 공기업 정원은 고삐가 풀린 상황이다. 문재인 정부의 공공기관 비정규직 정규직화 방침이 나온 이후 서울시는 '노동존중 특별시'라는 모토를 내세우고 2016년 7월에 산하 공공기관 비정규직의 정규직화 방침을 세웠다. 서울시 지방공기업인 교통공사는 노조와 협의를 통해 무기계약직 1,288명의 정규직화를 추진했다. 교통공사의 경영문제인 정규직화 문제를 노조가 주도한 것이다. 특정 직위에 정규직 직원을 채용하기 위해서는 기존 직원을 포함해 누구나 채용에 응시할 수 있도록 공채를 실시하는 것이 당연하다. 2018년 교통공사 공채시험 경쟁률은 전체적으로 65.9 대 1, 토목직은 277 대 1이었다. 그럼에도 2017년 서울시교통공사는 노사단체협약을 통해 철도 운영과 직접 관련이 없는 인력을 포함해 비정규직 전원의 정규직화를 결정했다. 공정한 채용절차 없이 정규직이 된 7급보 전환자들에게는 7급 승진시험 기회를 추가로 줬다. 합격 보장이 없는 시험은 거부하겠다던 민주노총은 막상 합격률이 93퍼센트를 넘자 이 시험을 한 차례 더 치를 것을 요구했다.

당시 교통공사 노조 집행부가 일부 직원들의 반대를 무릅쓰고 찬반투표도 거치지 않고 비정규직의 정규직 전환 채용에 나선 것은 여러 의문점을 낳는다. 박원순 서울시장의 정책이라고 하지만 2017년 적자가 5,200억 원이 넘는 상황에서 공사의 재정부담이 가중되고 어려운 공채 과정을 거친 직원들의 반발을 생각하지 않을 수 없기 때문이다. 이 문제로 서울시 교통공사 채용비리가 정치권의 쟁점이 됐고, 전국 공공기관 채용비리 전수조사로 이어졌다. 교통공사의 정규직화 전환 방식에 이의를 제기한 교통공사 내부 직원들은 이러한 정규직 전환을 서울시와 민주노총의 합작품이라고 주장하고 있다.[14]

인천공항공사에서도 비정규직 9,785명에 대해 공사 직접고용과 자회사를 통한 정규직화가 논의 중에 있고, 전국의 공공기관이 같은 방식의 정규직 확충에 나서고 있다. 역대 정부에서 경영효율화 차원에서 추진해 온 정원 축소를 문재인정부가 완전히 허물어 버리는 역주행을 감행하고 있는 것이다.

4. '위험의 외주화' 논란으로 본 특권의 본질

최근 '위험의 외주화' 논란 끝에 하청기업에 맡겨 왔던 위험업무를 본청이 직접 고용하는 정규직화도 급물살을 탔다. 정규직화의 계기는 공기업의 하청기업에 취업한 비정규직 노동자의 안전사고이다. 2016년 구의역, 2018년 서부발전 사고조사를 진행한 민간 조사위원회나 대책위를 구성한 단체들은 위험한 업무의 외주를 중

---

14 "[장세정 논설위원이 간다] 통진당 출신들, 구의역 김군 동료라 속이고 정규직화 선동", 『중앙일보』 2018. 10. 31.

단하고 공기업 본사가 직접 고용해야 한다고 주장했고, 정치권은 이를 수용해 '위험의 외주화 방지법'으로 불리는 산업안전보건법 개정안이 통과됐다.

그동안 공기업 노조나 민주노총은 민영화나 인원감축을 반대하는 논리로 안전문제를 제기해 왔고, 위험의 외주화 방지 주장도 이런 연장선에 있다. 그러나 이러한 사고원인 분석과 해법은 중대한 오류를 담고 있다. 안전업무의 하청회사 이전은 본사 정규직들이 높은 임금을 받으면서도 위험하고 힘든 업무를 기피하고, 규정을 외면한 채 관리업무를 태만하게 한 데 더 큰 원인이 있다. 공기업은 위험업무를 위탁하면서 부실경영으로 인한 경영상의 압박 때문에 하청업체에 인건비를 충분히 지불하지 않아 사고원인을 제공하는 문제도 있다.

2016년 서울지하철 2호선 구의역 스크린도어 정비 도중 발생한 비정규직 김 군 사망사건은 총체적인 관리부실과 정규직 과보호, 공기업 직원의 업무상 도덕적 해이가 겹친 참사이다. 당시 서울메트로는 스크린도어 정비보수업체인 은성PSD와 관리위탁계약을 맺으면서 서울메트로 퇴직자를 채용하도록 요구했고, 이들의 임금과 후생복리 수준까지 명시했다. 서울메트로는 2015년 강남역 사고 이후 은성PSD와 정비원 2인 1조 작업을 위한 인원 증원을 약속했다. 용역계약 상의 인력산정 설계변경을 통해서 충분히 증원이 가능했지만, 점검주기 단축 등에 필요한 증원만 추가인

정해 줘 스크린도어 장애발생 현장출동정비원 증원은 충분히 이뤄지지 않았다. 규정상의 정기안전교육도 실시하지 않고, 작업일지 허위기록 여부도 확인하지 않았다. 정비원 김 군은 월 144만 원을 받으며 고된 현장업무를 할 때 메트로 퇴직자 출신 직원들은 420만 원의 월급을 받으면서도 관리업무, 비상대기, 단순검수 등 쉬운 일만 도맡았다.[15]

법원은 작업인력 부족의 구조적인 문제와 함께 김 군 사망의 '개별적 원인'으로 상황실 감독업무에서 무단이탈해 노조 농성장을 방문한 중간관리자 신모 씨의 문제점을 지적하면서 "신 씨의 무단이석이 사고 당일 근무인원의 부족을 초래"했다고 판단했다.[16] 또한 현장작업의 안전 여부를 확인할 의무가 있는 구의역 역무원들은 열차작업일지 작성 등을 통해 정비원 1인 혼자 수리작업을 하지 않도록 할 업무상 주의의무를 이행하지 않았다.

이러한 사고 발생의 직접적인 원인은 제쳐 두고 민주노총 등은 위험의 외주화를 지적하며 정규직화를 해결책으로 요구했다. 심각한 자기모순이다. 눈앞에 보이는 위험업무를 본청이 직접 맡는다고 문제가 해결되지 않는다. 결국 인건비 압박이 가중돼 또 다른 부분에서 안전사고를 피하기 어렵다. 정규직 고용비용을 낮추고 안전업무도 여러 기업이 경쟁을 통해 적절한 비용으로 안전인원

---

15 "구의역 사고로 드러난 서울메트로 '검은공생'의 사슬", 『매일경제』 2016. 6. 3.
16 "'구의역 청년 비극' 뒤 민주노총 노조원 무단이탈 있었다", 『중앙일보』 2018. 10. 19.

과 시설을 확보하도록 하는 것이 올바른 길이다.

5. 양극화 해소, '공무원답게'에서 출발

문재인 대통령은 2019년 신년사에서 "어느덧 우리는 부富의 양극화와 경제적 불평등이 세계에서 가장 극심한 나라가 됐다"고 말했다. 우리는 소득 상위 1퍼센트보다 상위 10퍼센트의 소득집중도가 프랑스 같은 유럽 국가에 비해 훨씬 높다. 불평등을 만들어 내는 원인은 임금으로 받는 노동소득이다.[17] 소득 관련 장기통계를 연구해 온 전문가 학자들은 1997년 IMF 구제금융사태 이후 급격히 커진 일자리 양극화가 그 원인이라고 지적한다.

공무원과 공공기관 종사자들은 평균임금이 상위 10퍼센트 이내에 해당하는 임금 최상위그룹에 속한다. 사회지도층도 공적 희생이라는 의식이 약한 우리나라에서 공무원과 공공기관 종사자들에게 희생과 양보를 요구하기도 쉽지 않다. 그러나 근로소득자의 절반이 200만 원 이하의 월급을 받으며 어렵게 사는 조건에서 이들이 납부하는 세금으로 고임금에 각종 특권을 누리는 것은 도덕성과 형평성에 심각하게 문제를 발생시킨다.

---

17 장하성, 『왜 분노해야 하는가』(헤이북스, 2015), 25쪽.

서울시 각 구청에 해당하는 일본 도쿄도都 23개 구에 근무하는 일반직 공무원의 연봉이 2019년부터 평균 120만 원가량 삭감될 전망이라고 한다. 공무원 보수를 결정하는 인사위원회에서 도쿄 각 구 공무원의 임금이 비슷한 업무를 하는 민간기업에 비해 과도하다며 역대 최대 규모 삭감을 권고했기 때문이다.[18]

　일본보다 많은 임금을 받는 한국 공무원사회는 2019년에도 임금인상을 사실상 확정하고 인상률에 대해 논의를 하고 있다. 이처럼 공공부문의 특권이 갈수록 강화되면 국민들의 박탈감이 커지게 되고, 마침내 큰 저항에 직면할 수 있다. 공공부문의 진지한 자성과 개혁이 시작돼야 할 때다.

---

18 "도쿄 공무원 '철밥통 연봉' 120만원 삭감", 『한국경제』 2018. 10. 24.

5장

비정규직 정규직화의 허상

최홍재

1. 정규직과 비정규직의 구분

정규직은 회사의 정식 직원이고 비정규직은 정식 직원이 아니라는 뜻인데 법률용어는 아니며, 노동시장의 고용형태가 복잡해지면서 이런 이분법이 적절하지 않은 경우가 늘어나고 있다. 예컨대 비정규직은 보호가 필요한 약자라는 의미로 쓰이고 있지만, 프리랜서 전문직이나 대기업의 임원도 비정규직이다. 반면 기업에 고용조차 되지 못한 하층 일용노동자, 하층노점상, 반실업자 등도 비정규직이라고 볼 수 있다. 이들이야말로 실업자를 제외한다면 가장 열악한 비정규직일 것이다.

법에서는 '기간제', '단시간근로자', '파견근로자'를 비정규직으로 보고 있다. 일반적으로 계약직이라 불리는 '기간제'는 근로계약을 맺을 때 고용계약기간을 정해 두었다는 것이다. 하청업체에서 파견된 근로자도 비정규직으로 볼 것인지에 대해서는 논란이 있다. 해당 근로자는 원청업체가 아닌 하청업체와 고용계약을 맺는다. 하청업체의 정규직일 수도 있고, 아닐 수도 있다. 이들이 원청업체 근로자와 유사한 일을 하면서도 현저히 낮은 임금을 받으면서 원청업체 기준으로 비정규직으로 간주되기도 한다.

비정규직과 정규직 구분의 핵심은 고용보장에 있다. 정규직은 고용을 무기한 보장하는 반면 비정규직은 기간이 정해져 있다. 정규직이라는 개념 자체가 지식정보화 시대 이전의 숙련노동 기반의 제조업 중심 산업화시대의 산물이다. 숙련노동자가 필요한 기업은 평생고용보장을 대가로 회사에 충성을 요구하고, 노동자는 충성의 대가로 고용안정을 얻는 관계가 발달한 것이다. 그러나 과학기술 발전과 세계화의 속도가 빨라짐에 따라 기업과 산업의 변동성이 극심해지고 숙련기술의 유효기간이 단축되면서, 평생고용이 오히려 예외적인 시대가 되었다. 우리 법은 여전히 평생고용을 정상으로 보는 접근을 하고 있는데, 비정규직 규제의 예외로 전문지식의 활용, 기간을 정한 프로젝트 등만 인정하고 있다.

한편 고용보장이라는 핵심적 차이 외에 법에서 관심을 두는 비정규직 차별요소는 통상임금, 정기적 상여금, 성과상여금, 기타 근로조건과 후생복지 등이다.

2. 비정규직의 실태

비정규직이 본격적인 사회문제로 대두되기 시작한 건 1997년 외환위기 이후다. 중소기업은 물론이고 대우 등 대기업의 도산이 이어지면서 대량해고사태가 벌어져 평생고용이라는 신화가 깨져 버렸다. 이후 기업들은 외환위기 경험학습을 통해 경기악화에 대비하는 차원에서 비정규직 채용을 늘려 가게 되었다. 정규직으로 채용하면 경기가 악화될 때 사람을 줄이고 싶어도 줄일 수가 없다. 이 때문에 쉽게 고용하고 쉽게 해고할 수 있는 비정규직 선호가 생긴 것이다. 특히 고용시장에 공급이 많아지면서 낮은 임금의 비정규직이 늘어났다.

　우리에게 외환위기가 비정규직 급증의 계기가 되었지만, 산업구조의 변화에 따른 노동시장의 유연성 강화와 고용형태 다양화는 세계적인 추세이다. 특히, 우리나라와 같이 엄격한 해고 제한 규정을 가지고 있는 경우에는 정규직 기피현상이 더 심해지게 된다. 우리의 근로기준법은 개별적 해고에 대해 "정당한 이유 없이" 할 수 없다고 규정하고 있는데, 기존의 판례를 보면 해고가 극히 어렵다. 경영상의 이유에 의한 해고 또한 각종 규제로 묶어 놓고 있으며, 결국은 소송이 벌어져 법원에 그 정당성의 판단이 맡겨진다.

　통계청에 따르면 2018년 전체 근로자 중 비정규직의 비중은 약 33퍼센트에 달했다. 한국 근로자 3명 중 1명이 비정규직 근로자라

표 1 비정규직 규모 및 비중 추이(매년 8월 기준, 단위: 천 명, %)

연도	2013	2014	2015	2016	2017	2018
인원	5,977	6,123	6,308	6,481	6,578	6,614
비중	32.5	32.2	32.4	32.8	32.9	33.0

출처: 통계청

그림 1 정규직·비정규직 임금격차(2016)

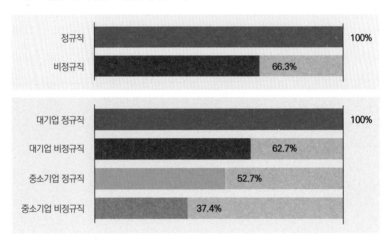

출처: 고용노동부

는 뜻이다. '경제활동인구조사'(표 1)에 따르면 2014년(8월 기준) 612만
3천 명이었던 전체 비정규직 근로자 수는 2015년 630만 8천 명,
2016년 648만 1천 명, 2017년 657만 8천 명, 2018년 661만 4천 명
으로 꾸준히 증가했다. 비정규직 증가에 대한 반대여론에도 불구
하고 노동시장에서 비정규직은 증가하는 추세이다.

정규직도 대기업과 중소기업이 크게 다르고, 특권화된 공공기관이 또 다르듯이, 비정규직도 결코 단일한 집단이 아니다. 고용노동부의 2016년 조사(그림 1)에서 알 수 있듯이 정규직, 비정규직을 막론하고 중소기업 근로자 임금은 대기업 근로자의 절반가량에 그치고 있다. 한국은행의 "우리나라 고용구조 특징과 과제"(2018. 11. 4)에 의해 비정규직 분포를 보면 대기업(300인 이상 고용)은 2017년 8월 기준 약 33만 명으로 대기업 전체고용자의 약 13퍼센트이다. 중소기업은 624만 명으로 중소기업 전체고용자의 약 36퍼센트를 차지하고 있다.

우리는 이 통계에서 비정규직은 그 숫자나 처우 면에서 볼 때 결국 중소기업 비정규직이 중심 문제라는 걸 알 수 있다. 중소기업 비정규직 또한 임금수준 등으로 세분화해 보면 다양한 층이 있을 것이다. 그러나 현실에서는 비정규직의 상층에 속하는 대기업이나 공공기관 비정규직이 조직화되어 목소리를 높이는 경우가 많아, 오히려 '힘없는 다수'인 중소기업 비정규직의 존재는 묻히고 만다.

한국 고용시장의 복잡한 상황을 볼 때, 임금격차를 위주로 노동자층을 구분한다면 정규직과 비정규직의 이분법은 현실을 왜곡할 가능성이 높다. 예컨대 대기업 비정규직은 소규모 사업장의 정규직보다 임금수준도 훨씬 높고 복리혜택도 더 잘 받고 있다. 또한 중소기업은 정규직이라 하더라도 기업의 생존이 불안정한 경우가 많아서, 고용보장의 의미가 약할 수밖에 없다. 이런 현실을 반영한다면, 대기업 정규직, 대기업 및 공공기관 비정규직, 중소기업 정규직, 중소기업 비정규직 등의 순으로 격차가 존재한다고 볼 수 있다.

3. 비정규직의 정규직화 정책

2000년대 들어 비정규직이 급격히 증가하고(2001년 26.8%에서 2005년 36.6%로) 정규직과의 격차가 사회문제가 되면서, 정치권에 대한 해결 압력이 강화되었다. 장기간의 논의 끝에 노무현정부 말기인 2007년 7월 '기간제 및 단시간 근로자 보호 등에 관한 법률'이 제정되었다. 이 법은 비정규직 2년 이상 고용시 정규직화 의무부여가 핵심이다. '비정규직은 예외적으로 허용되는 비정상이며, 정규직화를 통해 없애 나가야 한다'는 이 법의 기조는 이후 우리 사회의 원칙처럼 되어 버렸다.

이 법은 제정 논의 때부터 현실에서는 일부만 혜택을 볼 수밖에 없는 '비정규직의 정규직화'를 보편적 해결책으로 삼고 있다는 비판을 받아 왔다. 특히 2년 이상 고용 못 하는 규제로 인해, 오히려 비정규직이 일자리를 잃게 되고 회사는 숙련된 직원을 해고하는 나쁜 선택을 강요받는다.

이 법이 어떤 결과로 이어질지 예상하는 건 그리 어려운 일이 아니다. 단순화시키면 비정규직을 정규직화할 여력이 있는 기업에서 일부만이 혜택을 받을 것이다. **표 2**에서 보듯이 한국은행의 "노동시장의 이중구조와 정책대응 보고서"(2018. 12. 10)에 따르면 정규직 전환율은 2009년 이후 5퍼센트 내외에 머물러 있다. 비정규직 실태에서 보았듯이 이때 수혜를 받는 비정규직은 비교적 상층의 비정규직이고, 그 외 다수에게는 '그림의 떡'일 것이다. 결국 이법은 비정규직 일반을 보호한다는 간판 하에 불평등을 만들고 만다. 당사자인 비정규직, 그중에서도 열악한 집단의 목소리 대신 귀족노조의 입장이 반영되고 정치권의 무책임이 작용하면서 '보호'라는 이름 하에 악법이 만들어진 것이다.

표 2 사라져 가는 노동 사다리(단위: %)

	2005	2009	2013	2016
비정규직→정규직	15.6	5.7	6.9	4.9
중소기업→대기업	3.5	3.2	2.6	2.2

1년 전 비정규직 또는 중소기업 직원이었던 근로자가 정규직 또는 대기업 직원으로 바뀐 비율
출처: 한국은행.

'비정규직의 정규직화'라는 해법은 현실적으로 가능하지 않다는 데 치명적 허점이 있다. 이 해법을 제시하는 한국의 상층노동계와 좌파 정치권은 기존 정규직의 기득권을 건드리는 걸 반대하기 때문이다. 정규직의 특권을 그대로 둔 채 비정규직을 정규직화하려면 엄청난 추가비용이 들고, 경영여건과 무관하게 고용보장을

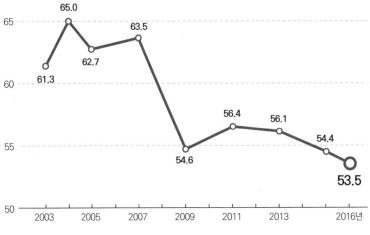

그림 2 비정규직 근로자 상대임금 추이(정규직=100, 단위: %)

출처: 한국노동연구원

해야 하는 부담이 발생한다. 이들은 이 비용에 대한 논의를 회피하는 경향이 있는데, 해결책이 없다는 걸 모르지 않을 것이다. 일각에서 대기업은 무한한 부담능력이 있다고 주장하겠지만, 앞서 보았듯이 한국 비정규직의 95퍼센트는 대기업이 아닌 중소기업에서 고용하고 있다. 비정규직이 급격히 늘어난 가장 큰 원인이 한국 노동시장의 경직성에 있다는 사실을 인정하지 않는 해법은 탁상공론에 그칠 수밖에 없다.

2007년의 비정규직 규제입법 이후 10년 이상이 흘렀는데, 비정규직 수는 오히려 계속 늘어나고 있다. 한국노동연구원의 조사(그림 2)에 의하면 비정규직 임금은 2007년 정규직 100 기준 63.5에서

2009년 54.6으로 하락한 후 상승하지 못하고 있다. 일부 정규직화의 부담이 비정규직으로 전가된 것으로 해석된다. 비정규직을 양산하는 정규직의 지나친 보호제도를 그대로 유지하는 해결 시도는 결국 실패한 것이다. 이에 따라 시간이 갈수록 정규직 노동자를 한편으로 하고 실업자, 반실업자를 포함한 비정규직 노동자(사회적으로는 이들 모두를 비정규직 노동자로 볼 수 있다)를 다른 한편으로 하는 두 집단 사이의 위화감이 이미 위험수위를 넘어서고 있다.

4. 문 정부의 오류의 반복

문재인정부는 '비정규직 제로' 정책을 내걸고 대통령 취임 후 첫 공식 외부행사로 인천국제공항공사를 방문해 '비정규직 정규직화'를 약속하였다. 불행하게도 정규직의 특권을 유지한 채 '비정규직 정규직화'의 오류를 반복하겠다는 것이다.

문 정부는 우선 약 30만 명에 달하는 공공분야 비정규직의 전원 정규직 전환을 추진하고 있다(그림 3). 민간기업에 대해서는 출산이나 휴직으로 인한 결원 등 예외적 경우에만 비정규직을 사용하도록 하는 '사용사유 제한' 제도 도입, 대기업에 '비정규직 고용 상한비율'을 요구하고 이를 초과하는 기업에게 비정규직 고용부담금을 부과한다는 계획 등을 구상 중이라고 한다.

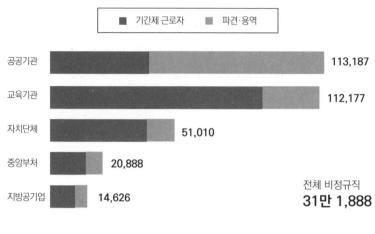

그림 3 공공부문 비정규직 규모(2016년, 단위: 명)

■ 기간제 근로자　■ 파견·용역

공공기관	113,187
교육기관	112,177
자치단체	51,010
중앙부처	20,888
지방공기업	14,626

전체 비정규직
31만 1,888

출처:『경향신문』

　문 정부의 공공분야 비정규직의 정규직 전환이 과연 합리적 정책인지 살펴보자.

　첫째, 공공분야의 비정규직 구제는 '비정규직의 정규직 전환이 가능한데도 안 하고 있는' 실천의 문제인 것 같은 착시를 불러일으킨다. 그러나 이 정책이 민간의 확산을 유도하는 효과가 있다고 기대한다면 착각이다. 어떤 대기업에서 정부의 눈치를 보느라 따라 할 수도 있겠으나, 앞서 보았듯이 비정규직 대부분은 여력이 없는 중소기업에 있다. 한마디로 이 정책은 '공공분야 그들만의 잔치'이다.

　둘째, 공공분야 정규직은 우리 사회의 가장 좋은 일자리인데, 공공분야 비정규직이 왜 이런 혜택을 받아야 하는지 제대로 설명할 수가 없다. "결국 모두 다 정규직이 될 것이고, 단지 순서가 먼저일 뿐이다"라는 설명만 가능한데, 이는 거짓말이다. 공공분야 비정규직은 2017년 고용노동부의 조사에 의하면 평균임금 2,794만원으로 비정규직 중 중간 이상의 처우를 받고 있다. 비정규직 중 이들을 먼저 구제해야 할 어떠한 명분도 없다.

셋째, 문 대통령이 인천공항공사를 방문한 자리에서 사기업 소속인 간접고용 근로자들의 정규직 전환을 약속하면서 이 문제가 쟁점이 되고 있다. 여기서 이 정책이 노력에 따른 정당한 보상이 아니라 완전히 운에 따라 명암이 갈리는 불공정을 조장한다는 사실이 극명하게 드러난다. 청소, 경비 등에 집중된 간접고용 근로자들은 스스로 공공기관, 민간기업을 골라서 가는 게 아니라 소속된 외주업체에서 지정하는 곳으로 가서 일을 한다. 그런데 갑자기 공공기관에서 일하고 있는 간접고용 근로자들만 정규직이 될 가능성이 커진 것이다.

공공분야 비정규직의 정규직 전환의 부담은 어디에 전가되는가? 정부 지정 332개 공공기관 중 영업이익을 내는 곳은 100여 개뿐이다. 나머지 230여 개는 적자를 보고 있거나 수익사업 자체를 하지 않는다. 공공기관의 인건비가 높아지면 기업의 가격경쟁력이나 생산성이 저하될 수밖에 없다. 특히 정규직으로 전환되면 특별한 사정이 없는 한 정년이 보장되기 때문에 기업의 사정이 악화하더라도 인력을 줄이기도 어려워진다. 수익성을 유지하기 위해 공공요금이 오를 가능성이 있으며, 세금의 상당부분이 이들의 인건비로 투입될 수도 있다. 한마디로 결국 국민들에게 그 부담이 전가되는 것이다.

비정규직의 정규직화는 새로운 진입장벽을 만들어 신규구직자의 기회를 뺏는 최악의 불평등정책이다. 기존에는 비정규직의 개별적인 자발적 이동으로 인해 일정한 일자리 순환이 이루어져 신규진입이 가능했는데, 이제 장벽이 세워진 것이다. 여기서 또 하나의 질문을 던질 수밖에 없다. 왜 문 정부가 들어선 시점에 우연히 공공분야 비정규직에 종사하고 있는 사람만 정규직화의 특혜를 받고, 그 이후 구직자에게는 아예 진입이 봉쇄되어야 하는지?

최근의 이른바 '강사법(고등교육법 개정법률)' 논란은 정규직의 양보 없는 비정규직의 정규직화가 소수에게 기회를 준 후에는 사다리 자체를 없애 버리는 얼마나 기만적이고 불평등한 일자리 봉쇄 정책인지 잘 보여 주고 있다. 강사법은 시간강사를 일률적으로 교수로 전환하라고 할 수는 없어 4대보험 보장, 방학중 급여 지급 등 무기계약직 비슷하게 처우개선하는 것이다. 그 결과 10명의 시간강사가 하던 일을 3~4명으로 줄이고 나머지는 일자리를 잃게 되는 건 너무 뻔하다. 대학강사는 노동시간이 투명해서, 일부에게 일을 몰아주면 나머지는 적당히 묻어갈 수가 없기 때문이다.

이런 사정 때문에 그동안 국회는 2012년부터 무려 3번이나 법

시행을 유보하면서 차기국회에 공을 넘겨 왔다. 아마 비정규직의 정규직화를 신앙처럼 떠들던 당이나 의원들도 '이건 아니다'라는 걸 알았던 것 같다. 이번에 국회는 민주당이 집권당이라 더 미룰 핑계가 없다고 보고 2019년 8월 시행으로 결론을 내렸는데, 역시 예상대로 소수가 혜택받는 대신 다수의 일자리가 없어지는 길로 가고 있다. 정부는 대학이 강사 수를 줄이는 걸 방지하기 위해 288억(본래 500억에서 삭감)의 지원예산을 책정했다. 그런데 도대체 왜 하필 비정규직 중에서 대학강사들에게는 처우개선을 위해 정부가 지원을 해 주어야 하는지, 누가 자신 있게 설명할 수 있을까?

문 정부가 정규직의 기득권을 보장한 채 전시효과 수준으로 일부 비정규직을 정규직으로 전환해 주는 가장 최악의 방법을 밀어붙이는 이유가 무엇인지 궁금하다. 문 정부가 계승했다는 노 대통령은 "정규직에 대한 강한 고용보호를 양보하지 않고 비정규직의 보호만 높여 달라고 하면 해결할 길이 없습니다"(2005년 2월 25일, 취임 2주년 국회 연설)라는 합리적 입장을 가지고 있었다. 문 정부의 편향적 노동정책을 보면 우선 대통령부터 노동시장의 복잡한 현실은 외면한 채 노자대립의 낡은 관념에 사로잡혀 있는 것 같다. 이런 무지와 관성이 정작 보호가 절실한 중하층 비정규직의 이익을 외면하는 대신 정규직의 기득권을 공고화하는 불공정을 낳고 있는 것이다.

5. 유일한 대안, 정규직 특권 해소

최근 충남 태안화력발전소에서 비정규직 노동자 김용균 씨가 사망하면서 비정규직 차별이 큰 이슈가 되었다. 그러나 이 사태도 과거처럼 정규직의 특권 폐지가 아니라 극소수에게 정규직 혜택을 주는 왜곡된 미봉책을 택하는 쪽으로 흘러가고 있는 것 같다. 비정규직 문제는 사회 이슈가 되면 감정이 과잉되면서 이해관계를 위해 각 집단이 이를 이용하는 사례를 흔히 볼 수 있는데, 이번에도 다르지 않다. 정치권의 무책임, 언론의 감성적 접근, 정규직의 기득권 지키기 등이 여전히 크게 작용하는 것이다.

정규직과 비정규직의 격차 해소 문제에 접근할 때, '정규직이 정상이고 비정규직이 비정상'이라는 인식의 전환이 출발점이라고 믿는다.

첫째, 한국의 대기업, 공기업 중심의 정규직 노동자들은 오랫동안 과보호받아 와서 과보호받는 것이 아주 당연한 권리인 것처럼 생각하고 있다. 그래서 한국과 같은 정규직이 다른 나라에도 있을 것 같지만, 한국의 정규직처럼 해고가 사실상 불가능하고 비정규직에 비해 높은 임금과 각종 추가적 혜택을 받는 경우는 보기 어렵다. 예컨대 미국의 정규직은 한국의 정규직과 비정규직의 중간에서 비정규직에 좀더 가깝게 보인다.

둘째, 시대가 근본적으로 바뀌고 있다. 단순히 고성장시대가

끝난 정도가 아니고, 인간의 노동이 급속도로 로봇과 AI로 대체되고 있다. 개별기업은 물론이고 특정 산업이 통째로 사라질 수도 있는 엄청난 변화가 닥치고 있는데, 평생직장 개념의 정규직이 정상이라고 고집한다면 명백한 시대착오이다.

지금처럼 세계화에 따라 경쟁 범위가 커지고 산업구조의 변동이 급격할 때는 고용규제의 강화보다는 기업의 자율적 판단을 존중하는 것이 사회 전반에 이익이 될 것 같다. 기업이 없는 일자리는 상상하기 어렵기 때문이다. 재무상태, 산업전망 등 경영적 판단에 따라 직원을 늘리거나 줄일 수 있는 권한을 기업에게 주지 않는다면 기업활동을 하지 말라는 것이나 다름없다. 한번 채용한 근로자를 내보내기가 사실상 어려운 상황에서 고용형태를 정규직으로 통일하자는 것은 기업활동을 그만두라는 것과 다를 바 없다.

정규직의 기득권인 '해고 제한과 고임금'을 축소시켜 나가는 방향으로 비정규직과의 격차를 해소하는 것 외에 다른 선택은 없어 보인다. 그 반대의 방법은 여러 차례 강조했듯이 현실에서는 불가능하기 때문이다. 정규직의 특권을 없애 나가면, 그만큼 다수에게 더 많은 기회가 생길 것이다. 특히 정규직의 특권 속에서 안주하는 것이 불가능해진다면, 능력 있고 노력을 더 많이 하는 사람들의 취업기회는 더 커지게 된다. 정부는 고비용을 들여 공공분야 비정규직의 정규직화로 불평등을 확산하는 대신, 가장 열악한 노동자층의 보호, 실업자 보호, 노동 재교육을 지원해 주는 방향으로 가야 할 것이다.

6장

반기업 반재벌 정서의 역습

윤창현(서울시립대 교수, 경제학)

1. '헬' 조선, '고스트' 대만

대만을 방문했을 때, 대만대 경제학교수 한 분이 '헬조선'에 대해 알고 있다면서 말을 걸어 온 적이 있다. 한국의 젊은이들이 대한민국을 'Hell Korea'라고 부른다는 얘기를 들었다면서, 대만의 젊은이들은 대만을 무어라 부르는지 아느냐고 반문했다. 답은 'Ghost Island'였다. 한자 표현을 확인해 보니 '귀도鬼島'였다. 자신들이 사는 나라가 '귀신의 섬'이 된 것이다. 베이비부머 세대가 고도성장기에 축적한 부가 쌓이고 부동산 값이 천정부지로 오르다 보니 부모가 부유층이 아니면 타이베이에 부동산을 장만하기 힘들다. 정부가 대학수업료를 통제하는 바람에 교수들에 대한 대우도 매우 낮아서 시내에서 멀리 떨어진 곳에 집을 장만하고 긴 거리를 출퇴근하는 교수들도 많다는 것이었다. 무엇보다도 큰 문제는 미래를 담보할 만한 좋은 기업들이 많지 않고 그러다 보니 중국이라는 거대한 경제권에 편입되어 가고 있다는 것이었다.

한때 우리나라 일각에서는 대만 경제를 롤모델로 여기는 분위기가 팽배했었다. 대기업 중심이 아니라 중소기업 중심이라는 것이었다. 기업부문에서 균등 내지 평등한 가치가 달성되다 보니 소득격차가 심하지 않다는 것이었다. 하지만 지금은 어떤가?

중소기업 중심 체제가 가진 가장 큰 한계는 글로벌 브랜드가 없이 그들의 하청기업 수준으로 전락한다는 점이다. 글로벌 경제체제 내에서는 동반성장이라는 단어는 사실상 없다. 아프리카 초원에서 맹수가 초식동물을 잡아먹는 것이 불법이 아니듯 글로벌 경제체제 내에서는 약육강식의 체제가 펼쳐져 있다. 예를 들어 글로벌 경제에서 미국 기업 애플의 갑질은 아주 유명하다. 멀쩡하게 맺은 계약을 별 예고도 없이 취소해 버리거나 납품단가를 후려치면서 납품업체를 압박하는 것은 다반사이다. 오죽하면 애플과 거래하는 것은 러시안 룰렛을 하는 것과 같다는 지적이 있을 정도이겠는가. 러시안 룰렛은 리볼버 권총에 탄환 1발만을 장전하고 둘이서 번갈아 가며 방아쇠를 당기는 게임이다. 권총이 격발이 되어 한쪽이 사망하면 게임이 종료된다. 언제 사망할지 모른다는 얘기다.

대만 학자들은 글로벌 브랜드를 키워 내지 못한 대만 경제의 현실을 안타까워했다. 글로벌 브랜드가 있어야 브랜드가치를 인정받고 마진이 좋은 제품을 생산 판매하여 충분한 이윤을 챙긴다. 소비자들은 '가성비'를 따지면서도 브랜드가치가 있는 제품에 대해서는 기꺼이 높은 가격을 지불한다. 명품 핸드백의 제조원가를 상상해 보라. 가죽, 장신구, 로고 등의 원가를 합치면 얼마겠는가? 원가의 수십 배, 수백 배 가격을 기꺼이 지불하고 명품을 매입한다. 하지만 중소기업 중심의 글로벌 하청구조 하에서는 기업들이 충분한 이익을 낼 수가 없다. 대만 기업 폭스콘은 애플의 생산 파트너로 유명하다. 하지만 애플은 절대로 충분한 마진을 제공하지 않는다. 제조원가 대비 2~3퍼센트 수준의 박한 마진만을 제공하다 보니 폭스콘은 힘겨운 싸움을 하고 있다.

이처럼 자체 브랜드가 없다 보니 서서히 경쟁에서 밀리면서 대만 경제는 중국경제권으로 편입되고 있다. 대만의 많은 대졸자들이 졸업 후 중국 기업에 취직을 한다. 숙련기술인력들이 대만을 떠나 중국에 취업하면서 대만 경제는 소득수준이 그리 낮지는 않지만 힘이 서서히 빠지고 있다. 거리를 다녀 보면 낡은 건물도 많이 보이고 활력이 꺼지고, 서서히 사그라드는 느낌마저 든다.

2. 그리스의 타산지석

그리스는 경쟁력 있는 제조업을 발전시키지 못했다. 그리스는 세계 최고급 수준의 올리브 열매를 생산하여 수출하지만, 세계 최고 수준의 올리브유는 수입한다. 이탈리아 기업이 그리스에서 수입한 올리브 열매를 원료로 최고급 수준의 올리브유를 생산하는 것으로 알려져 있다. 환경을 중시한다면서 제조업을 박대하여 제조업체들은 문을 닫거나 다른 나라로 떠났다. 상황이 그다지 안 좋은데도 정부는 국민들에게 퍼주기정책으로 일관하였다. 단적인 예가 공무원과 교원 연금이다. 교원에 대한 연금 소득대체율을 100퍼센트 수준으로 맞출 정도였다. 퇴직을 해도 재직시 급여와 동일한 돈을 연금으로 받는 것이다. 이러다 보니 세수는 모자라고 결국 정부는 해외에서 채권을 발행하여 세출을 충당하였다. 특히 유로존에 가입한 이후 유럽 국가들은 유로를 사용한다는 이유로 그리스 채권을 사들이면서 낮은 이자로 그리스에게 돈을 빌려주었다. 결국 정부부채가 GDP의 100퍼센트를 넘어섰고, 미국발 금융위기가 유럽에까지 번지면서 금융기관들은 이제 그동안 쌓인 부채에 대한 상환을 요구하기 시작하였다.

유로는 유럽중앙은행이 발행하므로 그리스는 사용권만 있을 뿐 발행권은 없다. 그리스에서 경상적자가 심해져서 타국 수입은 늘어나고 수출이 부족하면 그리스에 있는 유로화가 해외로 유출되어 버린다. 그리스 내에서 유로가 부족해져도 유로를 찍을 수는 없다. 결국 유로를 벌어야 하는데, 그리스 국민들은 공동통화 유로를 사용하면서 해외수입만 엄청나게 늘렸다. 자국 내에 좋은 제조업체가 없다 보니 유로화를 벌 수가 없었던 것이다.

정부부채가 늘어나던 그리스는 국가부도사태를 맞았고, 아직까지도 고전 중이다. 항만운영권을 중국에 팔고 공항 부지를 해외 자본에 매각하기도 하는 등 인프라를 매각하면서 자금을 마련하여 부채를 상환하고 있다. 국가자산이 외국으로 넘어가고 있는 것이다. 좋은 기업들을 키우지 못하다 보니 이러한 위기를 제대로 극복하기가 힘든 것이다.

자국 기업들을 잘 키운 독일 경제는 순항 중이다. 물론 2019년 경제성장률이 낮아질 것으로 보이기는 하지만, 그동안 키워 낸 미텔슈탄트(강소기업)들이 엄청난 자산이 되고 있다. 자국 기업이 글로벌 시장을 공략하여 매출과 이익을 올릴 수 있다는 것은 대단한 능력이고 그 자체가 국가경쟁력이다. 특히 자국 화폐가 비非기축통화로서 해외에서 통용되지 못하는 경우 필요한 자원, 에너지, 의약품 등의 다양한 수입품을 사용하기 위해서는 국제결제통화를 따로 챙겨 놓아야 한다. 기축통화가 없으면 수입을 할 수 없다.

이렇게 한 경제 내에서 필요한 외화유동성을 벌어들이는 기업이 국내에 많다는 것은 축복에 가깝다. 이러한 기업들이 많은 나라가 국민소득이 높고 다른 나라들로부터 무시를 당하지 않는 선진국 내지 강대국들이다. GDP는 일단 높여야 한다. 잘 키워야 나눌 것이 생긴다. 나눔부터 이야기하는 것은 한계가 있다. 키우면서 나눔을 이야기해야 한다.

3. 적절한 차등에 대한 고민

지금 우리 경제에서는 차등이라는 개념에 대한 고민이 필요하다. 예를 들어 보자. A는 능력껏 100을 생산했고 B는 200을 생산했다. 그런데 정부가 100퍼센트 세율을 적용하여 생산물을 모두 세금으로 걷었다. 정부가 A와 B에게 동일하게 150씩 나누어 주었다고 가정하자. 산출액은 다르지만 소득은 150으로 같아졌다. 완전한 소득평등이 실현되었다. 문제는 그다음이다. B는 200을 만들었는데 150만 받았다. B는 이러한 상황이 공정하지 않다고 볼 가능성이 높다. 완전한 소득균등이 불공정할 수 있는 이유이다. 이 경우 B의 행동양식이 바뀔 가능성이 높다. '일한 만큼 받지 못하면, 거꾸로 받은 만큼만 일할' 가능성이 높다. B가 '받은 만큼만 일한다면' 그는 다음 연도에는 150만 생산할 것이다. A가 동일하게 100을 생산한다면 전체소득은 250으로 줄어든다. 이번에는 둘 다 125씩 지급받을 것이다. 이러한 상황이 반복되면 전체적 산출은 점점 줄어들 것이다.

비록 가상의 상황이지만 정부의 접근이 매우 조심스러울 필요가 있다. 즉, 유인체계를 무너뜨리지 않고 각자가 최선을 다하도록 조치해야 하는 것이다. 적절한 차이가 존재해야만 최선을 다해 생산활동이 이루어진다. 삼성이 소니를 따라잡은 동력이 바로 이러한 차이를 스스로 줄이려고 노력한 결과 아닌가.

A와 B의 반응에 대해 너무도 간단한 가정을 한 셈이지만, 소득 분배와 관련한 논의는 너무도 복잡한 요소가 많다. 그리고 가장 중요한 점 중의 하나는 바로 '형평'과 아울러 '효율'이라는 기준이 중요하다는 것이다. 형평만으로 경제가 굴러가는 것이 아니라 효율이라는 가치도 경제운용에 매우 중요하다는 점을 인정하게 되면, 불평등의 존재에 대해 보다 현실적인 평가가 가능해진다. 두 경제주체의 소득 차이가 '0'이 되면 완전한 형평이 달성되지만, B가 최선의 노력을 포기하면서 효율은 떨어진다. 물론 A가 100, B가 200을 그대로 챙긴다면 형평이 줄어든다. 효율과 형평을 잘 조화시킨다고 할 때 소득 차이는 '0에서 100 사이'가 될 것이다.

형평과 효율을 동시에 감안한다면 소득 차이는 존재하게 된다. 2015년 노벨경제학상을 받은 디턴Angus Deaton 교수는 '좋은 불평등'을 지적하였다. 불균등상황이 나타났을 때 이를 극복하기 위한 노력이 유도되면서 효율성이 제고되고, 경제 내에서 파이가 커지면 나눌 것도 많아지고, 잘 나누면서 불평등도가 줄어들면 매우 긍정적인 변화가 유도된다는 것이다. 이 말이 모든 불평등이 좋다는 말은 아니다. 이를 극복하면서 차이가 줄어들게 유도한다면 상황이 개선될 수 있다는 지적이다.

경제발전을 통해 세계경제 내의 수많은 사람들이 중산층이 되면서 절대적 빈곤에서 탈출하였다. 이러한 결과는 형평성만이 아닌 효율성의 추구에 의해 이루어진 것도 사실이다. 따라서 효율성을 형평성과 함께 고려해야 한다는 주장을 매도하면 안 된다. 효율성 추구를 '소득불평등 옹호론자'라고 매도한다면, 거꾸로 형평만 중시하는 것은 '빈곤 옹호론자'라는 역비판도 가능해진다.

사후적 소득이 동일해지면 노력을 하려는 유인체계가 무너진다. '능력에 따라 일하고 필요에 따라 소비한다'는 가슴 뜨거운 명제를 제시한 공산주의는 이 세상에서 사라졌다. 형평성을 과도하게 추구하다가 효율성을 상실했기 때문이다. '키움'과 '나눔' 간에는 조화가 중요하고 '형평성'과 '효율성'은 동시에 추구되어야 한다. 불평등 자체가 좋다는 것이 아니다. 불평등은 '극복'의 대상이지 '선호'의 대상이 될 수는 없다. 그러나 이를 극복하려는 노력을 하게 하려면 형평과 효율은 같이 가야 하고 키움과 나눔도 같이 가야 한다.

4. 운동권의 논리

1980년대 대학가는 수많은 이념들이 난무하는 광장이었다. '해방신학'이 등장하고 '식민지반봉건사회론'이 주목을 받았다. 세계경제에 중심과 주변이 있고 중심이 주변을 수탈한다는 '종속이론'도 목소리를 높였다. 민족경제, 자주자립경제, 중소기업 중심 경제를 찬양하면서 우리 대기업들은 '매판자본'이라는 비판도 활발했었다. 이러한 주장에 따르면 한국경제는 미국의 식민지이자 제국과 매판자본의 놀이터였다.

제국에 의한 억압과 수탈이 이루어지는 과정에서 그 수탈의 일선에 이 땅의 기업들이 있다는 주장이 난무했다. 땅을 소유한 지주가 소작인들에게 땅을 빌려주고 엄청난 고리의 경작료를 수취하는 과정에서 이에 앞장서면서 소작인들을 갈취하는 대리인을 '마름'이라 한다. 미제국주의가 '지주'이고 한국경제는 '소작인'이었고 우리의 대기업들은 '마름', 곧 매판자본으로 치부되었다. 우리가 어렵게 키워 낸 멀쩡한 우리 대기업들을 매판자본이라 매도한 것이다. 수탈과 억압으로 인해 자본주의 하에서 후진국 경제가 발전할 수 없다는 주장은 결국 체제전복이 필요하다는 논리로 연결되면서 저항의 동력으로 작용하였다.

하지만 그로부터 40여 년이 지난 지금 이러한 주장들의 허구성은 상당부분 증명되고 있다. 중화학공업을 중심으로 수출주도형 개방형 성장을 추진한 대한민국 경제는 지난 세월 동안 커다란 도약을 이루어 냈다. 이제 우리 경제를 미국의 식민지로 보거나 우리 기업을 매판자본으로 보는 시각은 시대착오적이다. '주변'국이 '중심'국으로 진입한 셈인데, 종속이론이 주장하는 수탈이 일어났다면 이런 일은 거의 불가능했을 것이다.

앞에서 보았듯 중소기업 중심 경제발전 모형을 추구한다고 칭송받았던 대만이 지금은 우리나라를 부러워하고 있다. 우리 대기업들은 글로벌 시장에서 자신의 브랜드로 승부를 걸면서 시장을 스스로 개척하고 있다. 자체 브랜드는 곧 힘이요 권력이다. 자체 브랜드를 잘 키울수록 이익의 규모는 커지고 발전가능성도 무궁무진해진다. 우리 대기업들은 글로벌 마켓파워를 키우면서 종횡무진으로 활약하고 있다. '한국' 하면 떠올리는 브랜드들이 대부분 우리 기업들의 브랜드이고 우리나라를 IT 강국이라 칭찬하는 것도 다 기업들의 브랜드 파워가 가져온 결실이다. 우리 대기업들은 '매판자본'이 아니라 '국민자본'이었던 것이다.

그러나 우리 사회가 이런 주장들과 확실히 결별했는지는 불분명하다. 다른 FTA에 대해서는 입 다물고 있다가 미국과의 FTA를 체결한다고 하면 갑자기 반대 목소리를 높인 모습도 기억이 난다. 대기업들에게 문제만 좀 생기면 입에 담기 힘든 언사로 비판부터 하는 조건반사적 반응도 아직 일부에 존재한다. 젊은 날에 경험한 이념의 세례가 지워지지 않는 문신처럼 남아 있다는 느낌이다. 그리고 개인 구원이 아닌 집단 구원이 중요하다면서 신앙인들을 체제전복의 도구로 삼으려 했던 해방신학적 주장의 그림자도 아직도 우리 주위에 어른거리고 있다. 현실을 제대로 설명하지 못하는 사회과학 이론은 잘못된 이론이다.

5. 선발주자와 후발주자들

우리는 경제발전이 늦게 이루어진 후발주자이다. 경제성장 과정은 기업의 성장과정과 일치한다. 장하준 교수의 주장을 일부 빌려보자. 선진국들은 보호무역을 통해 자국 기업들을 성장시키는 데 성공했다. 보호무역은 외국 기업의 자국시장 접근을 차단하여 자국 기업들이 자국시장을 이용하여 성장할 수 있는 사다리 역할을 한다. 그런데 자국 기업들이 글로벌 시장을 장악하고 나서 선진국들은 카드를 바꾸었다. 자유무역 카드를 들고 나와 자국 기업들이 글로벌 시장을 무대로 마음껏 뛸 수 있도록 만들었다. 자국시장을 이용하여 성장한 선진국들은 자국 기업들이 글로벌 기업 수준으로 성장하자 보호무역이라는 사다리를 걷어차 버렸다. 자유무역으로 이행하면서 이제 후발주자들의 성장은 매우 힘들어졌다.

그러나 자국기업 육성이 어렵게 된 상황에서도 우리 기업들 중 일부는 매우 힘들게 성장하였다. 후발주자가 선발주자들을 따라

잡는 것도 어려운데 제치기까지 하는 것은 불가능에 가까운 일이다. 선진국들이 사다리를 걷어찼는데도 이 어려움을 극복하면서 우리 기업들이 글로벌 수준으로 도약한 것이다. 반도체와 IT 부문의 후발주자인 삼성이 소니와 도시바를 제친 것은 그 자체가 기적에 가까운 일이다.

이러한 과정에서 우리 기업들은 어떻게 보면 선발주자가 간 길과 다르게 움직인 면이 있다. 후발주자가 추격에 성공하기까지 나름 경영모델이 존재했던 셈이고, 이러한 모델이 문제가 있지만 좋은 성과를 낸 것이다. 재벌체제가 그중의 하나이다. 부정적인 면도 있지만 기적을 만든 면도 있다. 예를 들어 선진국 선발기업은 혼자서도 글로벌 시장을 휘어잡지만, 후발주자는 이미 늦은 상황에서 여러 기업들이 패키지로 움직이면서 시너지 효과를 만들기 위해 계열경영을 일반화시킨 면이 있는 것이다.

선발주자가 간 길을 그대로 따라만 했다면 잘되었을까? 후발주자 나름대로의 발전모형을 만들어야 했고 이 과정에서 소위 압축성장이 이루어졌다면, 지배구조의 사회적 문화적 배경과 경로의 존성을 어느 정도는 감안해야 한다. 선발주자들이 가진 기준을 그대로 적용하면 후발주자들의 모습은 열악하게 보일 수도 있다. 미국은 한때 일본의 주거래은행 모형을 칭찬했었다. 기업과 은행의 장기적 관계에 주목하면서 이를 매우 긍정적으로 본 적이 있다. 일본 경제가 잘되는 동안에는 일본 체제를 본받자는 분위기가 역력

했다. 하지만 일본 경제에 위기가 발생하면서 이러한 평가는 뒷전으로 밀렸다. 강한 자가 살아남는 것이 아니라 살아남는 자가 강한 것이다.

이렇게 보면 지배구조에는 정답이 없다. 살아남아서 좋은 성과를 내는 기업의 지배구조는 무언가 우수한 요소가 포함되어 있을 수 있다. 이러한 접근이 경제학의 실증적 접근, 즉 실증경제학 positive economics의 접근이다. 이를 감안하면 우리 기업들의 지배구조에 대해서도 내재적 접근이 필요한 면이 있다.

6. 재벌대기업과 주주자본주의 문제

재벌문제는 우리 경제에서 뜨거운 감자다. 이들에 대한 느낌과 평가 자체가 복잡하다. 초기 발전과정에서 정경유착이 있었고, 경제력 집중 문제, 중소기업과의 문제들 등 복잡한 것들이 산적해 있다. 동시에 이들은 글로벌 경제 전체를 놓고 보면 후발주자들이다. 선진국 기업들을 따라잡고 경쟁하는 과정을 쉽게 보면 안 된다. 외환위기 전에는 주로 경제력 집중 이슈를 통해 재벌대기업에 대한 비판이 이루어졌고, 이제는 기업 지배구조의 후진성을 통해 비판이 이루어지고 있다. 소위 황제경영, 세습경영, 선단경영이라는 프레임이 이들의 특징을 잘 드러낸다.

하지만 이를 오너경영, 가족경영, 계열경영이라는 개념을 사용하여 표현하면 조금 부드럽기는 하다. 가족경영이 위기에 강하다는 지적은 여러 군데에서 나오고 있다. 오너경영의 장점으로는 단기적 관점보다 장기적 관점의 경영이 가능해진다는 점이 높이 평가된다. 주식시장에서 주가의 움직임은 매우 변덕스럽고 무엇보다도 단기적이다. 장기적 투자계획이 발표되면 대부분 주가가 하락한다. 불확실성이 부각되기 때문이다. 전문경영인의 경우 주가가 하락하면 퇴진압력을 받기 때문에 장기적 관점의 경영이 매우 어렵다. 그러나 오너 경영자는 이러한 장기적 관점의 경영을 하기가 상대적으로 용이하다. 주식시장이 지금처럼 발달했더라면 삼성의 반도체 진출은 불가능했을 것이라는 지적도 있다. 비교적 최근에 이루어진 SK의 하이닉스 인수도 과감한 결정의 산물이다. 전문경영인이라면 힘든 결정이었을 가능성이 높다. 글로벌 경제 내의 후발주자인 대한민국 기업들이 단시간에 과감한 투자를 통해 선발주자들을 따라잡는 데 성공한 요인 중 하나가 오너가 장기적 관점을 가지고 과감한 의사결정을 한 점도 있고, 정부가 지원을 해준 점도 있다. 그러나 전자는 황제경영, 후자는 정경유착이라 해 버리면, 이런 장점을 단점에 희석해 버리는 것이다. 장점과 단점은 손바닥과 손등과 비슷하다. 둘 다 손의 일부인 것이다.

계열경영에 대해서는 정태적 평가와 동태적 평가가 차이가 난다. 예를 들어 계열사 A가 계열사 B를 지원하는 경우, A와 B의 지분을 모두 보유한 오너 X는 좋지만, A회사의 지분만을 보유한 주주 Y는 정태적으로 단기적으로 손해를 본다. 하지만 장기적으로 계열사 A가 나중에 계열사 B의 도움을 받을 수도 있다는 점을 감안하면 동태적 관점에서는 두 회사 모두 생존확률이 커지게 된다는 아이러니가 존재한다.

독립경영, 전문경영은 미국식 재무이론의 기본이다. 기축통화 발행국으로서 글로벌 시장을 장악하고 있는 미국의 기업들은 조금만 잘되어도 글로벌 시장을 장악하기 쉽다. 달러와 영어는 엄청난 무기이다. 미국 기업들의 글로벌 시장 장악을 쉽게 해 주는 최고의 무기들이다. 지금은 망한 우리나라의 '아이러브스쿨'과 페이스북을 비교해 보면 차이는 극명해진다. 기업 하나를 잘 키우면 글로벌 시장을 장악하기 용이한 경제 내에서 발전한 독립경영이나 전문경영 모형만으로 우리 기업들이 글로벌 시장을 장악할 수 있는지는 의문스럽다. 특히 전문경영 특유의 단기적 관점은 걸림돌이 될 수도 있다.

주주자본주의의 폐해도 다양하게 나타나고 있다. 펀드자본주의, 연금사회주의, 주주행동주의가 그것이다 특히 단기적 주가상승을 노리는 펀드들이 주식을 매입한 후 기업에 압력을 행사하는 행동주의 모형은 부담스런 현상이다.

한국경제연구원은 2014년 기준 10대 행동주의 펀드를 선정하고 이들이 공격을 한 438개 기업 중에서 48개를 골랐다. 2013년과

2014년 두 개 연도에 공격을 시작하고 종료한 해외 48개 기업을 대상으로 공격기간 전, 후 3년의 경영성과를 살펴보았다. 행동주의 펀드가 공격한 기간(공격 시작~종료한 해)의 고용인원은 전년 대비 4.8퍼센트 감소하였고 공격 다음해에는 18.1퍼센트나 감소하였다. 설비투자와 R&D투자도 마찬가지이다. 공격 이전 매년 증가하던 설비투자는 공격 기간중 2.4퍼센트 감소했고, 공격 종료 직후(1년) 연도 및 2년 후에는 각각 전년 대비 23.8퍼센트, 21.2퍼센트 감소했다. R&D투자는 공격한 기간에는 기존 흐름을 유지하였으나 공격 다음해 및 2년 후에는 전년 대비 20.8퍼센트, 9.7퍼센트 감소하였다.

행동주의 펀드가 요구하는 것은 뻔하다. 자사주 매입, 유휴자산 매각, 고배당 실시 등이다. 단기적 주가상승을 위한 최대의 호재들이다. 그러나 이렇게 무리한 요구를 들어주기 위해 기업은 고용과 투자를 줄여서 비용감소 및 현금 확보를 시도하게 되고 장기적으로 멍이 들 가능성이 크다. 무리한 단기적 주가상승 이후 기력이 쇠진하면서 장기적으로는 힘들어지는 셈이다.

단기와 장기의 괴리가 가장 어렵고도 중요한 과제이다. 후발주자로서 우리 기업들이 압축성장을 하는 과정에서 오너경영에 근거한 지배구조가 발달하게 된 것도 역사적 경로의존성이 존재한다고 할 때, 독립경영·전문경영만이 우월한 것으로 평가되는 상황은 재고해 볼 만하다.

특히 최근 펀드시장에서는 모든 주식을 한 펀드에 담는 '인덱스 펀드'가 대세로 자리를 잡고 있다. 일부 주식을 골라서 투자하는 액티브 펀드의 성과가 나빠지다 보니 이러한 흐름이 발생하고 있다. 해당 기업 주식이 좋아서 사는 것이 아니라 주식시장 전체의 상승분만큼 이익을 내려고 하다 보니 엉겁결에 주식을 사들이면서 많은 상장기업들의 주주가 되는 것이다. 이렇게 엉겁결에 주주가 된 펀드에게까지 주주권을 행사하도록 유도해야 하는지는 따져 보아야 할 필요가 있다. 보유주식 종류가 너무 많다 보니 펀드들은 해당 기업 의결 안건에 대해 일일이 분석을 못 하고 이를 의결권 자문기관에 의뢰를 한다. 그러다 보니 ISS 같은 의결권 자문기관들의 영향력이 증대되고 있다. 이러한 부분에 대해서는 자율로 맡길 필요가 있다.

7. 지주회사 체제의 사례

모회사가 자회사의 지분을 소유하여 모법인 오너에 의한 자회사의 지배를 인정하는 지주회사 체제는 우리나라에서 외환위기 이후 허용되었다. 그런데 최근 지주회사의 자회사 및 손자회사 의무지분율을 상장사는 30퍼센트, 비상장사는 50퍼센트로 상향하는 안이 도입되었다. 신규로 설립하거나 전환하는 지주회사에 적용하겠다는 것이다. 기존 지주회사는 새로 자회사를 편입할 때에만 적용하기로 했다. 참여연대는 "기존 지주회사를 배제하겠다는 것은 지주회사에 대한 규제를 강화하겠다는 문재인 대통령의 대선 공약에 위배된다"고 비판하고 있다.

하지만 지주회사는 자회사 지분을 필요에 따라 자유롭게 매수하기도 하고 매도하기도 하면서 일종의 사업 포트폴리오를 통한 지주사 주주가치 극대화를 추구하는 모형이다. 이때 자회사는 지주회사 가치를 제고시키기 위한 도구로서의 역할도 같이 하게 되는 것이다. 워런 버핏이 소유한 버트셔헤서웨이도 보험지주회사로서 자회사 지분을 통한 모회사 가치극대화를 추구하는 비즈니스 모형을 도입한 예이다.

우리나라에서는 재벌총수의 경제적, 법적 지위를 지주회사 회장으로 제한시켜서 소위 무소불위의 권한을 제약하는 것이 좋다는 지적이 나오면서 지주회사 제도가 허용되었다. 지주회사 모형이 재벌규제의 한 형태로 도입된 것이다.

지주회사 전환이 재벌의 지배구조 개선에 도움이 된다면 규제를 완화해서 더 많은 기업들이 지주회사로 쉽게 전환하게 지원해야 할 것인데, 지주사 전환 과정에서 예기치 않은 상황들이 생겼다. 예를 들어 보자. A 회사를 B와 C로 인적 분할하여 B를 지주사로, C를 자회사로 전환하는 절차가 진행되는 과정에서, A주식을 보유한 오너경영인은 A가 B와 C 회사로 나누어지니까 A 주식은 없어지고 B와 C 주식을 둘 다 받게 된다(A=B+C) 그런데 오너경영인은 모회사인 B의 지분만을 보유하면 된다. 자회사 C는 모회사 B가 지배하므로 자회사 지분은 필요가 없어지는 셈이다. 오너경영자는 자회사 C의 지분을 모회사 B에 넘기면 지주회사 내지 모회사 B는 오너경영인에게 B 주식을 추가로 발행하여 제공한다. 모회사는 자회사 지분을 챙기고 오너경영인은 모회사 지분을 더 챙기게 되는 것이다. 물론 이는 자회사인 C의 지분을 포기한 데 따른 당연한 대가이다. 문제는 인적 분할 전의 원래 회사 A에 대한 지분율보다 인적 분할 이후 모회사 B에 대한 지분율이 늘어난다는 것이다. 이는 자회사 C의 지분을 포기한 데 따른 당연한 결과인데도, 지주회사 제도가 오너에게 특혜를 준다는 식으로 비판이 나오고 있고, 결국 지주회사 전환 요건을 까다롭게 하는 조치가 시행된 것이다.

지주회사가 재벌개혁을 원활하게 하기 위한 정책이라면 재벌기업의 지주회사 전환을 용이하게 하고 지주회사 제도를 지원해야 할 것이다. 지주회사가 재벌에 대한 특혜라면 이를 금지하거나 막아서 전환을 못 하도록 해야 할 것이다. 한편으로 재벌개혁 조치라며 전환을 유도하고 장려하다가, 이 과정에서 생기는 변화가 특혜라고 비판하면서 지주회사 전환을 어렵게 만들도록 하는 조치는 황당하기까지 하다. 앞으로 가도 문제이고 뒤로 돌아가도 문제라고 비판하면 기업들이 어떤 느낌을 받겠는가.

기업에 대한 우리의 인식이 딱 이 수준이다. 국민경제에 없어서는 안 될 중요한 존재라고 띄우다가는, 가만히 보니 너 좀 맞아야겠다고 회초리를 든다. 평소에는 비판의 목소리를 드높이다가, 취직할 때가 되면 제일 먼저 고려 대상이 되는 회사가 재벌대기업이다. 정치권을 포함하여 사회적으로 메시지의 일관성이 없고 그때그때 달라요 식이다. 갑질을 옹호하고자 하는 마음은 털끝만큼도 없다. 하지만 갑질을 하면 고치면 되지, 너 죽으라고 때리는 것은 온당치 못하다.

정부가 원하는 방향으로 기업이 움직이도록 하려면 유인체계가 잘 제공되어야 한다. 정부가 원하는 방향으로 움직이는 경우 기업에게도 플러스 요인이 있어야 하는바, 이를 정책의 유인부합성 incentive compatibility이라고 한다. 지주회사로의 전환에 있어서 인적 분할을 통한 지주사 지분 증가는 유인부합성을 높이는 장치로 보아야지 특혜라고 공격해서는 안 된다. 지주회사로 전환 시 마이너스 요인만 존재하도록 하면 누가 지주회사로 전환할 것인가? 전환 후에 꼭 손해가 나타나야 잘된 정책인가? 유인부합성을 특혜로 보는 시각은 정부정책의 근간을 훼손하는 것이다.

대기업에 대한 평가는 매우 다양하다. 하지만 대기업의 오너경영자가 대부분의 이익을 점유한다는 비판은 조심스런 측면이 있다. 예를 들어 보자. 국민연금은 현재 삼성전자 주식 전체의 10.05퍼센트, 즉 6억 16만 주 정도 보유하고 있다. 삼성전자 시가총액이 282조 원 정도이니 대략 30조 원 정도의 가치를 가진다. 매입

가격은 다양하겠지만 액면가 5천 원 기준 대략 30만 원 정도 수준에서 매입을 한 것으로 알려져 있다. 이렇게 보면 대략 24조 원 가량 이익을 챙긴 셈이다. 실물시장만이 아니라 자본시장을 통해서도 대기업의 성과는 배분된다. 국민연금 가입자들이 우리 국민의 상당수를 차지한다고 할 때, 대기업의 이익이 그들만으로 한정된다는 식의 비판은 더 이상 타당하지 않다. 대기업들이 해외에서 돈을 잘 벌면 이 이익이 국내로 송금되면서 주가는 상승한다. 대기업 오너에 대한 적절한 비판과 지적은 필요하지만, 경쟁력을 훼손하거나 많은 것을 무너뜨리는 식의 악의적 비판은 자제할 필요가 있다.

8. 키움 없는 나눔이 진짜 지옥

단테의 『신곡』에 보면 사후세계에는 천국, 연옥 그리고 지옥이 있다. 천국은 말 그대로 아름답고 평화로운 땅이다. 연옥은 천국으로 직접 가기에는 부족하지만 지옥에 갈 정도의 죄를 짓지 않은 영혼이 정화를 하면서 천국을 향해 올라가는 곳이다. 지옥은 큰 날개를 펼친 악마 루시퍼가 지배하면서 영원한 고통을 겪으며 무시무시한 형벌을 받아야 하는 곳이다.

대한민국이 '헬조선', 지옥이라면 다른 대부분의 국가도 지옥으로 느껴질 가능성이 높다. 부가세가 25퍼센트라 많은 사람들이

도시락을 싸 가지고 다니는 스웨덴도 힘들게 느껴질 것이고, 엄청난 인종갈등과 아울러 총기사고가 빈발하고 살벌한 수준의 의료비를 지불해야 하는 미국도 지옥으로 느껴질 가능성이 높다. 세상 어디에 과연 천국이라고 할 수 있는 국가가 있겠는가?

행복도는 '분자 나누기 분모'로 이루어진 분수이다. 자신이 가진 것은 분자이다. 자신이 가지지 못한 채 가지고 싶어 하는 욕망은 분모이다. 가진 것이 많을수록 분자가 커지면서 행복도가 높아진다. 그러나 문제는 분모이다. 분모가 무한대 수준이라면 분자가 커도 행복도는 제로이다. 가끔 우리는 부탄 같은 저소득국가 국민들의 행복도가 세계 상위권이라는 보도를 접한다. 불교를 믿는 이 나라의 국민들은 현세에 그리 큰 미련이 없고 사후에 극락에 가는 것이 목표이다 보니 잘살아 보려는 노력을 많이 하지 않는다. 분자가 매우 작지만 분모가 거의 0에 가깝다 보니 행복수준은 매우 높다. 가진 것이 많아서 행복한 것이 아니라 더 가지고 싶은 것이 거의 없어서 행복한 것이다. 분모가 우리 수준이라면 부탄의 행복도는 제로가 될 것이다.

자신이 속한 공동체를 더욱 발전시키고 더욱 살 만한 곳으로 만들려는 노력, 즉 분자를 키우려는 노력은 매우 중요하다. 키움과 나눔을 통해 이를 확대해 가야 한다. 그러나 동시에 분모를 어느 정도 조절하는 것도 필요하다. 분모가 너무 커지다 보면 자신이 속한 공동체에 저주를 퍼붓듯 지옥이라고 부르게 된다. 그러나 헬조선을 외치며 어딘가 다른 곳으로의 탈출을 꿈꿀 수 있다면 지금 사는 나라는 최소한 '헬'은 아니다. 탈출은커녕 탈출하겠다는 꿈조차 꿀 수 없는 곳이 진짜 지옥이기 때문이다.

재벌대기업에 대한 비판적 시각이 존재하는 상황에서, 이러한 비판을 수용하면서 다양한 노력을 통해 문제점을 개선해 가는 것은 매우 중요한 과제이다. 하지만 기업들이 경쟁력을 확보하여 엄청난 글로벌 경쟁을 이겨 내고, 살아남아 성과를 내고, 그 성과를 나누는 것 또한 우리 경제에 매우 중요한 과제이다. 당장 달러를 벌어들여 외화유동성을 확보하는 것만으로도 이들은 매우 중요한 역할을 하고 있는 것이다.

"이씨(삼성) 정씨(현대) 들을 대기업에서 몰아내면, 하루는 행복하겠지만 그 이후 20년을 고생할 것"이라는 장하준 교수의 언급은 매우 의미심장하다. 재벌대기업 체제에 대한 비판이 기업 전반에 대한 반기업 정서로 이어지는 것은 우리 스스로 상당한 손해이다. 우리가 이루어 낸 성과에 대한 긍정적인 마인드와 평가를 기본으로 하면서, 한편으로는 잘못된 부분을 계속 고쳐 가고 동시에 이들을 잘 활용하여 일자리와 소득을 창출하고 미래먹거리를 만들어 내도록 유도하는 것은 매우 중요한 과제이다. 반기업정서와 반재벌정서를 자꾸만 부각시키는 것은 우리 스스로 함정을 파는 행위일 수 있다. 명분과 실리, 형평과 효율에 대한 균형적 접근, 곧 투트랙적 접근이 매우 중요한 시점이다.

7장

반복지, 반환경의 탈원전정책

주한규(서울대 교수, 원자핵공학)

1. '안전, 환경, 민주'의 허상

빛과 동력과 냉난방을 제공하는 전기는 물, 식량과 더불어 모든 국민의 생활에 필수적인 재화이다. 현대인이 전기 없이 삶을 누리는 것은 불가능하다. 따라서 모든 국민에게 전기를 부족하지 않게 공급해 주는 것은 정부의 중요한 보편적 복지정책의 하나가 되는 게 마땅하다. 서민들도 전기료 두려움 없이 냉난방을 충분히 사용하고 청정한 공기를 향유할 수 있다면 얼마나 좋은가.

우리나라는 지난 40년간 원자력발전을 통해 싸고 풍부한 전력을 공급하며 보편적인 전력복지를 시행할 수 있는 기반을 갖추어 왔다. 우리나라의 주거용 전기요금은 OECD 국가 중 4번째로 싼

편으로 서민을 위한 전기공급을 잘해 왔다.

2018년 여름 우리는 전무후무한 폭서를 경험했다. 이에 따라 그해 7월에는 역대 최대 전력수요(92.5GW)를 기록했다. 지구온난화에 따른 이상기후의 여파가 전력수요 급증을 초래한 것이다. 지구온난화에 대처하려면 온실가스 배출을 줄이는 것을 국가에너지정책의 핵심과제로 삼아야 한다.

미세먼지 문제로 국민들이 불안하다. 중국의 석탄난방과 국내 화력발전, 자동차 매연 등으로 발생하는 미세먼지는 우리나라 대기 흐름이 원활한 여름철을 제외하고는 상시적인 문제가 되고 있다. 우리나라 연평균 미세먼지농도인 입방미터당 25마이크로그램(μg/m³)에서는 국민의 평균수명이 약 6개월 단축된다고 한다. 미세먼지는 국민의 건강과 생명에 심한 악영향을 미친다. 청정 대기환경 조성은 더 이상 방관할 수 없는 문제가 되었다.

그런데 현재 강력하게 추진되고 있는 탈원전정책은 값싸고 풍부한 전력공급과 온실가스 및 미세먼지 저감을 어렵게 만든다는 점에서 보편적 복지에 역행하며 가장 어이없는 반反환경 정책이다. 그럼에도 불구하고 탈원전정책은 지난 대선 과정 중 안전과 환경, 에너지민주주의라는 명분 아래 인기 있는 대선 공약으로 채택되었고, 문 정부의 주요 정책으로 흔들림 없이 이행되고 있다.

그러나 탈원전정책은 원전 안전성에 대한 오해에서 빚어진 조장된 공포, LNG의 청정성과 가격안정성에 대한 과신, 에너지 생산 주체를 민주화하자는 비현실적 이상주의에 근간을 두고 있기 때문에 올바른 정책이 아니다. 그대로 계속 이행될 경우 보편적 복지 실현을 심각하게 저해하고 환경을 악화시킬 것이다. 아래에서는 탈원전정책 논거에 대한 반론부터 시작하여 정책 수립과 추진 과정의 부적절성과 탈원전정책의 제반 문제점에 대해 논증한다.

2. 탈원전 '3대 논거'에 대한 반론

탈원전정책은 원전은 사고가 치명적이고, 사용후핵연료는 안전한 관리가 곤란하며, 이에 따라 탈원전은 세계적 추세라는 3대 논거를 기반으로 한다.

원전사고의 치명성은 2011년의 동일본대지진으로 촉발된 후쿠시마 사고 장면이 2016년 경주 지진으로 연상되면서 부각되었다. 2016년 말에 개봉된 영화 〈판도라〉는 허황된 내용으로 지진에 의한 원전사고 위험성을 과장하고 대피과정의 혼란을 조명하여 국민 불안을 야기했다. 탈원전 인사들은 사용후핵연료는 방사능 독성이 천 년 이상 10만 년까지 지속되므로 당대에 유익을 취하고 후손에게 부담을 지우는 것은 윤리적으로 부당하다고 주장한다. 또한 서구 선진국에서는 신규 원전 건설이 위축되어 있고 가동 원전의 퇴역이 점차 늘어나면서 탈원전이 세계적 추세가 되어 있다고 주장한다.

그러나 이 같은 탈원전 논거는 모두 다 사실이 아니다.

가동 이력으로 입증된 원전 안전성

1960년대 후반 본격적인 원자력발전이 시작된 지 50여 년, 전 세계 원전은 2019년 2월 말 현재 누적가동연수 1만 8천여 년을 기록하였다. 현재 가동되는 원전은 445기, 퇴역한 원전은 173기임을 고려하면 지금까지 원전 1기의 평균가동연수는 29년 정도로 볼 수 있다. 이렇게 오랜 동안 사상사고는 단 한 번 발생하였다. 1986년에 일어난 구소련의 체르노빌 사고로서, 사고대처반 방사선 과다피폭자 28명과 어린이 갑상선암 사망자 15명을 합해 총 43명의 사망자가 있었다(UNSCEAR 2008년 보고서).

후쿠시마 원전사고로 1,300명이 넘는 사망자가 발생했다고 알려져 있으나 이는 사고 당시 인근 지역 병원에 입원한 중환자들의 이송 과정과 대피처 생활 중에 노환과 스트레스로 사망한 사람의 숫자이다. 원전사고의 직접피해인 방사선피폭에 의한 사망자는 한 명도 없다. 1979년 발생한 최초의 원전사고인 미국 스리마일섬 사고에서는 견고한 원자로 격납건물이 방사성물질을 잘 밀폐한 덕분에 문제가 될 만한 주변 지역의 오염조차 없었다.

동일본대지진 때 발생한 후쿠시마 사고 때문에 많은 사람들은 지진이 원전에 치명적일 것이라 오해하고, 경주 지진 때문에 원전 안전성에 대해 불안해 한다. 그런데 지진이 원전에 치명적인 적은 단 한 번도 없었다.

후쿠시마 사고의 직접적인 원인은 지진이 아니라 쓰나미였다. 규모 9.0을 기록한 동일본대지진은 송전망을 무력화시켰다. 당시 일본 동해안 5개의 원전 부지에 있던 원전들은 자동정지되어 자체 비상발전기로 안전하게 원자로를 냉각시키고 있었다. 그런데 지진 발생 약 40분 후 덮친 대규모 쓰나미로 인해 후쿠시마 제1발전소가 침수되며 비상발전기의 작동이 멈춰 원자로 냉각이 실패하고, 과열에 의한 원자로 용융이 수소 폭발로 이어지는 사고가 발생하였다. 쓰나미 피해를 입지 않은 다른 4개 원전 부지에서는 안전한 지진 대처가 이루어졌다. 특기할 것은 후쿠시마원전보다 진앙에 더 가까이 있어 지진 강도가 더 높았던 오나가와원전은 부지고가 쓰나미 수위보다 높았던 까닭에 범람 피해를 입지 않고 원전을 안전하게 관리할 수 있었다. 쓰나미 피해를 입은 주민 300여 명이 바로 이 오나가와원전의 체육관에서 수 개월간 대피생활을 했다는 사실은 역설적으로 원전의 지진 대비 안전성을 보여 준다. 이처럼 지진 자체가 원전에 치명적이었던 경우는 없었으며 쓰나미가 문제였던 것이다.

경주 지진은 우리나라 역대 최고인 규모 5.8을 기록했지만 동일본대지진에 비하면 그 위력은 6만 3천분의 1밖에 안 된다. 역사적으로 쓰나미 피해가 없었던 우리나라에서 원전의 지진 위험성에 대해 과도하게 우려할 필요는 없는 것이다.

사용후핵연료 안전처분은 현재 기술로도 가능

원전은 에너지밀도가 높다. 100만 킬로와트(kW)짜리 발전소를 1년간 가동하는 데 필요한 핵연료량은 22톤에 불과하다. 대형트럭 두대분이다. 보통 아파트 면적, 즉 85평방미터(31평형 전용면적 약 26평)이면 약 20년치의 핵연료 저장이 가능하다. 그렇기 때문에 원전에서는 생애 동안 방출되는 연료도 자체부지에 저장할 수 있다.

그런데 사용후핵연료에는 수 분에서 수만 년에 이르는 다양한 반감기를 갖는 방사성물질이 포함되어 있다. 대부분의 방사성물질은 반감기가 수 년 이내로서 열을 내며 방사성붕괴를 한다. 이열을 냉각시키기 위해 사용후핵연료는 일단 수조에 저장하여야 한다. 새로 짓는 원전은 60년치를 저장할 수 있는 사용후핵연료 저장수조를 갖추고 있다.

원자력발전을 일찍 시작한 미국과 스위스에서 초기에 지어진 원전은 저장수조 용량이 충분치 않아 부지 내 혹은 인근에 건식 중간저장시설을 건설하여 사용후핵연료를 관리하고 있다. 건식 저장용기는 금속이나 콘크리트로 견고하게 만들어 약 40개까지의 사용후핵연료를 안전하게 저장할 수 있다. 수조에서 일정기간 냉각된 사용후핵연료를 건식 저장용기에 저장하면 용기 바깥에는 사람이 아무런 보호장구 없이 자유롭게 접근할 수 있다.

사용후핵연료는 기본적으로 지하 심층처분을 통해 영구처분할 수 있다. 부식에 강한 물질인 구리로 두께 약 5센티미터, 직경약 1미터 용기를 만들어 10개 정도의 사용후핵연료를 담아 지하 500미터 정도의 암반에 구멍을 파고 묻는 방식이다. 암반 구멍에 묻을 때 용기 주변은 수분의 침투와 물질의 내부이동이 어려운 점토로 채워 구리용기를 보호하고 혹시라도 구리용기를 빠져나온 방사성물질의 확산을 막도록 한다. 스웨덴과 핀란드에서는 이러한 처분방식으로 1만 년 동안 방사성물질의 밀폐가 가능함을 실험적으로 입증하였고, 핀란드에서 처분장 건설이 실제로 진행되고 있다.

그런데 이 방식은 다량의 구리를 요하기 때문에 재료와 비용이 많이 든다. 현재 방식보다 더 경제적이고 효과적인 처분기술은 각국에서 개발 중이다. 효과적인 영구처분기술 확보가 상대적으로 더딘 이유는 사용후핵연료는 중간저장시설을 통해 수십 년간 안전한 저장이 가능하므로 기술 확보의 시급성이 덜하기 때문이다. 향후 기술 발달에 따라 핵변환처리 등을 거쳐 영구처분장 용량과 관리기간을 대폭 줄이는 방식으로 사용후핵연료 관리를 더 효과적으로 할 수 있다.

원자력의 지속적 이용은 세계적 추세
현재 탈원전을 결정하고 법제화하여 이를 추진하는 국가는 독일,

스위스, 벨기에, 대만 4개국에 불과하다.

그나마 대만에서는 "2025년까지 탈원전을 완료시킨다"는 전기사업법 조항을 폐지하자는 국민투표 안건이 2018년 통과되어, 탈원전을 예정대로 추진하기가 어렵게 됐다. 만성적인 전력부족과 대기질 악화 문제를 이유로 국민이 직접 정부의 탈원전정책에 제동을 건 것이다. 하지만 대만 정부는 가동 원전의 계속운전 허가절차를 진행하지 않고, 완공 직전에 있다가 준공이 취소된 제4원전의 준공 재개를 추진하지 않는 방식으로 탈원전정책을 유지하려 하여 국민의 반발이 지속되고 있다.

2017년 국민투표를 통해 탈원전을 결정한 스위스는 신규원전 건설은 추진하지 않되, 안전상 문제가 없는 원전은 계속운전을 추진하고 있다. 일례로 2017년 당시에는 2019년에 50년이 되는 베츠나우원전을 정지하기로 했지만, 계획을 바꾸어 10년 더 가동하기로 했다.

벨기에는 2025년까지 탈원전을 완료하기로 법에 명문화되어 있지만, 최근 벨기에 내무장관은 그 이후에도 원자력이 필요할 것이라 발언하여 탈원전이 지연될 것임을 시사했다(2019년 2월 10일자 『브뤼셀 타임스』 보도).

대만, 스위스, 벨기에에서 탈원전이 계획대로 진행되지 못하는 것은 원전을 대체할 재생에너지 확대가 예상대로 되지 못하기 때문이다. 이 때문에 탈원전을 확고하게 추진하는 유일한 국가는 재생에너지 시스템이 가장 발전한 독일뿐이다.

　탈원전을 법제화한 독일은 꾸준한 풍력과 태양광 발전설비 확충에 힘입어 약 650테라와트시(TWh)의 연간생산전력 중 35퍼센트가량을 재생에너지로 생산한다. 그중 풍력이 17.5퍼센트, 태양광이 7.1퍼센트를 담당한다. 그래서 탈원전 주창자들은 우리나라가 지향해야 할 탈원전 모범국가로 독일을 든다.

　그런데 독일의 재생에너지 확대에는 잘 드러나지 않은 여러 문제가 있다.

　먼저, 재생에너지 발전량이 과다할 때는 주변 국가에 전력을 수출하는데, 원가보다 싸게 판다는 문제가 있다. 2017년 수출단가는 킬로와트시(kWh)당 3.6유로센트로, 이는 원가 5.7유로센트의 63퍼센트에 불과하다. 이렇게 싸게 순수출하는 양이 전체 생산전력의 9퍼센트에나 달한다. 이러한 잉여전력 수출은 자국 전력망 안정화를 위해 궁여지책으로 필요한 덤핑수출이다. 그나마 독일은 주변국과 연결된 전력망이 있기 때문에 대폭적인 재생에너지 확대가 가능하다. 그러나 재생에너지 발전의 괄목한 증가에도 불구하고 원자력발전의 감소와 갈탄발전의 유지로 인해 독일의 온실가스 배출량은 최근 4~5년 평탄화되는 추세를 기록했다. 2017년 온실가스는 9억 500만 톤이 배출되어 2020년 목표치인 7억 5천만 톤 달성이 요원하게 되었다. 더군다나 재생에너지 보조금이 급증한 관계로 독일의 전기요금은 세계 최고 수준으로 우리나라의 세 배에 달한다.

따라서 전기요금 폭증을 유발하고 온실가스 감축에 효과적이지 못하며 전력망 여건도 우리나라와 크게 다른 독일의 탈원전정책은 전혀 모범적인 정책이라 할 수 없다.

세계에는 현재 31개의 원전 운영국이 있고 이 중 앞서 언급한 4개국과 우리나라만 탈원전 국가이다. 26개국은 원전의 유지 혹은 확대를 추진하고 있다. 2013년 이래 세계의 원전 수는 꾸준히 증가하고 있고 2018년에 신규로 가동에 들어간 원전만 9기이다. 현재 건설 중인 원전은 57기에 달하고, 건설계획이 있는 원전 수는 126기, 건설이 검토 단계에 있는 원전은 365기에 달한다(표 1).

중국은 43기의 추가 신규건설 계획이 있었는데, 2019년 1월 30일 4기의 신규건설 착수계획을 발표했다. 제48차 국가간기후변화협의체IPCC 회의보고서에서는 2030년까지 원전은 2017년에 비해 59~106퍼센트의 증가가 필요하다고 전망했다. 향후 기후변화 대처를 위해 재생에너지 확대와 함께 원전도 계속 증가할 것은 확실하다. 따라서 세계적인 추세가 탈원전이라는 주장은 틀린 말이다.

3. 편견과 불통 속에 확정된 탈원전정책

현재의 탈원전정책은 문재인 대통령의 2017년 대선 공약이 그대

표 1 주요국 원전 건설 현황(2019년 3월, 단위: 기, MW)

국가	가동중		건설중		계획중	
	수	용량	수	용량	수	용량
전세계	445	314,435	57	61,960	126	104,100
미국	98	99,376	4	5,000	14	3,100
프랑스	58	63,130	1	1,750	0	–
중국	45	42,976	13	12,841	43	50,900
일본	37	36,147	2	2,756	1	1,385
러시아	35	28,025	6	4,889	25	27,135
한국	23	21,848	5	7,000	0	–
인도	22	6,219	7	5,400	14	10,500
영국	15	8,883	1	1,720	3	5,060
파키스탄	5	1,355	2	2,322	1	1,170
슬로바키아	4	1,816	2	942	0	–
핀란드	4	2,764	1	1,720	1	1,250
브라질	2	1,896	1	1,405	0	–
UAE	0	–	4	5,600	0	–
방글라데시	0	–	2	2,400	0	–
벨라루스	0	–	2	2,388	0	–
터키	0	–	1	1,200	3	3,600

출처: 세계원자력협회 2019년 3월(http://www.world-nuclear.org/information-library/facts-and-figures/world-nuclear-power-reactors-and-uranium-requireme.aspx)

로 정책으로 확정된 것이다. 대선 공약은 편견을 가진 탈핵 인사들의 일방적인 주장을 논거로 하여 만들어졌는데, 이것은 앞서 설명한 대로 전혀 타당하지 않다. 선거 단계에서 면밀한 검토 없이 만들어진 공약이 정책화되는 과정에서는 그 근거의 타당성과 함께 파급효과와 부작용 등을 충분히 검토하여 필요한 수정과 보완을 하는 것이 마땅하다. 또한 이 정책화 과정은 적법한 절차를 통해야 하며 그 절차 중에는 전문가와 이해당사자의 의견을 듣고 반영하는 단계가 포함되어야 한다.

40년간 공들여 일궈 놓은 우리나라 원전산업의 급격한 붕괴를 초래하고 국가 전력공급 안정성과 경제성에 장기간에 걸쳐 지대한 영향을 미칠 탈원전정책이 백년대계는 고사하고 1년 앞도 내다보지 못하는 졸속으로, 그것도 절차까지 위반하면서 만들어졌다. 원칙적으로 탈원전정책은 '에너지기본계획'에 그 기조가 먼저 도입된 뒤 '전력수급기본계획'에 반영되는 것이 맞다. 그런데 실제로는 그 반대로 2년짜리 계획인 제8차 전력수급계획에 탈원전정책이 적정 에너지믹스에 대한 아무런 숙고 없이 공약 그대로 반영되고, 5년짜리 계획인 제3차 에너지기본계획에 탈원전 기조가 유지되게 되었다. 합당한 근거 없이 그저 오해에서 비롯된 탈원전 신념이라는 꼬리가 몸통과 머리를 흔드는 격이다.

더군다나 전력수급기본계획이나 에너지기본계획 수립 과정에 원자력 사안에 대한 오해를 시정하고 과학적 사실을 대변할 원자력 전문가의 참여나 국민의 의사 반영은 철저히 배제된 불통 속에서 탈원전정책이 일방적으로 확정됐다. 전혀 합리적이지 않고 비민주적이다.

탈원전 공약은 2017년 10월 25일 국무회의 의결을 거쳐 '탈원전 로드맵'으로 명칭이 변경된 후 2017년 말 공표된 제8차 전력수급기본계획에 반영되어 정책화되었다.

사실 탈원전 공약 중에 실현되지 못한 사안이 한 개 있다. 그것은 신고리 5, 6호기 건설 중단이다. 문재인 대통령이 건설 일단 중단을 지시할 당시 신고리 5, 6호기는 29퍼센트의 건설공정을 보이고 있었다. 초법적인 건설중단조치에 반발한 양식 있는 교수들의 두 차례에 걸친 성명이 계기가 되어 신고리 5, 6호기 건설 재개 여부에 관한 공론화가 진행됐고, 시민참여단은 숙의과정 이전보다 훨씬 높은 비율인 6할의 찬성으로 건설 재개에 찬성했다. 3개월에 걸친 숙의과정 동안 원전에 대해 조장된 공포와 오해가 벗겨지고 안전과 편익에 대한 사실이 드러나며 건설 재개 의견이 우세해진 것이다.

다만, 건설 재개 반대에서 찬성으로 생각을 바꾼 시민참여단원 중에서 일부가 소위 보상심리 때문에 향후 원전 비중에 대한 선호를 '유지'에서 '축소'로 전환한 사례가 나타났다. 그 결과 세 차례 조사 중 원전 비중에 대해 '유지 혹은 확대'보다 '축소' 의견이 단 한 차례 8퍼센트포인트 높게 나왔다(이전 두 번은 '유지, 확대'가 높았다). 신고리 5, 6호기 공론화위원회는 이 결과를 변칙적으로 해석하여 향후 원전 비중 축소 권고안을 정부에 제시했다. 이는 명백하고 불법적인 권한남용이었다. 국무총리 훈령으로 활동을 시작한 공론화위원회는 그 목적이 신고리 5, 6호기 건설 여부에 관한 결정을 도출하는 것에 국한되어 있었기 때문이다. 그런데 정부는 이 권고를 근거로 공론화위원회 발표 4일 만에 국무회의 의결을 통해 탈원전 로드맵을 졸속으로 확정하였다. 그리고 이 로드맵은 그대로 제8차 전력수급기본계획에 반영되어 2017년 12월 29일에 확정되었다. 이 계획안의 국회 보고가 그 이틀 전인 12월 27일, 공청회는 하루 만인 12월 28일에 진행되었으니, 얼마나 일방적이며 졸속적으로 국가전력계획이 수립되었는지 알 수 있다. 2019년 3월 현재 진행되고 있는 제3차 에너지기본계획이 8차 전력수급계획의 탈원전 기조를 그대로 이어 가고 있다는 점은 명백히 주객이 전도된 것이다.

탈원전정책의 요지는 이미 건설이 착수된 바 있는 신한울 3, 4호기를 비롯한 신규원전 6기 건설 취소, 이미 폐로 절차에 들어간 월성 1호기를 비롯해 2030년까지 1차 운영허가기간이 종료되는 11기 원전의 폐기이다. 정부는 탈원전이 60년 동안 서서히 진행되므로 무리가 없는 정책이라고 주장하지만, 실상은 원자력산업과 국민 복지에 미치는 심대한 영향은 전혀 고려되지 않은 급진적이며 정교하지 못한 정책이다. 다른 탈원전 국가와는 달리 세계 최고 수준의 원전 공급 기술력을 갖춘 우리나라 원자력산업계와, 에너지자원의 95퍼센트를 수입하고 전력망이 고립되어 있는 우리나라의 여건을 반영하지 않았다. 적정 에너지믹스에 대한 고려가 전혀 없이 이념만 바탕으로 단순하게 수립한 정책이다. 이런 막무가내식 탈원전정책은 다음에 살펴볼 여러 심각한 문제를 야기한다.

4. 탈원전정책의 문제점

탈원전정책은 원전산업 생태계 붕괴, 전기요금 대폭 인상, 미세먼지와 온실가스 배출 증가, 안정적인 전력공급능력 약화, 에너지 수입액 증가, 가동 원전 안전성 저해 등 여러 문제를 야기한다.

원전산업 생태계의 붕괴 및 수출경쟁력 약화
우리나라에서는 지난 40년간 원전 건설이 꾸준히 이어져 왔다. 미국이 원전 건설을 중단한 1986년에 원전설계기술전수단을 파견해 완전한 기술이전을 이루었고, 이후 12기의 동일 노형 원전을 건설하며 기술의 축적과 효율화를 이루었다. 이를 바탕으로 안전도가 기존 원전에 비해 10배 이상 향상된 자체설계 원전인 APR1400을 개발하여 신고리 3호기에 최초로 적용하고 UAE에 4기를 수출하였다. 제3세대 가압경수로 원전으로 세계 최초로 가동된 신고리 3호기는 최초 가동임에도 불구하고 기동을 시작한 후 389일간 아무런 문제 없이 연속으로 가동하며 첫 주기를 마치는 대기록을 달성하여 우리나라 원전기술의 우수성을 세계에 과시하였다. UAE에 건설 중인 바라카원전의 경우 계획된 공기와 예산 내에서 제1호기를 완공하여 국제적 신인도를 더욱 높여 주었다. 또한 APR1400 원전은 최근 미국 원자력규제위원회US NRC의 표준설계인증을 받았다. 이러한 사례는 우리나라 원전기술이 세계 최고 수준임을 확인시켜 준다.

우리 원전산업은 기술의 우수성에 더하여 가격경쟁력에서도 세계 최강 수준이다. 이는 현재 진행되고 있는 사우디아라비아 원전 건설 프로젝트 수주전에 참가한 5개 국가 회사의 킬로와트당 원전 건설비 자료에서 확실하게 드러난다. 우리나라 원전 건설비가 3,717달러로서 미국 1만 1,638달러의 3분의 1, 프랑스 7,809달러의 2분의 1, 심지어 중국의 4,364달러보다 싸다Bloomberg New Energy Finance Estimate (2018), *Saudi Arabia Project*. 우리나라가 최고 수준의 원전기술력을 보유하고 있으면서도 건설비가 이렇게 싸진 것은 그동안 지속적인 국내 원전 건설과 운영 과정을 통해 효율적으로 구축된 자립적인 원전산업생태계 덕분이다.

그런데 원전 신규건설의 전면 금지 조치로 세계 최고의 기술과 경쟁력을 갖춘 원전산업생태계는 급격히 몰락의 길로 접어들었다. 특히 기기 발주가 임박했던 신한울 3, 4호기의 사업 중단으로 인해 물량 공백에 직면한 원전 공급 기업들은 90퍼센트가 2018년에 적자를 기록했다고 한다. 이들 기업에서는 유능한 기술자들의 이직이 이미 현실화되고 있다. 신한울 3, 4호기 건설 재개가 안 될 경우 상당수의 기업은 2019년 이후 더 이상 생존이 어려운 지경에 이르게 될 것이다.

정부는 탈원전을 추진하더라도 원전 수출은 적극 지원한다고 하지만, 이는 이율배반이라 양립이 곤란하다. 자국에서는 위험해서 더 이상 안 짓겠다고 하는 원전을 타국에 판다는 것은 언어도단이다. 탈원전 추진이 원전 수출경쟁력을 약화시킬 것은 자명하다. 그럼에도 불구하고 아직은 우리 원전산업생태계가 유지되고 있으므로 최근 방한한 인도 총리가 인도 원전 건설에 우리 기업의 참여를 요청한 것은 다행한 일이다. 또한 사우디아라비아 원전 수주는 가능성이 높고, 영국과 체코 원전 수출도 전망이 밝기는 하다.

그렇지만 다행히 원전 수출이 성사되더라도 기업이 실제로 제작에 착수하기까지는 계약 후 최소 3~4년이 걸릴 것이다. 이미 시작된 물량 공백이 향후 5년까지 지속된다면 그때까지 생존할 수 있는 기업은 극히 소수에 불과할 것이다. 그렇게 되면 원전 수출 가격경쟁력을 상실하고 적기, 적가 건설능력도 대폭 약화되어 수주한 원전의 성공적 건설과 운영도 보장하기 힘들 것이다. 따라서 우리의 원전기술력을 유지하기 위해서, 이미 건설이 시작되어 부지도 조성되어 있고 주요 원자로 기기도 이미 제작이 된 바 있는 신한울 3, 4호기 건설이 재개되어야 마땅하다.

전기료 대폭 인상 초래

원자력 발전원가는 다른 모든 발전원보다 싸다. 발전원가와는 다소 차이가 있지만 발전원별 생산가 비교의 척도로 사용할 수 있는 킬로와트시당 정산단가 2018년 자료를 보면 원자력 62원, 석탄 81원, 액화천연가스LNG 121원, 보조금을 포함한 재생에너지는 174원 정도이다. 그런데 2017년과 2018년 정부의 탈원전 기조에 따라 과거 86퍼센트이던 원전이용률이 각각 71퍼센트, 66퍼센트로 급락했다. 그 대체전력을 LNG로 생산하여야 했기 때문에 한전의 전력구입비는 대폭 증가하였다. 이에 따라 10조 넘게 흑자를 내던 한전이 급기야 2018년에는 2,080억 원의 적자를 기록하게 되었다. 작년 LNG 도입단가는 2016년에 비해 45퍼센트나 높아졌고 LNG발전량 증가 요인에 곱해져 발전원가가 대폭 늘어난 것이 적자의 주요 원인이다. 국가적으로는 2018년 LNG 수입총액이 2016년에 비해 106억 달러나 증가하여 총 무역수지 흑자(705억 달러) 규모를 상당히 감소시켰다.

정부는 원전이용률의 저하가 탈원전정책 때문이 아니라고 강변하지만, 원전 가동을 줄이게 되면 결과적으로 발전원가 부담이 늘어나게 되고 이는 한전의 적자로 이어지게 된다. 한전이 적자를 면하려면 전기요금을 인상할 수밖에 없다. 향후 재생에너지의 확대에 따라 송전망 확충 비용과 보조금 지급액이 더 늘어날 수밖에 없는 상황에서 수십 퍼센트에 달하는 전기요금 인상은 불가피할 것이다.

우리나라 산업용 전기요금은 이미 상당히 인상되어 저렴도 순위가 OECD 국가 중 14위에 불과한 정도이지만, 주거용 전기요금은 누진세 폐지의 영향으로 상당히 인하되어 산업용 전기요금과 거의 같아진 수준까지 내려왔다. 그러나 주거용 전기요금 인상은 국민의 심한 반발을 불러일으킬 것이 분명하므로 정부는 산업용 전기요금의 인상을 추진할 것으로 예상된다. 그런데 이미 상당히 비싸진 산업용 전기요금의 인상은 수출산업 경쟁력을 약화시킬 것이기 때문에 감소 기조로 돌아선 우리나라 제조업 수출이 더 타격을 받을 것이다.

미세먼지와 온실가스 배출 증가로 인한 대기환경 악화

LNG를 포함한 화력발전은 온실가스와 미세먼지의 주 발생원이다. 서울의대 예방의학교실 홍윤철 교수팀의 연구에 따르면 2015년 미세먼지로 인한 조기사망자가 1만 1,924명이라고 한다. 미세먼지에 의한 우리나라 국민 평균수명 단축이 6개월임을 보이는 2018년 국제연구논문도 있다. 미세먼지는 이같이 생명과 직결되므로 모든 수단을 동원해 배출을 줄여야 한다.

가장 효과적인 수단 중 하나는 화력발전을 줄이고 전기차를 늘리는 것이다. 그런데 탈원전정책이 반영된 제8차 전력수급기본계획에 따르면 2030년 석탄발전 설비용량은 3기가와트 늘어나고, LNG발전 설비용량은 13기가와트나 대폭 늘어나게 된다. 정부는 미세먼지 관점에서 청정연료인 LNG발전이 석탄발전보다 훨씬 유리하다고 하지만, LNG발전은 직접적인 미세먼지 발생량은 적더라도 질산염과 같은 초미세먼지를 유발하는 질소산화물이 상당히 배출되는 데다 LNG발전소는 주거지역 인근에 위치하기 때문에 시민이 느끼는 미세먼지 위해성은 석탄발전에 비해 그리 작지 않다.

온실가스 관점에서도 LNG는 킬로와트시당 490그램(g/kWh)의 이산화탄소를 발생시켜, 820그램을 발생시키는 석탄화력의 60퍼센트 수준으로 만만치 않은 양이다. 더구나 천연가스 채굴이나 처리 중 발생하는 메탄가스는 이산화탄소보다 20배 이상 온실효과를 유발하기 때문에 원자력을 LNG로 대체하는 것은 기후변화 대처에 심각한 문제를 야기한다. 실제로 2016년에 비해 LNG발전이 26퍼센트, 석탄발전이 11퍼센트 증가한 2018년에는 이산화탄소 배출량이 2016년에 비해 3,600만 톤이나 증가하였다. 이는 2016년 에너지산업부문 총배출량 2억 6,300만 톤의 13.6퍼센트 되는 막대한 양이다. 국가 온실가스 감축 로드맵에서 정한 2030년 배출 상한치 5억 3,600만 톤을 달성하기 위해 매년 1천만 톤 정도씩을 줄여 나가야 하는데, 오로지 일부 원전 정지로 인한 원자력발전량 감소분을 대체할 화력발전의 증가로 3,600만 톤이나 증가하였으니, 탈원전으로 인해 원자력발전량이 현재보다 현저하게 줄어들 2030년에는 온실가스 배출 감축목표 달성에 실패할 것은 자명하다.

미래 안정적 전력공급 차질 가능성

제8차 전력수급기본계획에서는 2030년 최대전력수요를 이전 계획에 비해 11퍼센트 하향조정하여 100.5기가와트로 잡았다. 이에 따라 2019년 최고전력 예상치는 88.5기가와트로 하향조정됐으나, 이는 이미 2018년에 92.5기가와트의 최고전력이 발생함으로써 상당히 초과되었다.

최대전력수요 하향조정의 논거는 GDP 성장률의 하향조정이 있었는데 여기에는 전기차, 인공지능, 가정의 전전화全電化 등 4차산업혁명 진행에 따라 대폭 증대될 전기 사용이 반영되지 않았다. 국제원자력기구IAEA 예측에 따르면 2017년 18.5퍼센트였던 에너지소비 중 전기화율은 2030년 21퍼센트, 2050년 26.6퍼센트로 증가할 것이다. 여기에 더하여 원전 안전기준 강화에 따라 원전이용률 저하가 상시적으로 발생하고, 2022년까지 삼척, 강릉 등 동해안 지역에 건설하기로 된 6기의 석탄화력발전소가 송전선 건설 민원 문제로 준공이 지연되고, 폭서나 혹한이 겹치면, 전력예비율이 한자리대로 떨어져 수요 감축 지시가 빈번해지며 블랙아웃을 우려하는 사태가 생각보다 일찍 닥칠 수 있다.

우수인력 유입 감소와 유출에 따른 가동 원전 안전성 하락

원전 안전 확보에는 기기나 설비의 건전한 작동도 중요하지만 인적 요소 또한 중요하다. 그런데 탈원전 진행에 따라 각 대학 원자력공학과에는 신입생 유입이 현저하게 줄었다. 20명 정도씩 전공에 진입하던 카이스트 원자과는 4명으로 줄었고, 타 대학에서는 전과나 자퇴생이 현저히 증가하였다. 미래지향적이고 진취적인 업무를 할 수 없고 희망 없이 지탄을 받는 영역에서 학생의 유입이 감소하고 우수한 기존 인력이 이탈하는 것은 피할 수 없다. 이렇게 되면 향후 가동 원전의 안전성도 보장하기 힘들 것이다.

5. 누구를 위한 에너지민주주의인가

탈원전 주창자들은 과거 국가 주도의 원전개발정책에 따라 특정 지역에 원전이 집중되어 지역민들의 재산권 행사와 지역발전을 저해했기 때문에 민주적이지 못했다고 지적한다. 이러한 폐단을 없앨 수 있도록 이제는 환경친화적이고 안전한 분산형 전원 구축을 장려하고 그 수단으로서 태양광 같은 재생에너지 발전시설을 확대하자고 주장한다. 또 소비자가 주택 태양광 시설 등을 통해 직접 생산자로 참여하게 하고, 나아가 구입할 전력의 발전원을 선택할 수 있게 하자고 주장한다. 선택적 구입제도의 취지는, 뜻있는

소비자가 비싸더라도 재생에너지 발전 전력을 선택한다면 재생에너지 확대에 도움이 된다는 것이다. 이러한 주장이 에너지민주주의론의 내용이다.

그런데 실상을 보면 이는 에너지민주주의가 아니고 '에너지자본주의'이며, 보편적 에너지복지를 해친다.

정부가 보조금을 주어 장려하는 소규모 태양광사업은 현재 연 10퍼센트 이상의 고수익을 내는 노후대비 인기 사업이다. 그런데 99킬로와트 규모의 태양광 시설을 전력저장장치ESS까지 추가하여 건설하려면 3억~4억 원의 비용이 든다. 일단 투자를 하면 ESS시설에 대해 파격적으로 부여하는 보조금 덕분에 원가의 2.5배 이상으로 전기를 판매하여 고수익을 올릴 수 있다. 3억~4억의 투자는 어느 정도 여유자금이 있는 사람들만 할 수 있다. 자본이 이미 있는 사람에게 막대한 이익을 안겨주는 이 보조금은 한전의 전력판매 비용에서 충당되고, 그 원천은 일반 소비자이다. 결국 보조금의 증가는 전기료 인상을 초래할 수밖에 없다. 극단적인 관점에서 보면 서민이 자본가의 부의 축적을 도와주는 부당한 방식인 것이다.

전 국토로 확대되는 재생에너지 발전시설의 무분별한 분산설치는 임야나 저수지 등을 훼손하고 집중방식에 비해 효율이 떨어져 생산원가를 높일 것도 분명하다. 모든 국민이 경제적인 전력복지 혜택을 누릴 수 있는 길과는 반대 방향이다. 도대체 누구를 위한 에너지민주주의인가?

6. 투명성에 길이 있다

요즘 미세먼지로부터 국민을 보호하는 것이 국가의 가장 중대한 정책목표가 되었다. 미세먼지로 인해 국민들이 수명이 6개월 단축되고 매년 약 1만 2천 명이 조기사망한다니 이는 분명 재앙이다. 탈원전 주창차들은 원전은 일단 사고가 한 번이라도 나면 그 피해가 무지막지하기 때문에 탈원전을 해야 한다고 한다. 그런데 실상은 43명의 러시아인을 제외하고 전 세계에서 이제까지 원전 방사선사고로 인한 사망자는 단 한 명도 없다. 견고한 원자로 격납건물을 갖춘 우리나라 원전의 경우 최악의 사고상황이라 하더라도 미국 스리마일 사고와 같이 방사능물질의 유의미한 누출이 없는 경우가 될 것이다. 전 국민이 상시적으로 수명단축의 위험에 노출되게 하는 발전수단과, 위험 발생 가능성도 희박하고 그 생명 위해도 높지 않다고 입증된 발전수단 중 어떤 것을 택해야 할지 자명하지 않은가?

발전원가가 높은 재생에너지와 LNG 의존도를 과도하게 높이는 것은 싸고 풍부한 전력공급을 저해하여 국민의 전력복지 실현을 어렵게 한다. 에너지민주주의는 허상일 뿐이고 실제로는 에너지자본주의에 불과하다. 세계 최고 수준으로 키워 와 추가적인 원전 수출 등을 통해 앞으로도 국부와 일자리 창출에 지속적으로 기여할 원전산업을 급속하게 파멸시키는 탈원전정책을 조속히 시정해야 한다. 그 시정 과정에서 합리적 논의와 원자력 이용에 관한 국민의 뜻이 진정 무엇인지 확인하는 민주적 절차는 최소한이나마 거쳐야 한다.

원자력에 관한 사실 오인과 억지주장에서 비롯된 탈원전정책은 보편적인 에너지복지 실현과 대기환경 보전을 위해 더 늦기 전에 시정되어야 한다.

2022 희망 프로젝트

이동관(2022희망프로젝트포럼 대표)

2018년 연말 필자들과 집필방향을 논의하면서 '평등의 역습'과 함께 우리가 염두에 두었던 주제는, 어떻게 제대로 된 집권세력을 구축해 2022년 대통령선거에서 정권교체를 이룰 것인가였다. 거기에 굳이 '희망 프로젝트'란 이름을 붙인 것은 보수우파진영에 드리워진 패배주의를 극복하는 것이 선결과제란 생각에서였다. 문재인정부의 2년여에 걸친 폭주로 보수우파진영과 야당의 입지는 다소 호전됐지만, 다음 대선에서 정권교체는 무리 아니냐는 회의론이 여전히 스멀스멀 나오고 있기 때문이다. 결국 이런 패배주의의 극복을 위해서라도 담대한 희망의 제시가 시급하다는 데 의견이 모아졌고 우리는 그 실천적 담론을 '2022희망프로젝트'로 명명했다.

물론 대통령 임기가 절반도 지나지 않은 시점에 정권교체를 논하는 것이 때이르다는 느낌을 주는 것도 사실이다. 그러나 이 시도는 문 정권에 대한 적대적 반감이나 감정적 동기에서 비롯된 것이 결코 아니다. 지난 2년여 문 정권의 국정운영은 좌파의 재집권이 대한민국에 돌이킬 수 없는 재앙이 될 것이라는 확신을 주기에 충분하다. 문 정권이 노동귀족, 공무원 등 지지세력의 기득권을 공고화하면서 그 부담은 사회적 약자와 미래세대에게 떠넘기는 역주행을 하고 있음은 반복해 강조할 필요도 없다. 먼 미래로 갈 것도 없이 당장 차기 정권부터 화려한 잔치였던 공공인력 증원과 급속히 늘어난 복지비용 및 수백조의 선거용 선심성 지역사업으로 인한 재정압박, 탈원전에 따른 전기료 인상압력 등을 떠안아야 한다. 문 정권이 정책 오류에 대한 비판을 '적폐세력의 역공'쯤으로 여기는 걸 보면 궤도 수정에 대한 기대는 빨리 포기하는 편이 합리적 선택일 것이다.

더욱 암울한 것은, 평등의 구호에 역행하는 정책이 문 대통령 개인의 인식 차원이 아니라 청와대와 여당을 장악하고 있는 586 운동권의 집단사고와 정치적 이해에서 비롯되었다는 사실이다. 민주당의 재집권은 누가 차기 대통령이 되더라도 '도로 문재인' 외에 다른 가능성을 상상하기 어렵다. 문 정권 2년만으로도 이미 대한민국의 자산과 미래역량이 파괴되고 있는데, 이런 퇴보가 10년 계속된다면 끔찍한 파멸이 초래될 것은 불을 보듯 명확하다. '지옥으로 가는 길은 선의로 포장돼 있다'는 서양 격언이 한국에서 실현되는 일은 막아야 한다.

2022희망프로젝트의 또 다른 의미는, 정권교체 준비는 하루라도 일찍 시작돼야 한다는 현실적 인식이다. 1987년 이후 6번의 대통령선거에서 거의 모든 유력 후보가 예외 없이 '준비된 대통령'을 외쳤지만, 제대로 된 집권역량을 갖춘 세력은 드물었다는 것이 우리가 목도한 현실이다. 국정철학 등 DNA를 공유하는 건전한 집권세력의 구축, 국가비전 및 발전전략의 준비 등 집권역량을 갖추는 것은 비단 집권만을 위해서뿐 아니라 성공한 대통령을 만들기 위해서도 필수불가결의 요건이다.

집권연대의 구축

1992년 제14대 대통령선거 이후를 돌이켜보면, 당내세력 간의 연대가 됐든 당의 울타리를 넘는 초정파적인 연합이 됐든 집권연대를 구축한 후보가 승리했다. 뒤집어 말하면, 분열한 세력은 패배했다는 평명한 진실에 접하게 된다. 14대 대선에 앞선 YS의 3당 합당, 15대 대선 때의 DJP연합, 막판 파란이 있었지만 16대 때의 노무현-정몽준 단일화, 17대 때 박근혜의 경선 패배 승복에 따른 친이-친박 세력의 갈등 봉합, 18대 MB 세력의 박근혜 지원 등을 예로 들 수 있다. 거꾸로 19대 대선에서는 중도-보수 진영 후보의 득표율 합계(52%)가 문재인 후보의 득표율(41%)을 크게 상회했는데도 분열로 패했다는 점에서 반면교사의 역할을 톡톡히 했다.

총선에서 1천 표 이내로 승부가 갈리는 지역은 보통 10~20곳에 달한다(2016년 제20대 총선의 경우 13개 지역). 그럼에도 2020년 21대 총선에서는 여야 각 정파가 각개약진할 가능성이 크다. 하지만 그 다음 2022년 20대 대선은 여-야, 진보-보수 후보 간의 건곤일척의 일대일 대결이 될 것이 분명하다. 특히 '재집권에 실패하면 끝장'이라는 강박관념에 몰리고 있는 문재인세력은 어떤 형태로든 필사적으로 집권연합을 구축하려 할 것이다. 이런 가정 아래 51 대 49의 전형적인 여-야 일대일 대결구도가 재연된다고 보면 집권연합을 구축하느냐 실패하느냐가 승패를 가름하는 관건이 될 수밖에 없다.

문제는 현재 자유한국당과 바른미래당으로 나뉘어 사안에 따라 협력과 대치를 반복하는 두 야권, 특히 한국당 내 친박세력과 바른미래당 내 유승민 의원을 중심한 탈당세력이 오직 '반문연대'라는 깃발 아래 다시 합치기에는 감정의 골이 너무 깊다는 점이다. 마치 조선 당쟁에서 정적政敵에 대한 강경-온건파의 대처방식이 동인의 남인-북인 분열, 서인의 노론-소론 분열, 남인의 청남-탁남 분열, 노론의 시파-벽파 분열을 가져왔던 역사를 다시 보는 듯한 기시감마저 든다.

'반문연대'의 함정은 또 있다. 우리는 이 책에서 문 정권이 한국사회 미래 구상의 준비가 거의 없다는 충격적 사실을 거듭 지적했다. 그 결정적 원인 중의 하나는 '반대의 정치'다. 1987년 민주화 이후 경쟁정파의 집권 실패가 엄청난 반사이익을 거저 줄 수 있다는 경험이 쌓이면서, 한국의 주류 양당은 일단 집권에 실패해 야당이 되면 오로지 반대의 정치에 매몰돼 왔다. 프랜시스 후쿠야마 스탠퍼드대 교수는 미국 정치현실을 비판하면서 '비토크라시(vetocracy, 거부민주의)'라는 조어를 만들었는데 이처럼 '상대가 동쪽으로 가면 무조건 서쪽으로 가는' 거꾸로 정치는 집권을 위한 정책 준비를 편향되고 부실하게 만들 뿐이다. 이미 실패가 예정된 집권세력을 예비할 뿐인 것이다.

박근혜정권 총리 출신인 황교안 대표가 전면에 나선 한국당에게 탄핵 여파로 위축된 보수세력의 내분 수습과 외연 확대는 충분조건이 아니라 필요조건이다. 엄연한 현실이 되어 있는 '박근혜 탄핵 프레임'을 정면돌파할 수 있는 미래지향적 대화합의 제의祭儀가 필요하다. 2008년 금융위기와 2018년 이래의 남북대화, 미북대화 이후 신자유주의와 시장보수, 안보보수에 대해 범보수진영 내부에조차 의심의 눈초리가 있는 엄중한 현실 또한 직시해야 한다.

더 현실적 의미를 갖는 과제가 있다. 중도-보수의 집권연대가 이해동맹의 성격을 완전히 벗어나지는 못하더라도, 상당부분 좌파 재집권을 막기 위한 가치동맹으로서의 공감과 공통인식 아래 모여야 한다는 점이다. 적어도 △국가주의 포퓰리즘을 막기 위한 자유와 공화의 가치 확립, △퍼주기식 선심성 복지가 아니라 분배와 성장이 선순환하는 신新평등의 복지정책, △시장과 시민사회의 활력과 창의의 극대화, △좌파독재에 대항하는 법치와, 언론·의회 등 민주주의 제도에 대한 신뢰 회복 △대한민국의 기적의 성장사와 정통성에 대한 긍정 평가, △북한 인권 문제에 대한 보편적 인식 등을 DNA로 공유해야 한다는 것이다.

이런 실천적 담론의 이행을 정치권에만 맡기는 것은 자칫 연목구어緣木求魚가 될 가능성이 크다. 2007년 보수의 정권 탈환에 앞서 2004년 뉴라이트운동이 일어났던 것처럼, 보수우파의 정치사회운동이 선행될 필요가 있다. 뉴라이트의 선례처럼 새로운 집권연대의 구축도 더 젊고 합리적인 보수가 앞장서고 정통보수가 뒤에서 밀 때 더욱 순풍을 타지 않을까 기대한다.

정책메시지의 힘

대통령선거에서 정책메시지가 갖는 파괴력에 대해 왕왕 과소평가하는 경향이 적지 않다. 하지만 회고적 투표인 총선과 달리 미래지향적 투표가 이뤄지는 대선에서는 대표적 정책구호가 선거판도에 결정적 영향을 미쳐 왔다. 노태우의 '보통사람의 시대', YS의 '군정 종식', DJ의 '수평적 정권교체'까지는 정치적 구호가 우세했지만 노무현의 '수도 이전', MB의 '한반도대운하' 및 '경제747비전', 박근혜의 '경제민주화' 등은 파괴력이 큰 정책메시지였다. 그 점에서 21대 대선의 프레임 전쟁에서 보수우파가 대형 정책메시지를 선점할 수 있을 것인가도 중요한 관전 포인트다. 단서가 될 팩트와 대안을 점검해 보자.

문재인정부의 총체적 무능으로 인한 경제파탄으로 다음 대선에서는 **경제활성화와 고용** 문제가 지배적 이슈가 될 가능성이 높다. 우선 반도체, 자동차, 조선, 석유화학, 철강 등 한국 주요 제조업이 중국의 추격에서 경쟁력을 유지할 수 있는 대책이 마련되어야 한다. 제약, 화장품 등 새로운 분야의 개척도 중요하지만, 제조업이 추락하면 한국경제의 기반이 흔들린다. 정부의 불필요한 시장규제는 대폭 풀어야 마땅하지만, 주요 산업의 경쟁력 강화를 위한 구조조정이나 투자환경 조성을 위한 정부의 적극적 개입은 적기에 적절히 이루어져야 한다. '제조업을 다시 살리겠다'는 강한 의지와 대안을 담은 정책메시지의 준비가 필요하다.

스스로 '일자리정부'를 자임했지만 문 정권은 결국 재정낭비와 고용시장의 왜곡만 가져왔다. 4차산업혁명의 도래와 AI와 로봇이 인간노동을 대체해 나가는 인류사적 변화의 물결 속에서 획기적인 일자리대책 마련은 솔직히 지난한 과제인 것도 사실이다. 문제는 천문학적 돈을 퍼부어 단기일자리를 만드는 데 급급할 뿐, 제대로 된 일자리 창출은 가로막고 있는 정권의 역주행이다. 문 정권은 '재벌개혁'을 외치지만 거꾸로 재벌과 대기업의 기득권을 강화하고 있다. 기존 산업의 경쟁력이 떨어졌으면 신산업에 도전하도록 해야 새로운 일자리가 만들어지는 것이 상식인데, 얽히고설킨 덩어리 규제로 공유차량 서비스, 핀테크, 원격의료, 인공지능 분야 데이터 활용 등 신산업분야 혁신의 싹을 오히려 짓밟고 있다. 이러니 대기업들이 신산업 투자는커녕 자사주 소각에 수십조의 막대한 돈을 쓰는 등 기존 주주의 권익 보호에 급급한 형국이다. 신산업 도전을 가능케 하는 경제생태계의 마련과 '경제민주화'에 버금가는 담론 제기가 필요한 이유다.

귀족노조와 공공분야의 과보호도 일자리 창출, 특히 청년취업을 가로막는 결정적 요인이다. 고용 유연화를 통해 기득권이 축소돼야만 패자부활과 일자리의 선순환이 촉진돼 고용시장의 공정성이 강화될 수 있는데 기득권 노동자의 철밥통만 강화되고 있다. 노동귀족과 좌파가 연합한 신기득권층에 맞서 '노동시장의 참된 공정과 평등'이 보수우파의 설득력 있는 구호가 돼야 한다.

2019년부터 출생자보다 사망자가 많아 자연인구감소가 예상보다 3년이나 앞당겨 시작된다. 여기에다 25년 뒤에는 현재 5,170만 명인 인구가 4천만 명으로 줄어드는 재앙적 상황이다. 그런데도 문 정권은 오불관언에 가까운 태도다. 1,700조 국가부채의 56퍼센트가 공무원·군인연금 부채인데도 공무원을 줄이긴커녕 17만 명이나 늘려 그 부담만 세금으로 400조 이상 쏟아부어야 한다. 고령화로 의료비 부담이 20년 뒤 5배 늘어날 전망이고, 그나마 앞선 보수정권이 흑자운영으로 모아 놓은 20조 원을 '문재인 케어' 한 방으로 절반을 날렸다. 이 추세대로는 2026년에 국민건강보험 기금이 바닥난다. 이 모든 부담의 직격탄을 오롯이 지금 30~40대가 맞게 된다.

'팩트를 잃으면 자유를 잃는다'는 말이 있다. 이들 30~40대 미래세대를 각성시키려면 대안의 준비 못지않게 팩트에 바탕한 오늘의 진실을 정확히 알리고 전달하는 것이 중요하다. 이는 우리가 『평등의 역습』을 기획한 취지이기도 하다. 포퓰리즘에 현혹되지 말고 '분노하고 행동하라'는 메시지를 전해야 한다.

대북정책은 솔직하게 말해 보수우파의 아킬레스건이다. 그러나 분명한 것은 '전쟁이냐 평화냐'의 이분법적 프레임의 함정에서 벗어나야 한다는 점이다. 물론 보수야당의 입장에서 정부의 대북정책에 대해 비판과 반대 일변도로 가더라도 일정한 동조와 이해를 얻을 수는 있다. 그러나 집권 프로그램으로 제시되는 대북정책은 반드시 대안을 담고 있어야 한다.

문제는 일관성과 정합성이다. 대화와 협상 자체를 무조건 반대하는 듯한 안보 일변도의 강경보수적 태도는 한계를 드러낼 수밖에 없다. 북한의 완전한 핵포기를 기대하기 어렵다는 현실을 감안할 때, 한미동맹에 기반한 대북제재를 유지하되, 대화의 길을 열어두고 북한의 개방을 유도하는 탄력적인 접근이 가능할 것이다.

어느 경우에도 중요한 것은 정책메시지의 준비가 지금 시작해도 결코 빠르지 않다는 점이다. 이는 집권뿐 아니라 정권의 성공을 위해서도 그러하다.

2022대선은 평평한 운동장

노무현정부를 거치면서 과거에 비해 **유권자 이념지형**이 선거에 미치는 영향이 커졌다. 그러나 정보화시대 대중 mass 이 정치의 중심으로 부상함에 따라 자유주의, 보수주의, 사회민주주의, 사회주의와 같은 구체적 이념인식보다는 큰 틀에서 '보수, 중도, 진보'로 나뉘는 것이 작금의 현실이다. 인터넷, SNS, 유튜브 등 대중정치의 장에서 이념과 정책에 대한 논의보다는 대표적 정치인이나 상징적 사건에 대한 선호나 평가가 논쟁 대상이 되면서 진영 간 대립도 격화되는 양상이다. 특히 문 정부가 이념대결을 조장하는 정책을 펴면서 향후 선거에서 이념지형이 핵심적인 요소가 될 가능성이 크다.

다행히 탄핵사태 직전부터 2년여 가까이 유지되던 '진보 우위'의 이념지형은 최근 균형을 찾아가는 흐름이다. 한국갤럽 조사 결과 한국민이 생각하는 본인의 주관적 이념성향은 2016년 초반까지 보수 33퍼센트, 중도 28퍼센트, 진보 24퍼센트 수준이었다. 그러나 '국정농단' 사태가 한창 진행되던 2017년 초에는 27-25-39로 진보층이 급증했다. 그러다가 문 정권 출범 1년이 지난 2018년 9월부터 다시 진보층이 줄어들기 시작해 2019년 2월말 현재 26-28-29로 팽팽한 균형을 유지하고 있다. 특단의 변화가 없는 한 이런 흐름은 2020년 총선과 2022년 대선까지 이어질 가능성이 크다. 진보 우위의 '기울어진 운동장'보다는 '평평한 운동장'에서의 대결

가능성이 예상된다.

한국사회의 이념구도는 세대와 연동되는 특성을 띠고 있다. 1980년대 운동권 세대인 586세대는 한국의 민주화, 구소련·동구권의 붕괴를 거치면서 청년기 운동권 경험의 지배력 영향력이 상당부분 약화됐다. 그 결과 노무현 집권을 계기로 '좌, 우 및 중도'로 이념적 분화가 이루어졌다. 그중 이른바 스윙보터swing voter 그룹이 탄핵 과정에서 다수가 왼쪽으로 이동했다.

20여 년 전 'X세대'로 불렸던 40대는 1990년대 학생운동의 끝물에 참가한 세대다. 논리보다는 정서적 좌파 경향이 강하고 586에 대한 이념적 의존성이 심하다. 특히 사회진출기에 IMF 충격을 받았기 때문에 이른바 반反 신자유주의 논리에 원초적 친화성을 가진다. 민주당과 정의당의 최대 지지기반이며 현재 유권자 수(19대 대선 기준 20.6%, 874만 명)도 가장 많다.

반면 20~30대는 이념성이 약하고 그만큼 세대내 동질성이나 결속력이 떨어진다. 공정의 가치에 대해 민감하지만 취업난의 고통을 본격적으로 받은 세대인 만큼 586 기득권 세대에 대한 반감이 생각보다 높다.

이렇게 보면 보수우파의 전략적 타깃은 탄핵 과정에서 등을 돌린 586세대 스윙보터 그룹과, 탈이념성이 특징인 20~30대 청년층이라 할 수 있다. 문제는 한번 왼쪽으로 옮겨간 스윙보터들이 다시 오른쪽으로 이동하는 데는 시차時差가 있다는 점이다. 진동추의 움

직임처럼 좌에서 우로 이동하는 과정에서 중도를 거치는 통과의
례가 필요한 것이다.

이들 586 스윙보터 그룹과 20~30대를 지지층으로 끌어오기 위
해서는 '꼰대정당'의 이미지를 벗고 공동체에 헌신하는 '미래지향
적 보수', '매력 있는 보수'의 이미지를 구축하는 일이 시급하다.
무엇보다 2020년 총선에서 세대교체를 과감히 추진해 당을 젊게
만들어야 한다. 자유한국당의 현역 지역구의원 가운데 30대가 한
명밖에 없는 믿기 어려운 현실은 젊은 층에 희망은커녕 좌절만 안
겨줄 뿐이다.

진보좌파 집권의 적나라한 실상을 알리고 전파하기 위해서는
홍보·선전 역량을 강화해야 한다.

진보좌파는 이미 '80년대 『해방전후사의 인식』(해전사) 등을 통
해 이념세례를 받은 586 운동권 세대가 '90년대 이후 전교조, 언론
노조, 시민단체, 학계 등을 통해 이념적 DNA를 복제, 확산시키는
데 심혈을 기울인 결과 이미 상당한 진지를 구축했다. 반면 보수는
전경련 등을 중심한 재계, 군경과 관료집단, 보수언론 등 후방기지
가 무너졌거나 붕괴가 진행 중이다. 이런 현실을 감안할 때 보수이
념 전사의 교육과 육성은 더 이상 늦출 수 없는 과제다. "우리에겐
왜 헤리티지재단과 같은 싱크탱크가 없느냐"고 한탄만 하고 있을
때가 아니다. 그 중심적 역할을 보수야당이 수행해야 한다. 현재 형

해화돼 있는 연수·훈련 기능부터 활성화해 당원들부터 보수우파의 이념전사로 재교육시키는 내적 역량의 확충을 서둘러야 한다.

　준비 없는 세력에게는 미래가 없다. 역사 속에서 떠나간 진동추가 자기네로 옮아올 것이란 막연한 기대만 갖고 시대변화의 흐름을 놓치고 미래 준비에 소홀했던 정치집단은 동서고금을 막론하고 역사의 무대에서 소멸됐다. 영국의 자유당, 미국의 휘그당, 구소련의 멘셰비키 세력, 조선조 광해군 때 집권세력이던 대북파 등 손가락으로 꼽기 어려울 정도다. 그 점에서 이제 어느 때보다 보수우파의 절치부심의 각오와 치밀한 준비가 필요한 때다. 다가오는 제21대 총선은 희망의 2022년을 위한 예비고사가 될 것이다.

평등의 **역습**

좌파의 역주행, 뒤로 가는 대한민국

초판 1쇄 발행   2019년 5월 30일
초판 3쇄 인쇄   2019년 6월 25일

지은이   이동관·윤창현·김대호 외
펴낸이   안병훈
펴낸곳   도서출판 기파랑
등 록   2004. 12. 27 제300-2004-204호
주 소   서울시 종로구 대학로8가길 56 동숭빌딩 301호   우편번호 03086
전 화   02-763-8996(편집부) 02-3288-0077(영업마케팅부)
팩 스   02-763-8936
이메일   info@guiparang.com
홈페이지   www.guiparang.com
ⓒ2022희망프로젝트포럼, 2019

ISBN 978-89-6523-626-9   03300